CHRISTIAN HENNECKE

Kirche steht Kopf!

Unterwegs zur nächsten Reformation

Aschendorff
Verlag

www.aschendorff-buchverlag.de

Satz: Philipp Czogalla
Umschlagillustration: Christian Hennecke

Printed in Germany
Gedruckt auf säurefreiem, alterungsbeständigem Papier ♾

ISBN: 978-3-402-13180-0

Inhaltsverzeichnis

Alles steht Kopf?

Natürlich nicht Alles! Aber wahr ist auch, dass man die derzeitigen Wandlungen im Kirchenverständnis vollkommen unterschätzt, sieht man nicht die grundlegenden Verwandlungen, die sich zurzeit ereignen, und die wirklich einer neuen Reformation gleichen.

Deswegen ist dieses Buch geschrieben. Es steht in der Reihe meiner Bücher, die wahrscheinlich zu Recht wie pastorale Tagebücher mit biographischer Prägung erscheinen. So sind sie ja auch gedacht. Sie wollten schon von Anfang an den Weg in das heute verheißene Land bahnen, jenseits des Jordan.

Immer deutlicher konnte in den vergangenen Jahren der theologische und pastorale Paradigmenwechsel erfahren, beschrieben und reflektiert werden. Inzwischen ist in den meisten deutschen Diözesen dafür der Weg bereitet – und noch fehlt es vielleicht an der Tiefendeutung des Neuaufbruchs, der sich überall ereignet. Es fehlt auch oft am konkreten „Wie" dieser neuen Wege – und noch häufiger fehlt eine gemeinsame Klarheit über das „Wohin". Und das wäre ja die Voraussetzung für das konkrete „Wie".

Die Erfahrungen, die hier beschrieben werden, verweisen auf und präzisieren dieses „Wohin" – und sie skizzieren das „Wie". Von daher will das Buch einen Beitrag zur Aufklärung einer oft nebulösen Zukunft leisten, die sich mitten unter uns ereignet. Es bleibt spannend!

Ich kann nur danken: für die vielen Begegnungen mit Kolleginnen und Kollegen, mit den weltkirchlichen Freundinnen und Freunden, mit denen ich mich auf dieser gemeinsamen Reise weiß. Auch wenn es unterschiedliche Kulturräume sind, auch wenn es tiefe Unterschiede zwischen iberoamerikanischer und asiatischer Moderne und anglikanischer Postmoderne gibt – erstaunlich bleibt: Es scheint sich eine ähnliche Kultur von Haltungen und Orientierungen zu zeigen, die tiefer reicht als die Differenzen. In ihrer Inkulturation bringt sie unterschiedliche Gestalten und Wege des Evangeliums in unserer Zeit hervor –

aber sie verweisen auf dasselbe Wehen des Geistes. Das entdecken zu können, macht mich sehr froh und zuversichtlich.

Danken möchte ich auch dem Aschendorff Verlag und meinem Lektor Dr. Bernward Kröger, der ermutigend drängend hinter diesem Projekt steht – danken möchte ich auch Frau Gabriele Viecens, die dieses Buch empathisch-kritisch gegengelesen hat.

Hildesheim, 2. Februar 2016 – am Fest Maria Lichtmess

Christian Hennecke

I. Sie steht Kopf

1. Frühe Propheten – Frühe Visionäre

Die nächste Reformation kündigte sich lange an. Das II. Vatikanische Konzil hat – für die katholische Kirche – viele dieser Vorahnungen und Vorerfahrungen aufnehmen können: die liturgische Bewegung in Frankreich und in Deutschland, die aufbrechende ökumenische Bewegung und die Rückbesinnung auf die Schrift – sie verweisen auf ein neues Verstehen der Kirche, und mehr: sie verweisen auf eine tiefgreifende Transformation der Kirche in den veränderten postmodernen Zeiten: „Die Kirche erwacht in den Seelen", konnte Romano Guardini 1921 formulieren.[1] Und gemeint war: Kirche ereignet sich nicht zuerst institutionell – außen – sondern im Innen und im Dazwischen der Menschen. Kirche will existenzielle Erfahrung sein. Eine Umkehrung zeichnete sich ab – Institution und Lebenswirklichkeit wollten die Plätze tauschen. Zweifellos eine Bewegung des Geistes. Sie drückte sich charismatisch aus – sie begann ihren Weg in Aufbrüchen und Initiativen. Diese Bewegungen gewannen zu Beginn des 20. Jahrhunderts immer mehr Kraft, und sie sind zweifellos geistgewirkte Antworten auf Herausforderungen und Zeichen der Zeit: jene postmodernen Auflösungserscheinungen gewachsener Kulturgestalten sind durch Industrialisierung, Verstädterung und vor allem auch durch den 1. Weltkrieg und seine Konsequenzen sehr verstärkt worden. Die Verflüssigung fester Strukturen war schon im 19. Jahrhundert vom charismatischen Aufbruch in Ordensgemeinschaften und Verbänden und Bewegungen aufgegriffen worden – aber der Prozess hin zu einer nachchristentümlichen Kirche, hin zu einer postvolkskirchlichen Situation, war in Eu-

1 Guardini, Romano, Vom Sinn der Kirche. Fünf Vorträge [1922], in: Guardini, Romano, Vom Sinn der Kirche – Die Kirche des Herrn (Romano Guardini Werke), Mainz/Paderborn 1990, 7–99, hier 19.

ropa deutlich zu erkennen – und spätestens seit dem 2. Weltkrieg auch besorgniserregend bewusst.[2] Wenn nach 1945 konsonant von einer neuen missionarischen Situation gesprochen wurde, wie es Abbé Godin 1943 für Frankreich oder Ivo Zeiger SJ 1948 in seiner Rede auf dem deutschen Katholikentag tat, dann ist es eher verwunderlich, wie lange Kräfte der Selbsterhaltung die Ideen einer missionarischen Kirchensituation ignorieren konnten – und wie lange selbst missionarische und evangelisierende Perspektiven nicht wahrhaben wollten und konnten, dass ein neuer Aufbruch mehr ist als eine Rückkehr zu gewohnten Verhältnissen oder eine anpassende Weiterentwicklung. So wurde ja im Übrigen oft im deutschsprachigen Raum das II. Vatikanische Konzil verstanden: das zugrunde gelegte Bild kulturchristlicher Gegebenheiten und die entsprechenden (weiterhin hierarchiezentrierten) Kirchenbilder prägten selbst die entwickelte Gemeindetheologie – weithin als Folgekonzept klassischer Volkskirchlichkeit verstanden – wie auch den öffentlichen Anspruch katholischer Kirche, manchmal bis heute.

Vor diesem Hintergrund ist nach den prophetischen Zeichen für den drängenden Paradigmenwechsel zu fahnden. Charismatische Aufbrüche in der Kirche, wie die liturgische Bewegung, aber auch die neuen geistlichen Bewegungen, verwiesen – vielleicht oft unbewusst – auf neue Gestaltkonstellationen, deren Potential aber nicht immer selbst verstanden und auch nicht immer eingebracht werden konnte, sondern – auch weiterhin – als störend empfunden wird.[3] Spannend sind dabei im katholischen wie evangelischen Bereich die Entstehung von pfingstlichen Bewegungen und ihrem kirchlichen Gestaltprogramm: als Bewegungen bilden sie sich aus als Gefüge kleinerer Lebenszellen, organisieren sich sehr fluid, und sind vor allem geöffnet für ökumenische, ja interreligiöse Mitgliedschaften. Was hier im Umfeld des 2. Weltkrieges bis in die 70er-Jahre hinein neu aufbricht, spricht einerseits für eine wachsende Kraft weltweiter pfingstlicher Aufbrüche,[4] zum anderen für eine neue spirituelle Verwurzelung in den jeweiligen

2 Vgl. Thomas Großbölting, Der verlorene Himmel. Glaube in Deutschland seit 1945, Göttingen 2013.

3 Vgl. Joseph Ratzinger, Kirchliche Bewegungen und neue Gemeinschaften, München 2007.

4 Vgl. Philipp Jenkins, Die Zukunft des Christentums, Gießen 2006; John L. Allen, Das neue Gesicht der Kirche, Gütersloh 2010.

Traditionen – und vor allem für eine lokale und regionale Vervielfältigung kirchlicher Lebenszusammenhänge. Sie sprengt strukturorientierte Kirchenkonzepte. Das ahnen auch die Skeptiker sehr genau.

Das haben aber zwei Visionäre schon gegen Ende des 2. Weltkrieges prophetisch erahnt. Alfred Delp SJ und Dietrich Bonhoeffer sind beide im Kontext des Deutschen Widerstandes gegen Adolf Hitler in Gefangenschaft geraten und wurden umgebracht. Erstaunlich, dass beide im Gefängnis prophetische Perspektiven einer zukünftigen Kirche entwickelten. Ein Tiefenblick auf die von ihnen erspürten Veränderungen kann den Blick schärfen für die Wahrnehmung neuer Entwicklungen in unserer Zeit und ihre theologische Fundierung.

— Alfred Delps Kirchenvision —

„Der Weg durch die Geschichte bleibt… immer noch ein Kreuzweg" (Delp 307)[5]. Das ist kein frommer Ausspruch, sondern eine tiefe theologische Perspektive: Geschichte im Geheimnis von Kreuz und Auferstehung zu verwurzeln bedeutet allerdings auch, dass die Geschichte immer wieder vom Sterben und Zuendegehen geprägt ist – und neue Geburten braucht. Man könnte Delp so verstehen: Die Geschichte, in die Gott seinen Weg und seine Führung immer wieder neu einschreibt, bleibt in dieser Dynamik des Sterbens und Auferstehens als Weg Gottes mit der Menschheit. Von daher ergibt sich die Verpflichtung, das „Thema einer Zeit und eines Geschlechtes zu finden" (308). Diese Zeichen der Zeit – Delp nutzt diesen Begriff nicht – zu entschlüsseln, ist zweifellos die Aufgabe der Christen.

Delp diagnostiziert eine Gottunfähigkeit des heutigen Menschen. Sie wurde ausgelöst von gesellschaftlichen Entwicklungen und führt zu einer Wirkungslosigkeit tradierter Wege, mit der Verkündigung des Evangeliums umzugehen: „Alle die direkten religiösen Bemühungen halte ich in der gegenwärtigen geschichtlichen Stunde für ohne dauerhafte Fruchtbarkeit" (321). Und noch drastischer: „Damit ist gesagt, dass ich die sogenannten „rein religiösen" Bemühungen um den Menschen

5 Alfred Delp, Gesammelte Schriften 4, Frankfurt 1984, Im Angesicht des Todes. Im Folgenden werden die Seitenangaben der Zitate im laufenden Text angegeben.

heute für unfruchtbar halte, da sie den Menschen nicht in der Fülle seiner Not treffen, obwohl sie von der Mitte reden, doch an der Peripherie bleiben" (316). Delp sieht klar, dass selbst für diejenigen, die weithin religiös geprägt sind, die gewachsene Form und Gestalt seines christlichen Lebens mit der „flüssig gewordenen Existenz" (317) nicht mehr in Konsonanz gebracht werden kann – aber das ist ja nicht das entscheidende Problem. Tiefer geht es um den Menschen selbst, der als ganzer noch nicht Ausgangspunkt der Verkündigung des Evangeliums ist.

Von dieser Analyse der Gegenwart aus reflektiert er über das „Schicksal der Kirchen" (318): er bedenkt die neue konstitutiv ökumenische Situation und benennt interne Herausforderungen. Und hier sieht er vor allem ein massives Problem der Führung. Kann man darauf vertrauen, „dass sie die Rufe der Sehnsucht und der Zeit, der Gärung und der neuen Aufbrüche hört und beantwortet"? (318). Delp diagnostiziert auch hier scharf, dass die Kirche sich um sich selbst dreht, wenn sie um innere Führungsansprüche und weltlichen Einfluss kämpft: „Das alles ist überholt" (318). Noch mehr: „Gerade in den letzten Zeiten hat ein müde gewordener Mensch in der Kirche auch nur den müde gewordenen Menschen gefunden. Der dann noch die Unehrlichkeit beging, seine Müdigkeit hinter frommen Worten und Gebärden zu tarnen" (318f). Diese Analyse lässt auch nichts aus: sie fordert von der Kirche eine Demut, zumal Delp ganz deutlich die geschichtliche Schuld der Kirche in den Fokus rückt. Aber welche Perspektiven öffnen sich auf dem Hintergrund dieses Nachdenkens?

Für Delp liegt die Zukunft zweifellos im Zeugnis ökumenischer Einheit: „Wenn die Kirchen der Menschheit noch einmal das Bild einer zankenden Christenheit zumuten, sind sie abgeschrieben" (319). Das ist nicht ein Appell, Konfessionsgrenzen zu schleifen, aber diese Spaltung als Kreuz zu tragen und aus dieser Gemeinsamkeit zu wirken.

— Rückkehr zu Diakonie und innerer Fülle —

Delp sieht die Zukunft der Kirchen nur in einer radikalen diakonischen Hinwendung zum Menschen – in einer dienenden Rolle –, „in einen Dienst, den die Not der Menschen bestimmt, nicht unser Geschmack" (319). „Damit meine ich das Sich-Gesellen zum Menschen in allen seinen Situationen", absichtslos. „Damit meine ich das Nachgehen und Nachwandern auch in die äußersten Verlorenheiten und Verstiegenheiten des Menschen, um bei ihm zu sein genau und gerade dann, wenn ihn Verlorenheit und Verstiegenheit umgeben. ‚Geht hinaus' hat der Meister gesagt, und nicht: ‚Setzt euch hin und wartet, ob einer kommt …'" (319). Damit ist deutlich, dass der Ansatz Delps auf eine tiefgreifende Neuformatierung der Kirche aus der Leidenschaft für den Menschen, aus der Sendung zum Dienst wächst. Doch dies kann nur „gewollt werden, wenn aus der Kirche wieder erfüllte Menschen kommen… Die erfüllten Menschen, nicht die heilsängstlichen oder pfarrerhörigen erschreckten Karikaturen… Ob die Kirchen den erfüllten, den von den göttlichen Kräften erfüllten, schöpferischen Menschen noch einmal aus sich entlassen, das ist ihr Schicksal" (321). So wird deutlich, dass die Leidenschaft für Sendung und Dienst engstens verknüpft ist mit einer Rückkehr zur Leidenschaft für Gott, die auf alles verzichten kann – und die neu sehen lernt, spüren lernt, was Gott will.

Doch dazu muss die Kirche sich wandeln, denn sie steht sich in „ihrer historisch gewordenen Daseinsweise selbst im Weg". „Ich glaube, überall da, wo wir uns nicht freiwillig um des Lebens willen von der Lebensweise trennen, wird die geschehene Geschichte uns als richtender und zerstörender Blitz treffen. Das gilt sowohl für das persönliche Schicksal des einzelnen kirchlichen Menschen wie auch für die Institutionen und Brauchtümer. Wir sind trotz aller Richtigkeit und Rechtgläubigkeit an einem toten Punkt" (321). Darum geht es für Delp um Diakonie und echte Glaubenswege. Dieser Perspektive nach innen und nach außen muss alles untergeordnet werden. Was für Konsequenzen für die „Erscheinungsweise der Kirche" ergeben sich, fragt Delp. Wie kann die Sicht auf den Menschen von Anmaßung zu Ehrfurcht werden? Die Kirche, so Delp, „muss sich selbst viel mehr als Sakrament, als Weg und Mittel begreifen, nicht als Ziel und Ende" (322). „Die Wucht der immanenten Sendung der Kirche hängt ab vom Ernst ihrer transzendenten Hingabe und Anbetung" (323), schließt Delp seine kurze Betrachtung ab.

— Konsequenzen —

Wohin führen Kritik und Ahnungen Delps? Leicht lassen sich Elemente einer tiefgreifenden Reformation entdecken: Bemerkenswert scheint mir, dass Delp diesen notwendigen kirchlichen Aufbruch als einen gemeinsamen Entwicklungsprozess sieht: Eine ökumenische Bemühung ist verlangt, die ihrerseits nicht um den Erhalt von Sozialformen kämpft und die veränderte Situation zu einer tieferen Herausforderung und Umkehr werden lässt: es geht um das Hinausgehen, den absichtslosen Dienst, ja das Mitsein mit den Menschen in ihrer Not und Fragilität. Dieses „Herausgehen" geschieht mit einem besonderen Blick auf die Situation, in der die Menschen heute – wie zu allen Zeiten – stehen. Die Geschichte ist eingeschrieben in das Ereignis von Tod und Auferstehung, also immer ein „Ort", an dem Christus schon gegenwärtig ist. Delp vertieft diese Perspektive von Kreuz und Auferstehung in seinen Notizen weiter, wenn er davon spricht, dass der Mensch heute „Gottes unfähig ist": diese Erfahrung einer Nacht Gottes korreliert mit einer Nacht des Menschen, der gefangen ist in einer sich wandelnden Welt. Menschenunwürdige und unmenschliche Verhältnisse sind daher der erste Ort der Begegnung mit dem Menschen. Hier wird erstmals deutlich, dass die Herausforderungen der Zeit für die Gemeinschaft der Glaubenden zu einer vielfachen Umkehr führen müssen: Religiöse Bemühungen treffen den Menschen, so Delp, eben „nicht in der Fülle seiner Not", sie bleiben an der Peripherie. Eine Umortung ist also fällig, zumal auch der religiöse Mensch „die überkommene Form oder Gestalt mit der flüssig gewordenen Existenz nicht mehr zusammenbringt". In der Konsequenz ist also eine grundlegende Umorientierung verlangt: Auf der einen Seite braucht es eine spirituelle Umkehr, eine Neubegegnung mit Christus für alle jene, die heute als Christen da sein wollen. Und zugleich erweist sich die Form des Christseins, die Form der Kirche als nicht geeignet, zumal sie eben nicht die gemeinsame Sendung und gemeinsame Verantwortung für den Weg der Kirche benennt, sondern in einem institutionellen, ja klerikalen Rahmen verbleibt, der Glaubwürdigkeit verloren hat. Delp diagnostiziert in diesem Zusammenhang eine markante Führungsschwäche der Kirche, die richtungslos scheint angesichts der neuen Herausforderungen liquider Gesellschaft. Deswegen liegt die Umkehr genau darin: sich von der Not der Menschheit bestimmen zu lassen – das ist der Angelpunkt – und von hier aus – in ökumenischer Weite – Kirche neu werden zu lassen: so gewinnt Kirche neu Gestalt aus einer radikal gelebten Diakonie, „die auch in den dunkelsten Stunden die Anliegen und Anrufe Gottes sehen" kann. Nur in solchen Heilungswegen können auch Menschen neu den Weg in die radikale Christusbegegnung finden – und so wachsen: in dieser weiten Ausgestrecktheit in die Peripherien der Unmenschlichkeit entsteht der Auftrag zum Wachsen in der Jüngerschaft. So redet Delp gegen ein Bild von Kirche, die selbst im Zentrum steht – und promoviert eine Kirche, die sich als „Weg und Mittel" begreift, nicht als „Ziel und Ende" – so versteht er Kirche als Sakrament.

— Dietrich Bonhoeffers postmoderne Kirchenvision —

„Die Kirche ist nur Kirche, wenn sie für andere da ist" (Bonhoeffer, 560)[6] – dieser letzte Spitzensatz Bonhoeffers ist mehr als bekannt. Und doch führt der Satz auch in die Irre, denn er ist eben nur die Spitze eines Eisbergs. In den letzten Monaten seines Aufenthalts im Gefängnis formuliert er Gedanken, die ihn eigentlich schon sein gesamtes Leben begleiten: Religiosität im Sinne gewachsener kirchlicher und persönlicher Praxis, die vor allem durch individualistische Innerlichkeit und metaphysische Gottbezogenheit gekennzeichnet ist, trifft auf eine grundlegend gewandelte Gesellschaft und ihre Herausforderungen, die diese Perspektive grundlegend transformiert haben. Und deswegen reicht eine solche Konfiguration des Christlichen nicht hin – ist für heute zu wenig relevant. Bonhoeffer versucht sich mit einem neuen Anweg.

Deswegen ist es sinnvoll, den Gedankengang Bonhoeffers nachzugehen, um diesen Anweg tiefer zu verstehen. Dabei wird sehr deutlich werden, dass die Gedanken Bonhoeffers mit denen Alfred Delps sehr eng verknüpft sind: sie sind Analyse und Diagnose der Gegenwart, die zu einer prophetischen Theologie künftiger Kirchengestalt werden. Sie weisen eine hohe Konvergenz auf, auch wenn natürlich Unterschiede in den Zugangswegen leicht zu entdecken sind.

Ausgangspunkt seiner Reflexion sind radikale Überlegungen zeitdiagnostischer Art. Radikaler als Delp beschreibt er das Ende einer spezifisch geschichtlich gewachsenen Konfiguration christlichen Glaubens: ein individualistisch-religiöser Zugang ist verbaut: „Wir gehen ei-

6 Dietrich Bonhoeffer, Widerstand und Ergebung, Dietrich Bonhoeffer Werke 8, Gütersloh 1998. Im Folgenden werden die Seitenangaben der Zitate im laufenden Text angegeben.

ner völlig religionslosen Zeit entgegen; die Menschen können einfach, so wie sie nun einmal sind, nicht mehr religiös sein. Auch diejenigen, die sich ehrlich als ‚religiös' bezeichnen, praktizieren das in keiner Weise; sie meinen also mit ‚religiös' etwas ganz anderes" (403).

Zur Vergewisserung: Religion steht hier – meines Erachtens – für eine vom Christentum angenommene Gestalt christlicher Praxis, die das ganze Leben umfasste. In den geschichtlichen Prozessen seit dem Mittelalter aber löst sich die Menschheit von einem umfassenden religiösen Horizont – und Religion wird individualisiert und privat – und damit umdefiniert: als privatisierte Frömmigkeitsform Einzelner, die dann langsam verschwindet. Wer noch religiös ist, trennt oft Religion vom Leben. Dies aber wird dem Christentum nicht gerecht – und in diesem Wandel muss radikal neu gefragt werden, wie Menschen die Botschaft des Glaubens aufnehmen können, zumal alle ja „geprägt" sind von der geschichtlichen Reduktion religiöser Weltanschauung. Hier steht für das Christentum ein grundlegender Paradigmenwechsel an. Bonhoeffer fragt: „Wenn die Religion nur ein Gewand des Christentums ist – was ist dann ein religionsloses Christentum … Was bedeutet eine Kirche, eine Gemeinde, eine Liturgie, ein christliches Leben in einer religionslosen Welt? Wie sprechen wir von Gott – ohne Religion … Wie sprechen wir (oder vielleicht kann man eben nicht einmal mehr davon ‚sprechen' wie bisher) ‚weltlich' von ‚Gott', wie sind wir ‚religionslos-weltlich' Christen, wie sind wir ek-klesia, Herausgerufene, ohne uns Religiöse als Bevorzugte zu verstehen, sondern vielmehr als ganz zur Welt Gehörige" (405)?

Die Suche Bonhoeffers findet ihre theologische Tiefe im Geheimnis von Tod und Auferstehung Jesu Christi, und in das Geheimnis der Gottverlassenheit Jesu am Kreuz ist diese Zeit hineingestellt: das ist die Mitte, in der uns Christus begegnet. „Gott ist mitten in unserem Leben jenseitig. Die Kirche steht nicht dort, wo das menschliche Vermögen versagt, an den Grenzen, sondern mitten im Dorf" (408).

Bonhoeffer schaut in die Zukunft, und entdeckt eine Gesellschaft, deren Sozialgefüge globalisiert und lokalisiert zugleich sein wird. Und im Blick auf die Existenzform des Christseins sieht er diese in „weitherziger und selbstloser Teilhabe am Ganzen und an den Leiden unserer Mitmenschen" (435). Das bedeutet – wie bei Delp – eine vielfache Umkehr. Zum einen ist anzunehmen, dass in dieser neuen

Konfiguration der Gesellschaft das Christsein in seiner Substanz neu zu formulieren ist: das Evangelium als Verkündigung von „Neuem und Umwälzendem“ (vgl. 435) zu entdecken – dies ist ein ekklesialer Prozess. Denn die Neuentdeckung des eigenen Glaubens setzt eine Umkehr der Kirche voraus: „Unsere Kirche, die in diesen Jahren nur um ihre Selbsterhaltung gekämpft hat, als sei sie ein Selbstzweck, ist unfähig, Träger des versöhnenden und erlösenden Wortes für die Menschen und für die Welt zu sein. Darum müssen die früheren Worte kraftlos werden und verstummen und unser Christsein wird heute nur in zweierlei bestehen: im Beten und im Tun des Gerechten unter den Menschen. Alles Denken, Reden und Organisieren in den Dingen des Christentums muss neu geboren werden aus diesem Beten und diesem Tun“ (435f).

— Eine Neugeburt der Kirche —

Bonhoeffer sucht und findet eine ähnliche Situation in der frühen Kirchengeschichte: die Auseinandersetzung um die Frage der Beschneidung, die zu neuen Wegen für das Christwerden der Völker führte, zeigt sich ähnlich im Heute, angesichts der „Mündigkeit der Welt“ (482). Kann das Christentum neu erlebt, gelebt und gedacht werden im Ausgang einer postreligiösen Verfasstheit der Welt? Wie sieht ein Christsein aus, das sich nicht auf einen fernen Gott stützt, sondern ihn in der Verlassenheit der Welt entdeckt: „Gott ist ohnmächtig und schwach in der Welt und gerade und nur so ist er bei uns und hilft uns. Es ist… ganz deutlich, dass Christus nicht hilft kraft seiner Allmacht, sondern kraft seiner Schwachheit, seines Leidens! Hier liegt der entscheidende Unterschied zu allen Religionen. Die Religiosität des Menschen weist ihn in seiner Not an die Macht Gottes in der Welt. Gott ist der deus ex machina. Die Bibel weist den Menschen an die Ohnmacht und das Leiden Gottes…“ (534)

Christliche Existenz unterscheidet sich also radikal von religiöser Existenz. „Nicht der religiöse Akt macht den Christen, sondern das Teilnehmen am Leiden Gottes im weltlichen Leben. Das ist die „metanoia“, nicht zuerst an die eigenen Nöte, Fragen, Sünde, Ängste denken, sondern sich in den Weg Jesu mithineinreißen lassen…“ (535) Und Bonhoeffer fasst zusammen: „Nichts von religiöser Methodik, der

‚religiöse Akt' ist immer etwas Partielles, der ‚Glaube' ist etwas Ganzes, ein Lebensakt. Jesus ruft nicht zu einer neuen Religion, sondern zum Leben." (537)

Bonhoeffer hatte vor, diesen Paradigmenwechsel in einer kurzen Programmschrift zu veröffentlichen. Der „Entwurf für eine Arbeit" (556) skizziert diese nicht mehr ausgeführte Arbeit. Deutlich wird vor allem, dass die theologische und spirituelle Tiefe seiner Theologie eingegründet ist in der Betrachtung des Geheimnis des Gekreuzigten. Im Blick auf den Gekreuzigten erscheint deutlich, dass Glauben eine dynamische Hingabebewegung wird: „Unser Verhältnis zu Gott ist kein ‚religiöses' zu einem denkbar höchsten, mächtigsten, besten Wesen ..., sondern unser Verhältnis zu Gott ist ein neues Leben im ‚Dasein-für-andere', in der Teilnahme am Sein Jesu" (558). Und dies hat die schon beschriebenen Konsequenzen für eine Wiedergeburt der Kirche, die Bonhoeffer im Übrigen „ökumenisch" sieht: es ist eine Kirche für andere: „Sie muss an den weltlichen Aufgaben des menschlichen Gemeinschaftslebens teilnehmen, nicht herrschend, sondern helfend und dienend". (560) Ausgangspunkt sind also auch hier die Herausforderungen, in denen Welt und Menschen stehen. Und dieses Sich-Hineinnehmen-Lassen in den Weg Jesu, diese sendungsorientierte Beschreibung des Christseins gründet sich im „Wesen" des Menschseins – in seinem „Für-Andere-Dasein". Damit aber wird auch die Gestalt der Kirche neu „geboren". Das vertieft Bonhoeffer durch eine Herausforderung: Kirche muss arm werden, ihren Reichtum für andere, für die Armen geben – und ein Bild des armen Christus werden, ein „Vorbild", wie er betont, das auf Christus verweist: Nicht die bestimmte Gestalt ist entscheidend, sondern das „Leben", die Existenzvollzüge der Christen sind entscheidend. Von dort aus, aus der Existenz als Proexistenz, lösen sich nach Bonhoeffer auch die anderen Fragen – die ökumenische Frage, aber auch die Fragen um das geistliche Amt.

Beiden, Alfred Delp wie Dietrich Bonhoeffer, ist also eine geistlich gegründete Prophetie über die Zukunft des Christseins und seine kirchliche Gestalt eigen. Vor allem: Sie relativieren die bisherigen Gestalten im Blick auf eine scharfsinnige Gesellschaftsanalyse. Sie verlangt eben nicht nach Reförmchen, sondern nach einer Reformation. Diese aber erwächst nicht pragmatisch, sondern aus einer tiefen Einsicht in die Grundwirklichkeit der Gegenwart des gekreuzigten und auferstandenen Christus, der das Verständnis von Gott und Mensch revolutioniert. Und natürlich erwächst hier eine Kirchengestalt, die ganz von der Leidenschaft für den leidenden Menschen geprägt ist und ihre jeweilige Sozialform aus der Hingabe gewinnt. Delp wie auch Bonhoeffer erspüren das Ende der Moderne und den Beginn einer neuen „liquiden" Zeit, die eine Institutionenzentriertheit genauso hinter sich lässt wie eine Fixierung auf amtliche Vollzüge. Subjekt der Kirche sind die Getauften – und dennoch: einen wichtigen Hinweis gibt Alfred Delp: Solche Veränderungsprozesse brauchen Führung, brauchen Vision. Das ist in der Tat ein wichtiger Merkposten für unser Nachdenken über die nächste Reformation.

2. Bildentwicklung – Über die Kunst des Sehens

Ich erinnere mich noch gut an die Schlüsselszene, in der mein Sehen sich umkehrte. Bis dahin war ich geprägt von einer defizitorientierten Sicht der Dinge, unzufrieden mit der gegenwärtigen kirchlichen Situation, mit dem real existierenden Katholizismus der Gemeinden, mit der katechetischen Situation zwischen „Ausverkauf und Rigorismus" (Emeis). Bis dahin war ich aber auch ohne wirkliche Vision.

Das änderte sich um das Jahr 2005. Einer der Ausgangspunkte war eine Visitation des damaligen Weihbischofs Koitz in den Pfarreien, in denen ich Pfarrer war. Mir ging es an diesem Abend seines Besuchs bei den Gruppierungen und Verbänden um Hilfe und Unterstützung für den anstehenden Prozess der Neugründung einer Pfarrei aus drei Pfarreien. Der Weihbischof wollte mir auch helfen, aber er machte einen entscheidenden und hilfreichen Fehler am Anfang des Treffens. Da er gerne wissen wollte, wer alles an dem Abend gekommen war – und es waren über 50 Personen da –, schlug er eine Vorstellungsrunde vor. Die dauerte zwei Stunden, und damit war der Abend zu Ende, und ich hatte gerade den tiefsten Wandel meiner Sehgewohnheiten erlebt: denn die Vorstellung war ein tiefes Zeugnis des Engagements, der Spiritualität, der kirchlichen Identität der Verantwortlichen der verschiedenen Gruppen. Und ich erlebte mündige Christinnen und Christen, die sich ihrer Sendung und ihres Tuns voll bewusst waren – und ich hatte bislang eher skeptisch von ihnen allen gedacht. Was für ein Irrtum – und was für eine notwendige Bekehrung meinerseits.

Etwa zur gleichen Zeit hatte Thomas Vijay, Missio-Gast aus Indien, eine Gruppe von interessierten Pastoralgestaltern mit einer anderen Frage konfrontiert: „Welche Vision hat die Kirche von Deutschland?“ Also mit anderen Worten: wo wollen wir eigentlich hin? Und nachdem das Schweigen im Raum fast schon bedrängend geworden war, wurde mir damals deutlich, dass etwa um diese Zeit – um 2005 – die weitestgehende Vision der deutschen Kirche in der Bestandserhaltung eines gewachsenen und gut entwickelten Gefüges territorialer und kategorialer Pastoral bestand, das weithin aufruhte und gründete in einem volkskirchlich-milieugeprägten Grundverständnis der Kirche. Nicht ein Paradigmenwechsel war angezielt, sondern eine Anpassung des Angebotes an die postmodernen Zeiten.

Als biblisches Bild für die anstehende Neuorientierung und Neuformierung kirchlichen Handelns schien mir damals die Geschichte der Kundschafter auf – und also die entscheidende Szene am Jordan, in der sich das Volk Gottes für die Zukunft oder die Vergangenheit entscheiden musste: „Über den Jordan gehen“ stand dabei für das Sich-Einlassen auf Gottes Zukunft, eine Grundeinstellung, die darauf vertraut, dass Gott uns auch heute genauso leitet und begleitet, führt und Heil schenkt, wie zu früheren Zeiten. Und dass die scheinbaren Mängel und Defizite oft daraus rühren, dass man die heutige Situation mit einer vergangenen und glorreich empfundenen Situation vergleicht. Das Misstrauen gegenüber dieser Glorifizierung vergangener Zustände und der empfundenen Mangelsituation an Glauben, Priestern oder sogar Geld wuchs in dem Maße an, als mir in anderen Kontinenten Erfahrungen des Kircheseins begegneten, die offensichtlich eine rückwärtsgewandte Vision der Bestands- und Einflusswahrung hinter sich gelassen hatten und mit einer anderen Zukunftsvision unterwegs waren: die Vision, die hinter den „Small Christian Communities“ steckte, war die einer sendungsorientierten Ekklesiologie der Nähe, einer inkulturierten Spiritualität, einer lokalen Kirchenentwicklung, deren Kulturmerkmal die Suche nach einer partizipativen Kirchengestalt war – allesamt Elemente einer Rezeption des II. Vatikanums im Zeichen des „Aggiornamento“.

Angesichts dieser vielen Erfahrungen vor Ort wie eben auch in den verschiedenen weltkirchlichen Exposures verdichtete sich schließlich diese neue „Sehweise“ in dem Prophetenwort des Jesaja: *„Doch denkt nicht mehr an das, was früher geschah, schaut nicht mehr auf das, was längst* *vergangen ist! Seht, ich schaffe Neues; Schon sprosst es auf. Merkt ihr es nicht?" (Jes 43,18f).*

Auf dem Hintergrund der bisherigen Erkenntnisse meint (auch) dieses Prophetenwort eben nicht, dass jetzt auf einmal etwas völlig Neues geschieht – und also das Bisherige „veraltet" sei. Hier geht es um etwas anderes. Einerseits ist dieses biblische Wort eingewoben in die Heilsgeschichte Gottes mit seinem Volk: zu allen Zeiten begleitet Gott sein Volk und handelt an ihm heilschaffend. Aber es geht eben darum, das „Heute Gottes" wahrzunehmen und sich darauf einzulassen, dass Gott in jeder Zeit Neues schaffen will. Mit anderen Worten: eine Umkehr ist verlangt, die nicht das Heute misst an der Vergangenheit und ihrer gottgeschenkten Fülle – das wäre defizitorientiert. Sie lehrt vielmehr, die Anfänge und Veränderungen wahrzunehmen, die Gott heute bewirkt.

Dass er das tut, ist ohne Frage so – aber ob wir es merken, das wäre die zukunftsorientierte Frage: wo entdecken wir Gottes Gegenwart, Gottes kreatives und neuschaffendes Handeln an seinem Volk, an der Menschheit – und wie können wir fördern und begleiten, und nicht verhindern, was sich entwickelt? Pastorales Handeln ist also jenes Handeln, dass Gottes Wirken in jeder Zeit wahrnimmt, stützt und begleitet. Da es um die immer fruchtbare Begegnung von Evangelium und Kultur geht, da es immer darum geht, das Wirken des Geistes, der in den Menschen aller Generationen diese Begegnung wirkt, zu entdecken und zu stärken, ist dieser Blick würdigend und wertschätzend – braucht aber eine visionäre Perspektive, um Orientierung zu ermöglichen.

Denn natürlich bleibt jede Gegenwart ambivalent, ist immer nicht eindeutig, was zu sehen ist. Gerade dann, wenn gewachsene Vergangenheit nicht schlichtweg normativ ist, wenn die Tradition von den vielen zeitgebundenen „Traditiönchen" unterschieden werden muss, stellt sich die Frage, woran die Zukunftsentwicklung sich orientieren kann.

Am Evangelium natürlich – und an seiner Auslegung, wie sie sich zuletzt im II. Vatikanum und im Leben des Gottesvolkes zeigt: also an der Tradition, die ja im Wesen nichts anderes ist als jene immer wieder neue fruchtbare Begegnung des lebendigen Wortes mit seiner Zeit. Und an dem Geist, der in den Zeichen der Zeit vom Evangelium her unterschieden und entdeckt werden will.

— Zeit der Ernte —

„Die Ernte ist groß, aber es gibt nur wenig Arbeiter. Bittet also den Herrn der Ernte, Arbeiter für seine Ernte auszusenden" (Lk 10,2), so formuliert Jesus, kurz bevor er die Jünger aussendet, das Evangelium zu verkünden. Das hat mich stutzig gemacht. Und mir fiel eine etwas rätselhafte Stelle aus dem Johannesevangelium ein. Eben hat Jesus das spannende und zweifellos evangelisierende Gespräch mit der Samariterin geführt, eben gerade hat er seinen verdutzten Jüngern davon erzählt, was seine Nahrung ist – nämlich den Willen des Vaters zu tun – da fordert er sie erneut heraus: „Sagt ihr nicht: noch vier Monate dauert es bis zur Ernte? Ich aber sage euch: Blickt umher und seht, dass die Felder weiß sind, reif zur Ernte… Ich habe euch gesandt zu ernten, wofür ihr nicht gearbeitet habt" (Joh 4,35.38).

Für die Jünger ist das eine echte Umkehr der Blickverhältnisse: zum einen ist man ja hier im Land der ungläubigen Samariter – und gerade die sind für den Blick Jesu „reif für das Evangelium" (vgl. Joh 4,39–42), zum anderen sagt Jesus hier selbst, dass nicht Er und seine Jünger gesät haben, sondern andere – und jetzt die Zeit der Ernte ist. Bei den Synoptikern, etwa in der Botenrede von Lukas 10, sendet der Herr die Jünger aus, damit sie entdecken und ins Leben bringen, was schon ausgesät ist – auch hier ist es die Ernte, um die es geht. Und das setzt sich etwa in der Apostelgeschichte so fort: Als Philippus den äthiopischen Kämmerer trifft (Apg 9), ist eigentlich schon alles bereitet für die Ernte – es braucht bloß ein Hinhören und Wahrnehmen und Ins-Licht-Rücken, damit es zur Taufe kommen kann. Man denke an Paulus auf dem Areopag (Apg 17) und seine Umkehr in der Wahrnehmung: Aus dem Ärger über den unüberschaubaren Polytheismus der Athener Bürger wird in der Umkehr des Blicks eine tiefe Wahrnehmung ihrer religiösen Sehnsucht, die verknüpfbar ist mit dem Evangelium.

So sind es also zwei Akzente, die dazu führen, aus dem „Negativ" ein Bild zu entwickeln, das der Wirklichkeit von Gott her entspricht: Auf der einen Seite sieht diese Perspektive mehr als die Soziologie, insofern sie in allem, was ist und geschieht, Gottes Weg mit seinem Volk sieht. Sie übersieht keine Ambivalenz, ist aber auch nicht abhängig von einem scheinbar normierten Zeitabschnitt, in dem Kirchenmitgliedschaft, Werte, Haltungen „objektiv" gemessen werden können: man könnte etwa – zum Beispiel – den tiefgreifenden Glaubensabfall und die wachsende Traditionsvergessenheit und Kirchlichkeit an den statistischen Daten seit 1960 messen.

Im Gegenteil legt dieser Blick eine andere Perspektive frei. Einerseits lebt er von der Gewissheit, dass jede personale und soziale Konstellation des christlichen Glaubens in jedweder Gesellschaftsform überholbar ist, weil das Volk Gottes auf dem Weg der Geschichte ja dem Heil, dem himmlischen Jerusalem, entgegenwächst und sich ständig selbst übersteigen muss im Blick auf das Reich Gottes – zum anderen erkennt sie, im Blick auf diese Vision, in jeder Generation, in jeder Zeit, die Aufbrüche des Geistes, die Früchte des Evangeliums und entwickelt so ein neues Verstehen der Kirche. Tendenziell ist Kirche nicht „einfach nur da", sondern „sie wird" und die Tradition und ihr Wesen müssen in jeder Zeit neu gesagt werden.

Wer sich also auf eine solche Weise des Sehens einlässt, der gerät in eine Art „entdeckende Ekklesiologie", ein exploratives Verstehen der Kirche, die als „heiliges Experiment" in jeder Zeit sich neu Gestalt gibt. Wenn in weltkirchlichen Zusammenhängen dann von „kirchlichen Basisgemeinden" oder „Small Christian Communities" oder „fresh expressions of church" geredet wird, dann ist zunächst einmal gemeint, dass hier aus der Verkündigung Kirche neu erfunden und gefunden wird – vor Ort, inkulturiert, Frucht der Sendung des Evangeliums. Es ist doch spannend, wenn dann von den Bischofskonferenzen Ostafrikas etwa diese neuen Kirchenformen als „most local incarnation of the one, holy, catholic and apostolic church" bezeichnet werden.

— Auf Konziliar —

In dieser Perspektive und aus diesem Blickwinkel heraus hat auch das Konzil die Zeit lesen wollen. Und es tat dies mit Mut:

„Zur Erfüllung dieses ihres Auftrags obliegt der Kirche allzeit die Pflicht, nach den Zeichen der Zeit zu forschen und sie im Licht des Evangeliums zu deuten. So kann sie dann in einer jeweils einer Generation angemessenen Weise auf die bleibenden Fragen der Menschen nach dem Sinn des gegenwärtigen und des zukünftigen Lebens und nach dem Verhältnis beider zueinander Antwort geben. Es gilt also, die Welt, in der wir leben, ihre Erwartungen, Bestrebungen und ihren oft dramatischen Charakter zu erfassen und zu verstehen… So kann man

schon von einer wirklichen sozialen und kulturellen Umgestaltung sprechen, die sich auch auf das religiöse Leben auswirkt. Wie es bei jeder Wachstumskrise geschieht, bringt auch diese Umgestaltung nicht geringe Schwierigkeiten mit sich..." (Gaudium et Spes 4)

Der Kirche obliegt diese Aufgabe – und ganz in der Linie des Konzils wird ja hier nicht zuerst von der Institution die Rede sein, sondern vom Volk Gottes. Wichtig ist in diesem Kontext aber auch, dass aus einer Perspektive des Glaubens von einer „Wachstumskrise" die Rede ist: wenn also eine Glaubensdeutung der Geschichte angesagt ist, dann impliziert dies die Rede vom Wachstum – nicht als vielleicht optimistische Wachstumsprognose, gespeist aus der ökonomischen Naivität der 60er-Jahre, sondern aus der eschatologischen Perspektive des Wachsens hin auf die Vollendung.

Damit aber ist auch eine gemeinschaftliche – synodale – Unterscheidung der Geister im Blick:

„Im Glauben daran, daß es vom Geist des Herrn geführt wird, der den Erdkreis erfüllt, bemüht sich das Volk Gottes, in den Ereignissen, Bedürfnissen und Wünschen, die es zusammen mit den übrigen Menschen unserer Zeit teilt, zu unterscheiden, was darin wahre Zeichen der Gegenwart oder der Absicht Gottes sind..." (GS 11)

Genau dieses Wahrnehmen des Wirkens des Geistes verändert aber nicht nur die Antworten und die konkrete Sendung der Kirche – sondern diese unsere Kirche selbst ist zutiefst in den Wandlungsprozess des Geistes einbezogen. Um ihrer Sendung willen, ihrer Gemeinschaft in „Freude und Hoffnung, Trauer und Angst" mit allen Menschen, besonders den Armen, wächst Kirche in immer neuen Wegen und Formen. Es ist daher zweifellos ein echtes Kunststück, die Zeichen der Zeit im Licht des Evangeliums zu deuten, während man selbst zutiefst eingebunden und geprägt ist von diesen umwälzenden Veränderungen. Die Mühe einer solchen Unterscheidung – und ihr teilweises Scheitern – erklärt viele der Polarisierungen und Missverständnisse der vergangenen Zeit.

Aber es geht noch um mehr: denn das Konzil verweist auch darauf, dass in diesem Prozess das Evangelium selbst und die gesamte Tradition neu verstanden wird. Sind wir in einem reformatorischen Gesamtprozess verstrickt, dann wird dadurch auch unser Verstehen der Kirche in dieser Zeit noch einmal neu – und dies ist dann die Aufgabe aller in der Kirche. So wenigstens das Konzil:

„Es ist jedoch Aufgabe des gesamten Gottesvolkes..., unter dem Beistand des Heiligen Geistes auf die verschiedenen Sprachen unserer Zeit zu hören, sie zu unterscheiden, zu deuten und im Licht des Gotteswortes zu beurteilen, damit die geoffenbarte Wahrheit immer tiefer erfaßt, besser verstanden und passender verkündet werden kann". (GS 44)

Wenn wir also in dieser Weise Bilder der Kirche entwickeln, in denen sich Gottes Handeln heute zeigt, sind wir mitten in der nächsten Reformation.

3. Umwälzungen – Eine unvollständige Skizze der Zeitzeichen

Wir stehen offensichtlich mitten in einer epochalen Umwälzung. Das ist deutlich erkennbar. Die scheinbar ruhigen Zeiten europäischer Einigkeit sind vorbei. Es ist noch gar nicht so lange her. Seit Mitte 2015 kommen in großer Zahl Flüchtlinge aus vielen Unruheherden dieser Erde nach Europa, näherhin nach Deutschland. Sie kommen, um zu bleiben. Und es gehört zu den großen Erfahrungen dieses Jahres, dass doch sehr viele Menschen in unserem Land die Flüchtlinge mit Leidenschaft und Solidarität aufnehmen, bei allen Sorgen und aller Skepsis.

Das war eine Überraschung: ohne dass irgendwer Appelle lanciert hätte – die kamen erst später – und ohne dass ein irgendwie geartetes ziviles oder kirchliches Mobilisierungsprogramm angestoßen worden war, halfen und helfen viele Menschen mit einer ungeheuren Investition an Zeit und Energie denen, die in unser Land kommen. Jedes Mal wenn ich im Priesterrat unseres Bistums oder von Freunden aus Hildesheim davon hörte, wurde mir einerseits klar, wie viele Herausforderungen und Nöte sich hier plötzlich ergeben, andererseits aber auch, wie viel Liebe, Energie und Intelligenz Menschen hier geben. Die Kultur unseres Landes ist also nicht egoistisch und konsumistisch, sondern sehr wohl engagiert für die anderen, jenseits der vielen Institutionen und Verbände, die sich für andere professionell engagieren. Ein wahres Zeichen der Zeit ist also die Entdeckung, dass es das Aufbrechen einer Zivilgesellschaft gibt, an der viele Menschen aller Altersgruppen beteiligt sind.

Auch die Christen. Weniger die Gemeinden. Das Handeln so vieler macht allerdings auch deutlich, wie sehr der Geist Gottes treibt und wirkt, wie wenig es also zutrifft, dass Christen doch nur unter sich bleiben wollen. Es wird etwas sichtbar von dem, was Papst Franziskus als Entdeckungszusammenhang in der Stadt beschreibt: *„Wir müssen die Stadt von einer kontemplativen Sicht her, das heißt mit einem Blick des Glaubens erkennen, der jenen Gott entdeckt, der in ihren Häusern, auf ihren Straßen und auf ihren Plätzen wohnt. Die Gegenwart Gottes begleitet die aufrichtige Suche, die Einzelne und Gruppen vollziehen, um Halt und Sinn für ihr Leben zu finden. Er lebt unter den Bürgern und fördert die Solidarität, die Brüderlichkeit und das Verlangen nach dem Guten, nach Wahrheit und Gerechtigkeit. Diese Gegenwart muss nicht hergestellt, sondern entdeckt, enthüllt werden. Gott verbirgt sich nicht vor denen, die ihn mit ehrlichem Herzen suchen, auch wenn sie das tastend, auf unsichere und weitschweifige Weise, tun." (Evangelii Gaudium 81)*

Natürlich haben die Kirchen und haben staatliche Institutionen zu weitergehendem Engagement ermutigt, aber dieses Aufbrechen einer zivilen und mündigen Bürgergesellschaft war in diesem Umfang ein neues Zeichen der Zeit.

Zu diesen Zeichen gehören aber auch sehr widersprüchliche und polarisierende Erfahrungen: immerhin ein Drittel der Bevölkerung stellt sich deutlich gegen diese Flüchtlingsbewegung, ein großer Teil der Europäischen Völker steht nicht mehr zu einem verbindlichen Wertezusammenhang christlicher Prägung. Das gilt sowohl für säkularisierte Staaten wie Großbritannien, aber eben auch für das sich katholisch wähnende Polen. In dieser Zerreißprobe steht Europa, und es wird sichtbar, wie wenig selbstverständlich Nächstenliebe in ihren zivilgesellschaftlichen Ausprägungen zum gesellschaftlichen und europäischen Konsens gehört. Und es zeigt sich auch, dass in der Tat gerade im Bereich der (christlichen) Grundwerte Gesellschaften auseinandertreten, ja in sich gespalten sind.

Für die Christen in Deutschland und in Europa brechen damit neue Zeiten an, die sich allerdings schon lange andeuteten. Vorbei sind die Zeiten, in denen man sich auf einen unbefragten Konsens dieser Werte verlassen konnte. Das war schon länger eine riskante Annahme, auch wenn das Europa Schumanns, De Gasperis und Adenauers sich zweifellos auf christliche Werte gründete. Aber immer dann, wenn christliche Werte Gegenstand politischer Diskussion wurden, dann stellte sich auch heraus, dass es einerseits nicht mehr Werte sind, für die eine Gesamtbevölkerung einsteht, dass es andererseits aber einen echten Wunsch nach einer Befruchtung der Diskussion durch die Christen gibt.

Das macht Christsein von neuem zu einer Frage persönlicher und ekklesialer Bekenntnisse im Rahmen einer europäischen Diaspora, lässt Konfessionen zusammenrücken in der gemeinsamen Sendung, das Evangelium zu verkünden. Und es lässt deutlich werden, dass die Christen ein gesuchter Akteur im Dialog sind, vor allem dann, wenn sie ihre Meinung und ihre Perspektiven nachdrücklich, aber ohne Machtanspruch einbringen. Als Gesprächspartner sind sie wie selten gesucht, ohne dass dies bedeutet, dass ihnen ein irgendwie gearteter Vorsprung gewährt würde: wir befinden uns schon lange in einer multiethnischen und multireligiösen Wirklichkeit. Sie fordert das Christentum heraus, Identität nicht als Abgrenzung, sondern als Leidenschaft für den Menschen zu beschreiben und zu leben.

Das gilt umso mehr im Kontext all jener Fragen und Probleme, die unsere Gesellschaften nachdrücklich bedrängen: gerade die ökologischen Fragen und die ökonomischen Fragen der Gerechtigkeit sind im vergangenen Jahr zur eruptiven Mitte der Veränderungen unserer Kultur geworden: die griechische Finanzkrise ist ja nur ein Ausdruck für die Fragen nach der Gerechtigkeit weltweiter Finanzmärkte. Es war Papst Franziskus, der mit seiner bahnbrechenden Enzyklika „Laudato si" genau diese Fragen in den Mittelpunkt rückte, die Europa im vergangenen Jahr so beschäftigt haben. Und immer geht es um den Menschen, um die Gerechtigkeit und Solidarität auf Weltebene – und die Option für die Armen.

Es wurde und wird mehr als deutlich, dass die Antworten auf diese Fragen im Rahmen bisheriger Systeme nicht beantwortet werden können. Diese Umkehr, die gefragt ist, ist radikaler als gedacht. Papst Franziskus, der hier mit deutlichen Worten zur Umkehr aufruft, spricht von einer „mutigen kulturellen Revolution" – also einem neuen Paradigma, das sich aus einer Neuentdeckung des Evangeliums und damit des Menschseins herleitet. Das aber ist auch für die Christen eine immense Herausforderung, weil das Eingebundensein in den Lebensstil europäischer Weltgesellschaft natürlich auch zeitgeistig geprägt ist.

Auch deswegen entstehen neue Polarisierungen, aber eben auch neue Koalitionen und Sammlungsbewegungen, die quer zu den bestehenden politischen Mustern stehen und überraschende Verbindungen zwischen Weltanschauungen und Religionen ebenso ermöglichen wie sie auch neue Abgründe deutlich machen.

Das hat sich in der jüngsten Vergangenheit gerade auch im Kontext des neuen Djihadismus gezeigt, der in Europa und weltweit eine neue Terrorwelle ausgelöst hat. Dabei geht den Europäern Schritt für Schritt auf, dass dieser Terror keineswegs nur importiert ist aus der Kriegswelt innermuslimischer und machtpolitischer Konstellationen des Nahen Ostens. Irritierender ist vielmehr, dass dieser neue Terrorismus von jungen Menschen der eigenen Nationen mitgestaltet wird. Woran das liegt, hat jüngst der Hannoversche Philosoph Jürgen Manemann deutlich machen können: Angesichts des Sinnverlusts und der konstitutiven Sinnlosigkeit eines neuen Nihilismus, der in unseren Gesellschaften transportiert wird, erscheint es gar nicht so seltsam, dass dort, wo scheinbar Sinn, Leidenschaft und Orientierung geboten wird, junge Menschen – Männer wie Frauen – sich darauf einlassen, und wenn es Selbstmordattentate und grausame Brutalität bedeutet.[7]

Auch hier liegen Herausforderungen, die auf verschiedenen Ebenen sprechen. Wenn der religionsneutrale Staat von sich aus keine Werte erzeugt, sondern sie vielmehr voraussetzt, dann stellt sich die Frage, wie die Christen, die ja in den heutigen Gesellschaften wie zu allen Zeiten als „unsichtbare Seele" mitten unter den Menschen leben (so schon der Diognetbrief), sich diesen Herausforderungen stellen und sich in diese Wirklichkeit hineingeben: Wo und wie können Werte vermittelt, kann Leben und Sinn bezeugt und geteilt werden?

Und schließlich ist vielleicht eine der drängendsten Herausforderungen die digitale Revolution. Die Welt des Internets ist weit mehr als eine technische Revolution, die das Leben nachhaltig verändert und prägt. Sie ermöglicht oder verhindert echte Beziehung und ist damit auch eine spirituelle Herausforderung. Und auch hier stellt sich für das Christentum eine nachdrückliche Frage. Es geht um nichts weniger als um die Frage nach dem Kern des Christlichen. Dabei wäre es oberflächlich, hier nur nach der Präsenz der Christen in den neuen Medien zu fragen – diese Frage ist längst hinreichend beantwortet: Nicht nur die Einzelnen, auch die Diözesen und Institutionen bis hin zum Va-

7 Jürgen Manemann, Der Djihad und der Nihilismus des Westens, Bielefeld 2015.

tikan können sich dieser Wirklichkeit nicht nur nicht entziehen – sie nutzen sie auch mutig.

Zu fragen aber ist, was als Herausforderung dahinter liegt. Auch hier hat Papst Franziskus einen wichtigen Hinweis gegeben. In seinem Schreiben Evangelii Gaudium gibt es einen interessanten Absatz, der so überschrieben ist: „*Ja zu den neuen, von Jesus Christus gebildeten Beziehungen*". Spiritualität des Christlichen ist nicht zuerst und vor allem die Beziehung des Einzelnen zu Gott, sondern zugleich und gleichursprünglich die Beziehung zueinander: „*Heute, da die Netze und die Mittel menschlicher Kommunikation unglaubliche Entwicklungen erreicht haben, spüren wir die Herausforderung, die ‚Mystik' zu entdecken und weiterzugeben, die darin liegt, zusammen zu leben, uns unter die anderen zu mischen, einander zu begegnen, uns in den Armen zu halten, uns anzulehnen, teilzuhaben an dieser etwas chaotischen Menge, die sich in eine wahre Erfahrung von Brüderlichkeit verwandeln kann, in eine solidarische Karawane, in eine heilige Wallfahrt. Auf diese Weise werden sich die größeren Möglichkeiten der Kommunikation als größere Möglichkeiten der Begegnung und der Solidarität zwischen allen erweisen. Wenn wir diesen Weg verfolgen könnten, wäre das etwas sehr Gutes, sehr Heilsames, sehr Befreiendes, eine große Quelle der Hoffnung! Aus sich selbst herausgehen, um sich mit den anderen zusammenzuschließen, tut gut. Sich in sich selbst zu verschließen bedeutet, das bittere Gift der Immanenz zu kosten, und in jeder egoistischen Wahl, die wir treffen, wird die Menschlichkeit den kürzeren ziehen*".

Was die Beziehungswelt der Virtualität ans Licht bringt, ist eine Revolution im Bereich der Spiritualität, vielleicht sogar ihre spannendste Neuentdeckung. Die virtuelle Postmoderne kann vielleicht eher als andere Zeiten deutlich machen, dass der Kern und die Mitte christlicher Spiritualität nicht private Religiosität ist, sondern das Füreinander liebevoller Beziehungen. In diesen Beziehungen „offenbart" sich Christus und zeigt sich, was Nachfolge Christi meint. Schon Papst Johannes Paul II. hatte die Notwendigkeit einer „Spiritualität der Gemeinschaft" (Novo Millennio Ineunte 43) für die Zukunft der Kirche benannt. Vielleicht liegt hier eine Herausforderung, der sich seiner Zeit schon Dietrich Bonhoeffer gestellt hatte. Er sprach ja von einer „nichtreligiösen Interpretation" des Christentums und sah sie in der Christuspräsenz inmitten der Menschen, „mitten im Leben jenseitig". Sind wir Christen bereit, diese Herausforderung anzunehmen, zu leben, zu denken und zu gestalten?

4. Lernbewegungen der Kirche

Unsere Kirche lernt. Das geschieht nicht ganz so freiwillig – ist aber auch ein wichtiges Zeichen der Zeit. Es ist ein Zeichen für einen tiefgreifenden Umbruch, der gerade erst begonnen hat. Dabei sind die Missbrauchskandale zweifellos der massivste Auslöser. Der Umgang mit einer lange verdrängten Wirklichkeit, die ungeheuerlichen Vertrauensverlust bewirkt hat, ist weit mehr als eine Kurskorrektur hin zu Transparenz und Aufarbeitung, und auch weit mehr als eine Umkehrung der Perspektive hin zu den Opfern. Es verändert auch das Verständnis der Kirche von sich selbst. Eine unbefragte hierarchische Konstellation der Autorität gerät ins Wanken, ein lang geprägtes Bild von „oben" und „unten" zerbricht unaufhaltsam.

Das ist eigentlich nichts anderes als ein Neuverstehen des Kircheseins aus der Perspektive des II. Vatikanums, aber dennoch erschüttert es selbstverständliche Rollenvorstellungen zutiefst, die lange – bewusst und unterbewusst – in allen Teilen des Volkes Gottes weitergewirkt haben und … weiterwirken.

Nicht ohne Grund hatte Erzbischof Zollitsch im Kontext dieser unübersehbaren Krise die deutsche Kirche zu einem mehrjährigen Dialogprozess eingeladen. Offensichtlich war klar, dass nur ein ehrlicher Dialog über alle Fragen zu einer authentischen und glaubwürdigen Neukonfiguration der Kirche führen kann. Dieser Dialogprozess hat über drei Jahre lang gedauert, und er war ein echter Übungsplatz für eine Kirche der Partizipation. Sehr holprig teilweise, sehr ambivalent, aber eben doch ein wirklicher Schritt. Es gehört zu den Zeichen der Zeit der Kirche von Deutschland, dass sie sich einlässt auf die Mühe, echte Partizipation zu lernen und sich vertrauensvoll einzulassen auf offene Prozesse. Wer dabei war, bezeugt die Mühseligkeit des Unternehmens, die Stolpersteine, aber auch die gewonnene Klarheit über eine Kultur des Kircheseins, die nicht mehr unterboten werden will.

Das gilt in ähnlicher Weise für die Weltkirche. Die Wirren und die Polarisierungen im Umfeld der zweijährig angelegten Familiensynode können das gut illustrieren. Was zunächst routinemäßig begann, wurde schnell danach von den Verantwortlichen der Synode unterbrochen. Es ging nicht um die gewohnte Routine der Erhebung der Situation der Familien durch eine Bischofskonferenz, sondern um eine Bewegung maximaler Partizipation: alle Christinnen und Christen sollten ihren Beitrag geben können.

Ich erinnere mich sehr gut daran, wie nach zögerlichem Anfang mit hoher Energie an dieser Befragung gearbeitet wurde – und ich erinnere mich sehr gut daran, dass die Ergebnisse in mehrfacher Hinsicht zu bemerkenswerten Schlüssen führten: Während einerseits deutlich wurde, dass die ethischen Grundhaltungen aus dem Evangelium weithin von vielen Katholiken geteilt werden, werden die moraltheologischen Konsequenzen klassischer Prägung kaum mitgetragen. Dieser Spagat zwischen Einigkeit in den Grundüberzeugungen und unterschiedlicher Auffassung in den konkreten Entscheidungssituationen wurde in die Synode hineingetragen und spiegelte sich in der Synode wider, die Papst Franziskus als geistliche Lernerfahrung partizipativer Synodalität gestaltete.

Das synodale Lernen geschah auf mehreren Ebenen. Neu war zunächst, dass der Papst ermöglichte, dass es hier zu einem offenen Austausch kam, und unterschiedliche Perspektiven erst einmal nebeneinander stehen durften. Neu war das Vertrauen in die synodale Erfahrung des Geistes und damit die Herausforderung, politische oder öffentlichkeitswirksame Manipulationen zu unterlassen. Das war ungewohnt, und das war ein beispielloses Lerngeschehen, das sicher sehr holprig begann, aber doch einen neuen Stil des Kircheseins ermöglicht.

Dabei gerät die Sache selbst in ein neues Licht. Es wurde nämlich genau jene neue pastorale Perspektive der Theologie deutlich, die nicht abgetrennt werden kann von der „eigentlichen Theologie“: die Kirche beginnt – mit dem Papst – gerade zu lernen, dass es nicht darum geht, Normen barmherzig anzuwenden, sondern dass es grundlegend darum geht, Barmherzigkeit als zentrale Wahrheit des Christentums zu fassen und jede Normativität von daher zu lesen. Auch das ist nicht wirklich neu, aber doch ein völlig neuer Denk- und Lebensstil, der sich von daher erschließt. Erst erste Schritte werden hier gegangen. Der Papst selbst befeuert diese Perspektive immer wieder neu und ermöglicht so, dass die Fragen der Teilnahme Evangelischer an der Kommunion, der Umgang mit homosexuellen Partnerschaften und die Fragen wiederverheirateter Geschiedener in ein neues Licht geraten – in ein neues Licht, das sich deutlich unterscheidet von weiterhin üblichen ungeschichtlichen Denkvollzügen neuscholastischer Moraltheologie. Man merkt, hier ist ein neuer Denkansatz, der nur langsam eingeübt werden kann.

Das wird weiter sichtbar, wenn man sich die radikale Theologie des Volkes Gottes zu eigen macht, die der Papst auf dem Hintergrund der Dokumente des II. Vatikanischen Konzils und seiner lateinamerikanischen Rezeption (zuletzt in Aparecida 2007) seiner katholischen Kirche zumutet. Das war schon ganz am Anfang so, bei seiner Begrüßungsliturgie am Beginn des Pontifikats: „*Und jetzt beginnen wir diesen Weg – Bischof und Volk –, den Weg der Kirche von Rom, die den Vorsitz in der Liebe führt gegenüber allen Kirchen; einen Weg der Brüderlichkeit, der Liebe, des gegenseitigen Vertrauens. Beten wir immer füreinander. Beten wir für die ganze Welt, damit ein großes Miteinander herrsche. Und nun möchte ich den Segen erteilen, aber zuvor bitte ich euch um einen Gefallen. Ehe der Bischof das Volk segnet, bitte ich euch, den Herrn anzurufen, dass er mich segne: das Gebet des Volkes, das um den Segen für seinen Bischof bittet. In Stille wollen wir euer Gebet für mich halten.*“

In dieser Perspektive lässt Papst Franziskus die Kirche auf dem Kopf stehen. Nicht das traditionelle Oben-Unten, sondern die tiefe Gemeinsamkeit des Volkes Gottes rückt in den Mittelpunkt. In diesem „großen Miteinander“ gewinnt der Dienst des Bischofs sein Gewicht, ja er wird vom Volk erbetet und somit geistvoll ermöglicht. Deswegen: Wenn dieser Papst immer wieder das Volk einlädt, für ihn zu beten, dann ist das keine fromme Anwandlung, sondern eine theologische Grundaussage, wie er seinen Dienst versteht.

Damit setzt er einen Anfang, der noch lange nicht verstanden ist, weder von vielen Bischöfen, noch von vielen Kirchengliedern, aber auch nicht von vielen Kirchenkritikern. Und in der Tat ist dies der Anfang einer machtvollen mentalen Reformation des Kirchenbildes, die vor allem in „Evangelii Gaudium“ formuliert wurde: „*Die Laien sind schlicht die riesige Mehrheit des Gottesvolkes. In ihrem Dienst steht eine Minderheit: die geweihten Amtsträger. Das Bewusstsein der Identität und des Auftrags der Laien in der Kirche ist gewachsen. Wir verfügen über ein zahlenmäßig starkes, wenn auch nicht ausreichendes Laientum mit einem verwurzelten Gemeinschaftssinn und einer großen Treue zum Einsatz in der Nächstenliebe, der Katechese, der Feier des Glaubens. Doch die Bewusstwerdung der Verantwortung der Laien, die aus der Taufe und der Firmung hervorgeht, zeigt sich nicht überall in gleicher Weise. In einigen Fällen, weil sie nicht ausgebildet sind, um wichtige Verantwortungen zu übernehmen, in anderen Fällen, weil sie in ihren Teilkirchen aufgrund eines übertriebenen Klerikalismus, der sie nicht in die Entscheidungen einbezieht, keinen Raum gefunden haben, um sich ausdrücken und handeln zu können" (EG 102).* Deswegen ist auch das Kirchenbild von dieser Grundwirklichkeit die Gemeinschaft des Volkes Gottes, die ihr inkulturiertes vielfältiges Gesicht zeigt – ein „Volk der vielen Gesichter", wie der Papst schreibt.

„Kraft der empfangenen Taufe ist jedes Mitglied des Gottesvolkes ein missionarischer Jünger geworden (vgl. Mt 28,19). Jeder Getaufte ist, unabhängig von seiner Funktion in der Kirche und dem Bildungsniveau seines Glaubens, aktiver Träger der Evangelisierung, und es wäre unangemessen, an einen Evangelisierungsplan zu denken, der von qualifizierten Mitarbeitern umgesetzt würde, wobei der Rest des gläubigen Volkes nur Empfänger ihres Handelns wäre. Die neue Evangelisierung muss ein neues Verständnis der tragenden Rolle eines jeden Getauften einschließen" (EG 120). An dieser Stelle zieht der Papst die herausfordernden Konsequenzen, die besonders für unseren Kulturraum bedeutsam sind. Das Stichwort einer möglichst großen Partizipation ist nämlich nur die Folge des Kirchenverständnisses, das der Papst zu entwickeln nahelegt. Für unseren Kontext bedeutet dies aber ein fundamentales Neubedenken der Aufgaben und Dienste in der Kirche, vor allem ein Neubedenken des priesterlichen Dienstamtes und aller Aufgaben, die hauptberuflich wahrgenommen werden – und es wird deutlich, dass der Veränderungsprozess der Kirche vor allem auch die Rolle der verantwortlich Leitenden betrifft. Wie sie wahrgenommen und gestaltet wird, entscheidet darüber, wie erfolgreich der Wandel vor Ort sein kann. Das gilt gerade auch dann, wenn das Thema der Charismen vom Papst in den Blickpunkt gerückt wird: *„Der Heilige Geist bereichert die ganze evangelisierende Kirche auch mit verschiedenen Charismen. Diese Gaben erneuern die Kirche und bauen sie auf. Sie sind kein verschlossener Schatz, der einer Gruppe anvertraut wird, damit sie ihn hütet; es handelt sich vielmehr um Geschenke des Geistes, die in den Leib der Kirche eingegliedert und zur Mitte, die Christus ist, hingezogen werden, von wo aus sie in einen Evangelisierungsimpuls einfließen. ... Die Gemeinschaft ist der Ort, wo ein Charisma sich als echt und geheimnisvoll fruchtbar erweist" (EG 133).*

Auf diesem Lernweg entdeckt sich die Kirche neu gesandt. *„Jeder Christ und jede Gemeinschaft soll unterscheiden, welches der Weg ist, den der Herr verlangt, doch alle sind wir aufgefordert, diesen Ruf anzunehmen: hin-*

auszugehen aus der eigenen Bequemlichkeit und den Mut zu haben, alle Randgebiete zu erreichen, die das Licht des Evangeliums brauchen" (EG 20). Das Leitwort dieses Schreibens und gleichzeitig auch seine Provokation ist das „Hinausgehen". Dahinter steht eine Perspektive der Sendung, die sich gegenüber einer Perspektive der Bestandswahrung Raum bricht. In der Nachfolge Jesu und in der immer tieferen Verbindung mit ihm geht es der Kirche als Gemeinschaft nicht mehr um sich selbst, um ihre Strukturen, sondern um seine Leidenschaft. Nicht Sozialform, sondern aus der inneren Verwandlung wachsende Hingabe wird zentral. Papst Franziskus schreibt in die Kirche eine permanente Selbstüberschreitung ein, im Blick auf ihre Sendung, die sich an alle richten will und der keine Kreativität fremd ist, das Evangelium den Menschen nahezubringen: *„Die evangelisierende Gemeinde spürt, dass der Herr die Initiative ergriffen hat, ihr in der Liebe zuvorgekommen ist (vgl. 1 Joh 4,10), und deshalb weiß sie voranzugehen, versteht sie, furchtlos die Initiative zu ergreifen, auf die anderen zuzugehen, die Fernen zu suchen und zu den Wegkreuzungen zu gelangen, um die Ausgeschlossenen einzuladen. Sie empfindet einen unerschöpflichen Wunsch, Barmherzigkeit anzubieten – eine Frucht der eigenen Erfahrung der unendlichen Barmherzigkeit des himmlischen Vaters und ihrer Tragweite. Wagen wir ein wenig mehr, die Initiative zu ergreifen!" (EG 24) „Ich hoffe, dass alle Gemeinschaften dafür sorgen, die nötigen Maßnahmen zu ergreifen, um auf dem Weg einer pastoralen und missionarischen Neuausrichtung voranzuschreiten, der die Dinge nicht so belassen darf wie sie sind. Jetzt dient uns nicht eine ‚reine Verwaltungsarbeit'. Versetzen wir uns in allen Regionen der Erde in einen ‚Zustand permanenter Mission'." (EG 25)*

Was im anglikanischen Raum unter „mission shaped church" beschrieben wird, nämlich eine geistliche Aufbruchsbewegung, die sich von der Sendung Christi zu allen mitreißen lässt, das wird hier in anderen Worten formuliert – und hat deutliche Konsequenzen für die Zukunftsgestalt der Kirche. *„Ich träume von einer missionarischen Entscheidung, die fähig ist, alles zu verwandeln, damit die Gewohnheiten, die Stile, die Zeitpläne, der Sprachgebrauch und jede kirchliche Struktur ein Kanal werden, der mehr der Evangelisierung der heutigen Welt als der Selbstbewahrung dient" (EG 27).*

Damit einhergehend ist also eine Relativierung bisheriger Formen und Gestalten. Seine Rede von der „verbeulten Kirche" macht deutlich, dass zwar die Strukturen einer Pfarrei weiterhin bedeutsam sind, aber diese Strukturen dienen einem Zweck: jene Gestalt einer örtlichen Gemeinde hervorzubringen, die den Menschen, und besonders auch den armen Menschen, dient. Jede Sozialform ist daran zu messen, wie dieses lokale Gesicht der Kirche entstehen kann. *„Wir müssen jedoch zugeben, dass der Aufruf zur Überprüfung und zur Erneuerung der Pfarreien noch nicht genügend gefruchtet hat, damit sie noch näher bei den Menschen sind, Bereiche lebendiger Gemeinschaft und Teilnahme bilden und sich völlig auf die Mission ausrichten" (EG 28).* Damit aber sind weitere Herausforderungen beschrieben, die Konsequenz jener geistlichen Umkehr sind. Es wird deutlich, dass gerade der geistlich gegründete Umkehrprozess zu einer Dynamisierung der Kirchenentwicklung führt – und diese Entwicklung ist eben in der Logik der Genese der Glaubenserfahrung exzentrisch und sendungsorientiert. Damit eine lokale Verwirklichung und Inkulturation des Evangeliums fruchtbar wachsen kann, entstehen neue Gestalten und Formen. In dieser Reihenfolge. Eine solche Perspektive der Inkulturation und Lokalisierung führt zu einer deutlichen Dezentralisierung der Kirche und ihrer Vervielfältigung in unterschiedliche Gestalten.

Es ist interessant, die unglaubliche Resonanz dieser Lernbewegung der Kirche wahrzunehmen. Was Papst Franziskus dabei in den Blick rückt, ist nicht eine Theorie, sondern eine Erfahrung der Kirche weltweit – und dieser Erfahrung verleiht er Worte, und deswegen erfahren sie auch Rezeption. Umgekehrt ist die Perspektive so herausfordernd, weil sie wirklich auch theologisch einen Kopfstand beinhaltet: Es geht keinesfalls darum, eine neue Kirche zu gründen, sondern Kirche neu zu gründen in der tiefen Tradition unseres lebendigen Glaubens. In dieser umfassenden Lernbewegung stehen wir gerade.

II. Kopfstand – Eine Agenda des Umkehrens

1. Ein prophetisches Konzil

Vor 50 Jahren begann die Postmoderne in unserer Kirche: vor 50 Jahren antwortete die Kirche auf die Herausforderungen einer postvolkschristlichen Zeit mit einer Einladung zu lokaler Vielfalt und weltweiter Globalität. Vor 50 Jahren endeten der Eurozentrismus und die missionarische Unterordnung der anderen Kontinente. Vor 50 Jahren endete die Fixierung auf ein institutionsorientiertes Kirchenbild – und die Neuformatierung einer Kirche, die auf Taufwürde und gemeinsames Priestertum gründet. Vor 50 Jahren formte sich ein neues Kirchenverständnis, das sich aus der Tiefe des Geheimnisses von Tod und Auferstehung formte, eucharistisch gründet und vollzieht, und so eine neue Sendungsorientierung ermöglichte. Vor 50 Jahren verließ die Kirche ihren Ekklesiozentrismus und ließ sich neu auf die Welt ein – im Dienst an ihrer Sendung, das Evangelium allen zu verkünden. Vor 50 Jahren entdeckte die Kirche die Ökumene und ihre katholische Weite neu – und vor 50 Jahren vertiefte sie ihr Verständnis von Offenbarung und Tradition: so konnte sie Glaubensweitergabe jenseits katechistischer Instruktionismen gehen – so konnte sie Glauben als gnadenhaften Wachstumsweg entdecken. Vor 50 Jahren entdeckte unsere Kirche die Schrift neu. Vor 50 Jahren optierte unsere Kirche für ein umfassend partizipatives Verständnis des Christseins – und entdeckte neu, dass sakramentale Ämter im Dienst an einer solchen partizipativen Entwicklung stehen. Vor 50 Jahren.

Eine echte Re-formation. Haben wir das schon gemerkt?

Das Konzil überraschte dabei sich selbst, wie schon Johannes XXIII. die Bischöfe und seine Kirche mit der Konzilsankündigung überraschte. Die Tiefe und Weite dessen, was das Konzil beschloss und als Weg der Kirche vorlegte, bedarf in der Tat eines langen Wegs der Aneignung. Es ist nicht selten, und eher normal, dass darüber 50 Jahre ins

Land gehen. Manchmal auch noch länger – denn der Kairos des Konzils kann eben nicht einfach so „übertragen“ werden. Zu verstehen, was der Geist der Kirche sagt, ist ein langwieriger Prozess, der – so wird nach dem Konzil schnell klar – an unterschiedlichen Orten dieser Weltkirche unterschiedliche Geschwindigkeiten und Akzente kennt. Dies fordert eine gelebte Katholizität und Synodalität, die erst einzuüben ist. Denn natürlich gilt auch: Nichts ist leichter, als nur das zu hören, was man gerne hören will. Die Ambivalenzen und Konflikte der Konzilrezeption sind deswegen auch nicht zu übersehen. Sie brechen vor allem dort auf, wo sich eine Krise abzeichnet. Gleichzeitig gilt aber auch, dass viele Entwicklungen der Kirche der Nachkonzilszeit erste Skizzen einer neuen Art des Kircheseins ins Leben bringen, die das Konzil prophetisch in den Blick nahm.

— Eine weltweite Reformation —

Schon vor dem Konzil wurde in den „Missionen“ Afrikas und Asiens deutlich, dass eine Pastoral der zentralisierten und klerusorientierten Missionen keine Antwort auf die Herausforderungen der Evangelisierung und der Kirchenbildung in Afrika ist. Fast gleichzeitig entstand eine Bewegung, in der aus missionarischen Kirchen europäischen Zuschnitts durch die Missionare selbst eine Entwicklung zu einer echten Ortskirche angezielt wurde.[1] Doch damit war mehr verbunden als nur eine langfristige Übergabe der Verantwortung an die örtlichen Priester und Bischöfe. Hier ging es um Inkulturation und damit um die Veränderung der Lebensgestalt der Kirche. Damit aber kam es zu ersten ekklesialen Rezeptionen der neuen Perspektiven des Konzils.

Das europäische Modell erwies sich als nicht tragfähig. Kardinal Malula, als Weihbischof Kinshasas beim Konzil, entwickelte bald nach dem Konzil die Idee der Pfarrei als Gemeinschaft örtlicher Stadtteilgemeinden, in der die Verantwortung für das Leben und die Sendung der Kirche vor Ort in den Händen der Gläubigen lag.[2]

1 Vgl. Paul B. Steffen, Centres of Formation and Evangelizing Ministry. Pastoral Institutes in Oceania and Africa, Siegburg 2014.

2 Vgl. Ludwig Bertsch (Hrsg.), Was der Geist den Gemeinden sagt. Bausteine einer Ekklesiologie der Ortskirchen. Freiburg 1991; M. Moerschbacher, Volk

Schnell wurde hier deutlich, dass mit dieser inkulturierenden Dezentralisierung ein tiefergehender Paradigmenwechsel einherging: der Umgang mit der Schrift als spiritueller Quelle des Lebens, die Bildung von Kleinen Gemeinschaften, die Verwirklichung des gemeinsamen Priestertums vor Ort, die Übernahme der konkreten Sendung, die neue Rolle des Priesters – und – vielleicht entscheidend für die eucharistische Zentrierung der Kirche: die Entwicklung einer zairesischen Liturgie: all dies führt zu einem nachhaltigen Entwicklungsschub der kongolesischen Kirche.

Im Osten Afrikas entwickelte mit Hilfe des Gaba-Instituts die ostafrikanische Bischofskonferenz AMECEA eine Option für die Ortskirchen der beteiligten Staaten. Die Entwicklung der „Small Christian Communities", die hier seit Anfang der 70er-Jahre programmatisch vorangebracht wird, entsprach einerseits den Herausforderungen der lokalen Kulturen, andererseits aber griff sie genau jenes Paradigma auf, das sich vom Konzil her abzeichnete.

Das gilt in ähnlicher Weise für die Kirchen Lateinamerikas, wenn von Medellin (1968) bis Aparecida (2007) immer wieder neu dazu ermutigt wird, aus der Option für die Armen heraus die Gestalt der Kirche als eine Gemeinschaft von lokalen Gemeinschaften und Bewegungen zu sehen. Auch wenn in der Vergangenheit auch durch die europäische Rezeption die kirchlichen Basisgemeinden in den Ruf kamen, den Ursprung der christlichen Botschaft zu verfälschen und marxistisch zu verfremden, ist doch weiterhin deutlich, dass die Entwicklung örtlicher Gemeinden unbefragte Perspektive der Kirchenentwicklung ist. Aber es geht eben nicht um die Sozialromantik oder Sozialpolitik alternativer Gemeinschaftsentwürfe – etwa gegen die institutionelle Kirche, wie zuweilen die europäische Rezeptionsbewegung vermuten ließ, sondern um eine Inkulturation der Einsichten des II. Vatikanischen Konzils: Basisgemeinden sind Orte, an denen Menschen die Botschaft des Evangeliums empfangen und leben können, an denen die Sendung für alle Menschen lebbar wird in einer Kirche, die den Nächsten und seine Not ernst nimmt. Orte, an denen das pastorale Paradigma des Konzils Fleisch werden kann.

Gottes in Afrika: Die Rolle der Laien in der pastoralen Erneuerung von Kardinal Malula, Kinshasa, Louvain 2008.

Die Erfahrungen der südafrikanischen Kirche im Aufbau des Lumko-Instituts gehören zweifellos zu einer der nachhaltigsten Rezeptionsgeschichten des II. Vatikanums. Auch hier wurde schnell deutlich, dass eine Diasporakirche sich vor Ort konstituieren muss. Die genialen Reformer des Instituts, Fritz Lobinger und Oswald Hirmer, entwickelten nicht nur die Vision einer partizipativen Kirche, sondern auch den Weg dorthin. Die hier entwickelten Materialien sind heute weltweit verbreitet, vor allem in Asien und Afrika.

Wenn also Papst Johannes Paulus 1991 in seiner Missionsenzyklika „Redemptoris Missio" die Basisgemeinden als Zukunftsorte der Kirche benennt, ist ihm offensichtlich sehr wohl bewusst, wie stark diese ekklesiale Entwicklung den Paradigmenwechsel des II. Vatikanums widerspiegelt: es geht um mehr als kleine Gemeinschaften: *„Die kirchlichen Basisgemeinden (bekannt auch unter anderen Namen) wachsen rasch in den jungen Kirchen. Sie werden von den Bischöfen und deren Konferenzen mitunter als pastorale Priorität gefördert und bewähren sich als Zentren der christlichen Ausbildung und missionarischen Ausstrahlung. Es handelt sich dabei um Gruppen von Christen, die sich auf familiärer Ebene oder in begrenztem Umkreis treffen, um zu beten, die Heilige Schrift zu lesen, das Glaubenswissen zu vertiefen und menschliche und kirchliche Probleme im Hinblick auf ein gemeinsames Engagement zu besprechen. Sie sind Zeichen für die Lebendigkeit der Kirche, Hilfe für die Ausbildung und bei der Verkündigung des Evangeliums und wertvoller Ausgangspunkt für eine neue Gesellschaft, die gegründet ist auf die ‚Zivilisation der Liebe'. Solche Gemeinden gliedern und prägen die Pfarrgemeinde, mit der sie stets verbunden bleiben. Sie wurzeln in städtischen und ländlichen Schichten und werden Sauerteig des christlichen Lebens, der Aufmerksamkeit für die Vernachlässigten und des Engagements für die Umwandlung der Gesellschaft. In ihnen erfährt der einzelne Christ Gemeinschaft, fühlt sich selbst als aktives Element und wird angeregt, an der Aufgabe für alle mitzuwirken. Auf diese Weise sind die Basisgemeinden Hilfe zur ersten und zur vertieften Verkündigung des Evangeliums und Ursprung neuer Dienste. Getrieben von der Liebe Christi, bieten sie auch Hilfe an, wie man Spaltungen, Stammesegoismen und Rassismen überwinden kann. Jede Gemeinschaft, die christlich sein will, muß in der Tat in Christus gründen und in ihm leben, im Hören des Wortes Gottes, im Gebet, das seine Mitte in der Eucharistie hat, in der Gemeinschaft, die einig ist in Herz und Sinn, und im Teilen untereinander, entsprechend den Bedürfnissen der Mitglieder (vgl. Apg 2,42–47)" (n. 51).*

— Und das deutsche Modell? —

Spannend bleibt es in Europa, zumal in Deutschland. Die große Theologie und die tiefe geistliche Erneuerung durch die liturgische Bewegung, die ökumenischen Annäherungen und die Wiederentdeckung der Schrift hatten ja erst die theologische Tiefenreflexion und den Paradigmenwechsel mit-ermöglicht – und dennoch zeigte sich, dass die Rezeption des II. Vatikanischen Konzils häufig nur als Weiterentwicklung eines bewährten volkskirchlichen Weges verstanden wurde. In der Tat stand nach dem Konzil die Frage nach der Evangelisierung und der Inkulturation nicht im Zentrum der Bemühungen. Wohl sollte es auch hier um die Entwicklung von Gemeinden gehen, um eine neue Kultur der Partizipation und des gemeinsamen Priestertums. Aber die Theologie der Pfarrgemeinde entwickelte sich in der Praxis eher als eine Weiterführung vorkonziliarer Kirchenbilder: weiterhin bleibt die Kirche pfarrerzentriert. Die abnehmende Zahl der Priester führte zur Entwicklung einer ausgeprägten Hauptberuflichenkultur. Das aber führte – trotz anderer Intentionen – zu einer ausgeprägten Dienstleistungskirche, die sich als Versorgungskirche gut einpasste in den diagnostizierten wachsenden Individualismus. So entstand das Risiko, dass das neue Paradigma des II. Vatikanums gar nicht in seiner theologischen und spirituellen Tiefe wahrgenommen wurde. Stattdessen lösten sich in den gesellschaftlichen Entwicklungen selbstverständliche Gemeinschaftserfahrungen der Volkskirche zugunsten der individuellen Gläubigkeit auf: es blieb das mehr oder weniger gläubige Individuum – und die Kirche als Institution: Der eigentliche Mangel liegt im Verlust der kommunionalen Dimension in der ortsgemeindlichen Erfahrung. In genau jener Erfahrung steckt aber der Kern des Paradigmenwechsels, den das Konzil anstrebte – theologisch wie spirituell.

— Hören auf den Geist? —

Seit 50 Jahren versucht die Kirche in Deutschland, den Paradigmenwechsel zu vermeiden. Man war sich der Güte der Konstellation sicher, die nicht zu verändern sei. Es geht darum, die vielen Christen wieder zu erreichen, mit neuen attraktiven (und milieusensiblen) Angeboten zu sammeln und neu zu finden. Es geht darum, die Pfarreien immer wieder attraktiver zu machen, denn sie – und die Gruppen und Verbände in ihnen – haben sich ja bewährt. Darüber verging viel Zeit, vor allem muss man ehrlicherweise eingestehen, dass sich gerade die deutsche Kirche für die weltweite Reformation lange nur wenig interessiert hat: weder konnten Impulse der geistlichen Gemeinschaften ernsthaft das pfarrgemeindliche Selbstbewusstsein befruchten, noch wurden kirchliche Entwicklungen in anderen Kontinenten ernsthaft erwogen.

Und in der Tat ist bis zu Beginn des Jahrtausends die Frage nach dem strukturellen Selbsterhalt die dominante Thematik der deutschen Kirche. Strukturmaßnahmen hatten deswegen eine tiefe Ambivalenz, weil sie den Eindruck suggerierten, es könnte im Grunde einfach so weitergehen wie es doch schon immer war – eben mit reduzierten Mitteln und priesterlichen Personal. Die Diskussion geht bis heute vor allem um diese Themen. Es ist schon bemerkenswert, dass die eigentliche Reformation weitgehend verdrängt wird, ja nicht wahrgenommen wird. Dafür gefällt man sich zeitweise in Apokalyptik und Untergangsszenarien[3] und wirft den Strukturplanern vor, es gäbe nicht mehr genügend Strukturen, um Kirche zu sein. Wie vorvatikanisch sich dies trotz neuerer Sprachregelungen anhört und anfühlt, ist erstaunlich und belegt vielleicht, dass der lange Schatten der sogenannten „pianischen“ Epoche (so R. Bucher) auch jene ergriffen hat, die modern und postmodern mehr Priester und Hauptberufliche fordern, eine noch stärker institutionalisierte Gelegenheitskirche. Denn die weitere Organisationsentwicklung soll dann die Weiterentwicklung ermöglichen. Bei aller Wahrheit vieler Argumente: der paradigmatische Rahmen hat sich schon lange verändert, so dass diese Perspektive nicht mehr dem Aggiornamento des Geistes entspricht, das er seiner Kirche ermöglicht.

Das zeigt sich deutlich auch an Fragen wie dem Katechumenat – und an der oft fruchtlosen Diskussion um Katechese, an der Frage nach dem Zutrauen zum gemeinsamen Priestertum der Gläubigen und den unsinnigen Ersatzdiskursen, die dabei geführt werden im Kontext profilierter Ehrenamtlichkeit. Aber es geht eben nicht um Reformen – es geht um eine Reformation. Um die nächste Reformation. So verwundert es nicht, dass die Prophetie der Weltkirche keinen leichten Stand

3 Vgl. etwa Thomas Mitschke-Kolande, Schafft sich die Katholische Kirche ab?, München [2]2012.

hat – und Ideen in den letzten Jahrzehnten nur dann übernommen wurden, wenn sie die eigene Struktur weiterentwickelten. Das gilt für die Erfahrungen aus Poitiers (wir übernehmen ehrenamtliche Leitungsteams, führen sonst aber das alte Paradigma weiter), für die Erfahrungen der Kleinen Gemeinschaften (die zu spirituellen Selbsthilfegruppen oder politischen Oppositionsgruppen wurden), das gilt für die gemeinsame Verantwortung in der Kirche, die in Deutschland auf Räte reduziert wurde, das gilt für die Bibelpastoral und die spirituelle Pastoral, die sich von instruktionstheoretischen und professionellen Zentrierungen nicht lösen konnte – die eigentliche Umkehr steht aus.

— Kirche² - Der Geist ist stärker —

Wir hatten viel entdeckt. Zusammen mit den evangelischen Brüdern und Schwestern der evangelischen Landeskirche Hannover waren wir mit den anglikanischen Aufbrüchen der fresh expressions auf eine Spur gekommen[4] und spürten, dass der nächste Schritt ein gemeinsames, ein ökumenisches Aufbruchsignal sein könnte. Der Kongress Kirche² war ein echtes Wagnis – und wurde zu einem großen Ereignis.[5] Dieses Ereignis selbst ist ein Zeichen: Unter den vielen Menschen beider Konfessionen und in der Vielfalt der vorgestellten Aufbrüche, die sehr unterschiedlich waren, zeigte sich genau jener Paradigmenwechsel, den wir selbst seitdem in immer neuen Versuchen zu fassen trachten. Eine neue Kultur des Kircheseins, ein neues Paradigma des Kircheseins, das Freikirchen wie konfessionelle Großkirchen bewegt, ist im Kommen. Der Reichtum dieses Aufbruchs ist unermesslich, wie gleichzeitig auch der Weg herausfordernd ist. Denn wenn zum einen die Herausforderung besteht, dieses neue Paradigma überhaupt in den Blick zu bekommen und sich mit dieser Vision vertraut zu machen, braucht es andererseits die Mühe, Wege zu bahnen, wie das, was in den Herzen der Menschen schon lange Wurzel zu schlagen beginnt, ans Licht kommen kann und sich in seiner ungeheuren Dynamik entfalten kann. Wie wird diese Reformation

4 Vgl. P. Elhaus / C. Hennecke (Hg.), Gottes Sehnsucht in der Stadt, Würzburg 2011.

5 Vgl. P. Elhaus / C. Hennecke / D. Stelter / D.Stoltmann (Hg.), Kirche² – Eine ökumenische Vision, Würzburg 2013.

Gestalt annehmen? So schwierig ist das nicht zu entdecken, vor allem dann, wenn man – wie etwa bei diesem Kongress – einen Vorgeschmack davon haben konnte. Die vielen Erfahrungen, die wir erleben können, zeigen und offenbaren diesen neuen Weg des Kircheseins – und haben ihre hohe Resonanz nicht zufällig: Es sammeln sich in diesen oft kleinen und einfachen Erfahrungen jene Merkmale der nächsten Reformation – und werden manchmal nicht entdeckt, weil das Ereignis, die Erfahrung, die Aktion nicht von selbst ihren Schatz freigibt.

2. Im charmanten Mischwald

„Auf eine neue Art Kirche sein" – dieses Leitwort löst seit Jahrzehnten Angst aus. Es klingt nach einer Ablösungsgeschichte. In der Tat, wenn nichts mehr bleiben sollte wie es ist, dann löst das Ängste aus. Und sie sind berechtigt – denn in dieser Zeit der Krise und des Wandels ist allerdings ein Umdenken nötig. Allerdings wird es – postmodern – anders als befürchtet.

Zunächst: Bleibend in Erinnerung ist eine folgenreiche Verwechslung zwischen sakramentaler Dienstgestalt der Kirche (Pfarrei) und der Gemeinschaftsgestalt – den Gemeinschaftsgestalten, die in ihr wachsen. Schon im Kontext von Seelsorgeeinheiten, aber später auch bei Zusammenschlüssen von Pfarreien gab es eine Tendenz, die Strukturveränderungen auch als Fusion von Gemeinden zu sehen; es gab – auch von Seiten der diözesanen Verwaltungen – die Rede von der Bildung „einer neuen Gemeinde": der Widerstand war enorm und berechtigt. Denn niemand hat von außen das Recht, gewachsene Erfahrungen einer Gemeinschaft auseinanderzureißen – vielmehr gilt das Gegenteil: Eine Diözese, eine Pfarrei ist als Grundgestalt der Kirche vor Ort dafür da, das gemeinschaftliche Leben des Volkes Gottes in seiner Sendung zu fördern und zu entwickeln.

— „Umparken im Kopf" —

Man muss den Blick „umdrehen", in vielfacher Hinsicht: Wir sind gewohnt, auf dem Hintergrund einer geprägten Gemeindetheologie und Gemeindeerfahrung die „eine" Gemeinde zu träumen, die integrationsfähig alle umfasst. Das ist eine volkskirchliche Illusion. Diese Idee war eine irreale Fortschreibung von idealisierter Volkskirche. Sie hat Charme und enthält in der Tat eine wesentliche Wahrheit, an der sich jede Reformation orientieren muss: es geht um alle – und nicht um eine Elite.

Hier ereignet sich ein folgenreicher Paradigmenwechsel, bei dem es um mehr geht als um den Erhalt pastoraler Sammlungsstrukturen. Das gesamte System gerät in Bewegung und verflüssigt sich. Denn wenn es um alle gehen soll, dann stellt sich weniger die Frage, wie alle in eine Form integriert werden, sondern wie eine Vielfalt von Gemeindeformen die eine Kirche darstellen kann und wie die Botschaft des Evangeliums überall und bei allen Frucht bringt.

An der schon angedeuteten Entwicklung in England, die zu den „fresh expressions of church" führte, kann das gut illustriert werden: Als die Pioniere der „fresh expressions" mit großer Kreativität neue Wege der Gemeindebildung ausprobierten, entstand damit auch eine Reihe großer Fragen: Wie „passt" eine solche Entwicklung in die gewachsenen Strukturen pfarrlicher und diözesaner Kirchengestalt? Soll hier das Neue das Alte ablösen? Werden hier auf Kosten der gewachsenen Gemeindegestalten neue Wege nicht nur ausprobiert, sondern als Ersatz vorgeschlagen? Als in der anglikanischen Kirche die Zahl neuer Experimente stieg, untersuchte die Kirche von England das Wachstumsphänomen. Seit 2004 – mit dem Bericht „Mission Shaped Church"[6] – haben die anglikanischen Bischöfe sich eine Perspektive zu eigen gemacht, die diesen Paradigmenwechsel mehr als verdeutlicht: das Wachsen und Entstehen neuer kirchlicher Gemeinschaften wird begrüßt und gefördert. Der damalige anglikanische Primas Rowan Williams prägte die Rede von einer „mixed economy": was schwer zu übersetzen ist, ohne missverständlich zu sein. Als Bild empfiehlt sich die Rede vom kirchlichen Mischwald: in einem solchen „Wald" können sowohl gewachsene hohe Bäume wie auch junge Pflanzen ihren Ort im Gesamt des Waldes finden. Und ein gesunder Wald ist immer in einem Wachstumsprozess, sowohl in seiner Baumlandschaft, als auch in dem, was neu dazu kommt – und dem, was zum Sterben kommt.

6 In deutscher Übersetzung M. Herbst, Mission bringt Gemeinde in Form, Neunkirchen 2008.

Das Bild ist sprechend und dreht die Perspektive: Nun geht es nicht um die Frage, wie eine bestimmte Struktur des Kircheseins erhalten werden kann – sondern darum, wie den Menschen, die im Raum dieser Pfarrei leben, das Evangelium als Lebensraum und Lebensweg eröffnet werden kann und wie eine organische Wachstumsdynamik hervorkommen kann.

Die anglikanischen Bischöfe haben seinerzeit neue Wege geöffnet: Die Rede von einer „mixed economy“ ermöglicht es in der Tat, eine Pfarrei als ein Netzwerk vielfältiger Gemeinschaftsformen wahrzunehmen. Im Unterschied zum klassischen Verständnis der Pfarrei, deren Gemeinschaftsform sich als gestaltetes Miteinander von Gruppen zeigt, die miteinander in der sonntäglichen Liturgie vereint sind, wird hier die Pfarrei als der Ermöglichungsraum vielfältiger Orte des Kircheseins verstanden, die sich nicht ähneln müssen.

Dabei entstehen viele Fragen: Wie kann eine sakramentale Ekklesiologie diese neue Vielfältigkeit zum Ausdruck bringen? Die wachsende Wirklichkeit der „fresh expressions“ ist sehr bunt. Es gibt Gemeinden, die von „pioneer ministers“ (eine Form der Priesterausbildung für experimentelle Gemeinden) geleitet werden und in denen die Eucharistiefeier ihre sakramentale Verwurzelung zum Ausdruck bringt – wie auch viele dieser Gemeinden von engagierten Christen geleitet werden. Wie ist das Verhältnis solcher „frischen Kirchengemeinden“ zur Pfarrei und zur Diözese? Da diese neuen Kirchenformen ja ihrerseits ausgerichtet sind auf Menschen, die bislang keinen existenziellen Zugang zum christlichen Glauben haben, stellt sich die Frage, wie das Miteinander von werdenden Christen in ihrer werdenden Kirchengestalt und den gewachsenen Glaubensformen zu sehen ist. Welche Aufgaben, welche Rollen haben die vom Bischof eingesetzten „ministers“?

— Ohne Scheren im Kopf —

Im postmodernen Gefüge einer vielfältigen Kirchenlandschaft hat die Rede von einer neuen Art des Kircheseins dann auch für unseren Kontext eine befreiende Wirkung, weil hier jenseits klassischer Scheren im Kopf gelebt und gedacht werden kann: Es geht eben nicht um die Ablösung einer Form durch möglichst kreative andere Formen – es geht in diesem Sinne um eine grundlegende Umsichtung der Dinge in jeder denkbaren und erlebten Kirchengestalt. Im anglikanischen Kontext ist es die Rede von einer „mission shaped church“: Die evangelisierende Sendung führt zu neuen Gestalten des Kircheseins.

Im deutschsprachigen Raum galt (und gilt noch) die klassische Gemeinde lange Zeit als normative Sozialgestalt. Ihr wurde – auch auf dem Hintergrund etwa der Sinusstudien – eine deutliche Milieuverengung attestiert, die mit Überalterung einhergeht. In den vergangenen Jahrzehnten haben sich hingegen die institutionalisierte Caritas, die Schulen, der Jugend- und Jugendsozialbereich sowie die gesamte kirchliche Beratungsszene im deutschsprachigen Raum hoch professionalisiert – und ebenso hat sich die Kategorialseelsorge von den klassischen Kirchengemeinden gelöst.

Damit aber wird deutlich, dass gerade in Deutschland eine sehr sendungsorientierte und milieusensible Pastoral entwickelt wurde. Das gilt gerade auch in den letzten Jahren für die immer weiter wachsenden Jugendkirchen. Hier finden sich beeindruckende Erfahrungen wachsender Gemeinschaft.

Wer also genau hinschaut, der wird eine ähnliche Dynamik kreativer Kirchenentwicklung entdecken können – allerdings häufig von klassischen Kategorien eher verdunkelt: Auf der einen Seite wird dann den Pfarrgemeinden – ziemlich pauschal – vorgeworfen, ein tiefgreifendes Sammlungs- wie Sendungsdefizit zu haben: Milieuverengung und Fehlen diakonischer Sensibilität zugleich –, auf der anderen Seite fehlt den karitativen und diakonischen Einrichtungen und den kategorialen Feldern kirchlicher Pastoral eine tiefere Reflexion auf ekklesiologische Konsequenzen, die sich schon lange ergeben haben.

— Die blinde Post-Modernisierung der Versorgungskirche —

Woran liegt das? Im Hintergrund wirken verborgene Paradigmen, die keineswegs hinreichend reflektiert und häufig nicht bewusst sind. Die starke institutionen- und hierarchiezentrierte Kirchensicht wirkt faktisch weiter fort. Sie geht aus von einer klerikalen Pyramide der sakramentalen und damit seelsorgerlichen Versorgung. Die Kirche wird hier in erster Linie als sorgende Institution für ihre Mitglieder verstanden. So sehr dieses Versorgungsschema gegründet ist im sakramentalen Dienst der Priester, so sehr führt es in die Irre, wenn es immer mehr ausgeweitet wird auf das Tun und schließlich auf das Sein der Kirche selbst.

Dann sind alle irgendwie Christen, die sich nun als Kunden oder Klienten je nach Angebot der „Kirche“ nähern. Kirche ist eine Angebotsstruktur, die auf verschiedenen Ebenen Menschen begegnet. Dabei ist klar, dass es sich vor allem um professionelle hauptberufliche Kräfte dreht, die ihre Angebote passgenau zuschneiden, Projektmanagement betreiben und so die Kirche als Dienstleister profilieren – gerne wird dabei das Konzil aufgegriffen, das von „communio et ministratio“ spricht: Gemeinschaft und Dienstleistung, ersteres mit einem etwas selbstbezogenen Miteinander, letzteres allerdings zeitgeistig mit konsumorientierten Kategorien verwechselt.

Ein solcher Blick auf die Kirche verliert jene Dimension aus den Augen, die das II. Vatikanische Konzil hervortreten ließ: Kirche nämlich nicht zuerst als hierarchische (und schon gar nicht professionelle) Institution zu sehen, sondern als von Gott gerufenes, gesammeltes und in Christi Sendung stehendes Volk Gottes zu sehen, in dem alle Getauften in ihrem Miteinander und im Teilen ihrer Gaben die Kirche ins Leben bringen.

So verliert man dann auch aus dem Blick, dass das Ziel der Kirche ja nicht die Kirche, sondern das Reich Gottes ist, und es damit nicht um Angebote für Klienten und Kunden, Zielgruppen oder Milieus geht, sondern um die Sendung zu allen Menschen, um ihnen die Frohe Botschaft erfahrbar zu machen. Diese Erfahrbarkeit der Botschaft ist aber nicht ein professionelles Markenzeichen, sondern die Erfahrung einer Liebe, die Communio wird.

Und deswegen ist es auch riskant, angesichts der weiter vorliegenden Finanzressourcen evangelisierende Pastoral weiter nur auf dem Hintergrund neuer pastoraler Betätigungsfelder und Angebotsfelder zu sehen – und ekklesiologische Konsequenzen auszublenden, oder gar nicht erst in den Blick zu nehmen: professionelle Jugendkirchen und eine neue Pastoral junger Erwachsener, aber auch andere Perspektiven der Evangelisierung werden dann hineingenommen in ein bestehendes Projekt ausgeweiteter Kategorialpastoral und entsprechender Referentenstellen – und damit riskieren wir, die notwendige Erneuerung der Kirche zu verfehlen.

Das postmoderne Aggiornamento vorkonziliarer Versorgungskirche in eine kundenzentrierte Angebotskirche professioneller Prägung erweist sich somit als eine zeitgeistige Versuchung. Von dieser Versuchung, der wir gerne erliegen, lässt sich auch der Blick auf die bisherigen Gemeinschaftsformen der Kirche erklären. Einerseits entwickelte sich die theologisch gut gegründete Gemeindetheologie faktisch in den Horizont eines relativ uniformen Integrationsparadigmas, das nun die Not mit der Differenzierung und Pluralität der Menschen nur zu deutlich anzeigt. Communio wird dann eine rein soziologisch begrenzte Größe. Und unter der Hand wird dann „Gemeinschaft“, die doch immer die Frucht des Evangeliums ist, verwechselt mit einer nur scheinbar normativen geschichtlichen Erfahrung einer Gemeinschaftsform.

Zugleich entstanden „Gemeinschaftsprojekte“ in der Logik professioneller Projektarbeit, etwa in Jugendkirchen, und zeitbegrenzte Erfahrungen jugendlicher Gemeinschaft wie Taizé und die Weltjugendtage, die 72-Stunden-Aktion des BDKJ und ähnliche Projekte. Sie machten deutlich, dass ja einerseits Jugendliche und auch Erwachsene sehr wohl intensive und im Evangelium gegründete Gemeinschaft suchen. Aber sie erfahren sie offensichtlich als „Episode“: es fehlt weithin die Ermutigung und Unterstützung, solche neuen Gemeinschaftsformen weiterzuentwickeln – in den gewohnten gemeinschaftlichen Kirchenkontexten finden sich diese Menschen jedenfalls nicht wieder.

Es gehört zu den Kurzschlüssen der Pastoral, von diesem Kontext her auf eine Auflösung des Gemeinschaftsgedankens zu schließen und sich auf eine postmoderne Versorgungslösung einzulassen. Die Erfahrungen mit dem kirchlichen Mischwald geben eine andere Deutung.

— Christsein im Werden - Kirche im Werden —

Wer die anglikanische Erfahrung der „mixed economy“ reflektiert und tiefer theologisch ortet, bemerkt mindestens zwei Perspektiven, die im Kontext deutscher Pastoral in den vergangenen Jahren nicht ausführlich bedacht wurden.

Die Attraktivität klassischer Gemeindeformen ist nämlich offensichtlich mit den prägenden Erfahrungen der milieukirchlichen Christwerdung und religiöser Sozialisation verbunden. Da diese deutlich schwächer wird, ja, seit Jahrzehnten am Verlöschen ist und Platz gemacht hat für intensive Erst- und Einzelkontakterfahrungen in Sakramentenpastoral, Kasualien und kategorialer Seelsorge, wird trotz aller Bemühungen die klassische Gemeindeerfahrung nicht mehr für viele Christen der Zugangsort ihrer christlichen Grunderfahrung werden.

Denn es veränderte sich der Zugangsmodus zum Christentum. Nein, die Menschen heute sind keine Kunden mehr, die aus einem wie auch immer ererbten Christentum heraus ihren Zugang wählen, oder ihn selbstverständlich ererbt haben. Sie sind werdende Christen. Dieser „Werdeprozess", der viele Fragen aufwirft, führt zum einen zu sehr unterschiedlichen biographischen Wegen, zum anderen verlangt er nach einer Perspektive, wie sie in der anglikanischen Kirche selbstverständlich geworden ist – er verlangt nach neuen „Gemeindeformen".

Zugleich mit einer besonderen Achtsamkeit für Werdeprozesse des Christseins („discipleship") entstehen unterschiedlichste Gemeinschaftsformen, die ihrerseits jenen kirchlichen Wachstumsraum ermöglichen, in dem Menschen überhaupt Christen werden können. Aber eben jene „Wachstumsräume" sind – im Kontext der anglikanischen Entdeckungen – eben nicht nur „Vorräume" des Eigentlichen, sondern veritable Erfahrungen des Kircheseins. Mit dem Werden des Christen geht also die Gestaltung eines Wachstumsraums einher, der nicht vorläufig ist, sondern „mitwächst".

Damit aber ist theologisch der Raum eröffnet, eine Vielfalt kirchlicher „Räume" zu denken, die nicht in Konkurrenz stehen, die nicht in ihrer Unterschiedlichkeit aufeinander zugeordnet werden müssen, sondern in ihrer Vielfalt Zugang und Wachstumsweg eröffnen im Miteinander der Christen.

— Charme und Provokation des Mischwaldes —

De facto ereignet sich die charmante Vielfalt des Mischwaldes schon länger – und das jenseits konfessioneller Markierungen. Diese Erfahrungen neuer Gemeinschaftsbildungen diesseits und jenseits klassischer Paradigmen verdienen es aber, ekklesiologisch reflektiert zu werden. Schon jetzt bestimmen die inneren Wege der Suche und des inneren Hinhörens die Wege der werdenden Christen, auch ihre Gemeinschaftsgestalt. Die charmante Vielfalt etwas unübersichtlicher Szenen wachsender Gemeinschaft scheint im Moment noch ein Phänomen einiger Protagonisten zu sein. Das liegt aber vor allem daran, dass – ähnlich wie in der anglikanischen Kirche am Anfang – die theologische Provokation noch eher als bedrohlich denn als befreiend wahrgenommen wird.

In der Tat ergibt sich eine theologische Agenda: wie kann angesichts der möglichen Vielfalt der Zerfall in inkompatible und unverknüpfte Einzelkirchen – „Eigenkirchenwesen" ist das Stichwort – verhindert werden? Welche Rolle spielen Bischöfe und Pfarrer in einer Kirche, die von einer Vielzahl von unterschiedlichen Gemeinschaften geprägt ist – wie wird Einheit gelebt und erfahren? Und wie kann hier die sakramentale Einheit wirksam werden?

Doch jenseits dieser Fragen stellt sich die Herausforderung noch dramatischer: angesichts der sich schon abzeichnenden Wirklichkeit braucht es den theologischen Mut, diese neue Wirklichkeit einer vielfältigen Kirchenlandschaft nicht nur zu akzeptieren, sondern sie auch willkommen zu heißen. Theologisch wie praktisch bedeutet das eine Umkehr. Sie wird zuerst Aufgabe der Leitenden sein.

3. Das Hirtenproblem – Das alleingelassene Gottesvolk

In einem interessanten Interview mit der Zeitschrift „America Magazine" hat Kardinal Marx im Januar 2015 über die Hindernisse kirchlicher Erneuerung einen deutlichen Kommentar abgegeben.[7] Er beschreibt eindringlich drei Hintergründe, die über die Wirksamkeit der kommenden Veränderungen entscheiden:

„What impediment needs to be overcome?

Mentality! Mentality! Mentality! And the decisions of those responsible. It is clear: The bishops have to decide. The bishops and the Holy Father have to begin the change. I was very often in seminars or courses for heads of companies, and that was always clear: the stairs are cleaned from above, not from below – top down, not bottom up. So the leaders must begin; the chiefs must begin. The mentality must change. The church is not a business, but the methods are not so different. We have to work more in teams, in projects. The question is: Who

7 Veröffentlicht unter http://americamagazine.org/issue/cardinal-marx-francis-synod-women-church-and-gay-relationships.

has the resources to bring these ideas forward? Not: Who is clerical? God gives us all these people, and we say, 'No, he is not cleric, he cannot do this job, or his idea is not so important.' That is not acceptable. No, no, no."[8]

So wird deutlich, dass es zunächst für das gesamte Gottesvolk (und vor allem seine Bischöfe) um eine Mentalitätsveränderung geht. Damit aber ist eine der Grundherausforderungen angesprochen, die in der Praxis bislang kaum zur Geltung kommen. Denn wenn es wirklich um Mentalitätsveränderung gehen soll, dann braucht es pastorale Prozesse, die dies ermöglichen. De facto aber findet in der pastoralen Praxis eine solche bewusste Mentalitätsveränderung noch nicht wirklich statt. Sie würde Kraft und vor allem Zeit kosten, denn es ginge ja nicht mehr nur darum, Strukturveränderungen durchzubringen und Menschen deutlich zu machen, dass es jetzt auf sie ankommen würde, damit die Kirche erhalten bleibt. Es ginge nicht darum, Aufgaben neu zu verteilen und einen bisherigen Standard, so gut es eben geht, weiterzuführen. Es geht darum, eine neue Mentalität zu ermöglichen – und damit eine neue Vision einer erneuerten Kirche erfahrbar zu machen.

Hier liegt die eigentliche Herausforderung: eine Mentalitätsänderung, die aus einer neuen Erfahrung des Kircheseins eine Leitvision ermöglicht , die dann gemeinsam mit allen gestaltet werden kann: Dies wäre zweifellos, so sagt es auch Kardinal Marx, zuerst Aufgabe des Bischofs.

Genau hier liegt aber eine deutlich wahrnehmbare Grenze: Die kirchliche Entwicklung der vergangenen Jahrzehnte hat in verschiedenen Kontinenten sehr deutlich eine Entwicklung hin zu einer partizipativen Kirche genommen, die sich – in unterschiedlicher Weise – als

8 „Welche Hindernisse müssen überwunden werden?
Mentalität, Mentalität, Mentalität! Und die Entscheidungen derer, die Verantwortung tragen. Das ist klar: Bischöfe müssen entscheiden. Die Bischöfe und der Papst müssen den Wandel einleiten. Ich war sehr oft in Seminaren für Führungskräfte von großen Unternehmen, und das war immer klar: die Stufen müssen von oben gesäubert werden; die Chefs müssen beginnen. Die Mentalität muss sich ändern. Die Kirche ist kein Geschäft, aber die Methoden sind nicht so anders. Wir müssen mehr in Teams arbeiten, mehr in Projekten. Die Frage dabei ist: Wer hat die Kraft, diese Ideen voranbringen? Nicht: wer ist hier Kleriker? Gott hat uns alle diese Menschen geschenkt, und wir sagen: „Nein, der ist kein Kleriker, der kann das nicht – oder seine Idee ist nicht so wichtig." Das ist nicht akzeptabel. Nein. Nein. Nein." *(eigene Übersetzung)*

ein Paradigmenwechsel hin zu einer Kirche der Nähe, der Nachbarschaft auswies. Die Bischöfe Lateinamerikas, die nach dem Konzil in Medellin (1968), später in Puebla und zuletzt in Aparecida (2007) den Weg hin zu einer Umgestaltung der Kirche als einem Netzwerk kleiner Gemeinschaften förderten, die Bischöfe in Afrika und Asien, die die „kirchlichen Basisgemeinschaften" als Grundperspektive eines neuen Weges Kirche zu sein verstehen – sie fällten klare Optionen und eröffneten Wege, wie diese Ziele erreichbar sein können. Es geht um die Frage eines Selbstverständnisses jenseits einer klassischen hierarchischen Konzeption der Versorgungskirche. Diese Erfahrungen, die seit den 60er-Jahren vor allem in Afrika und Lateinamerika weiterentwickelt, bedacht und gefördert wurden, und später gerade auch in Asien wesentliche Schritte auf dem Weg zu einer neuen Art des Kircheseins darstellten, konnten sich im europäischen Kontext, speziell im deutschsprachigen Raum, nicht entwickeln.

Und das liegt auch deutlich daran, dass im europäischen Kontext keine gemeinsame visionäre Perspektive der Verantwortlichen für eine solche Kirchenentwicklung entstand. Auch im deutschsprachigen Raum musste man auf eine solche klare gemeinsame Option lange warten. Ob „Gemeinsam Kirche sein" mehr ist als ein Aufbruchsignal, muss sich noch zeigen. Denn es braucht mehr als diese Schrift. Es braucht ihre Rezeption. Und es wird sich zeigen, ob genügend Energie investiert wird, vor Ort Bewusstseinsprozesse in Gang zu bringen. Sonst bleibt es ein halbierter Aufbruch. Denn so sehr auf der einen Seite allen Verantwortlichen klar ist, dass die kommenden Entwicklungen einen tiefgreifenden Wandel hervorbringen, so sehr fällt auch auf, dass Sorge besteht, eine neue Art des Kircheseins könne nicht mehr hinreichend katholisch sein – was häufig fehlt, ist ein erfahrungsgesättigtes Bild von der Zukunft, und eine Einsicht in eben jene Wandlungsprozesse. Wenig überraschend spiegeln sich dann furchtsame Bewahrungstendenzen verantwortlicher Bischöfe, die gut gegründet scheinen in theologischen Vorgaben zum Thema Ortskirche, Eucharistie und Amt (was in der Tat intensiv zu diskutieren wäre), in der widerständig-resignierten Ratlosigkeit vieler Christen vor Ort und einem „Weiter-so" mancher Kleriker in der Überlastung der Alltäglichkeit. Das gilt auch dann, wenn in Pastoralplänen und Hirtenworten Mut zum Aufbruch eingefordert und zum Experiment eingeladen wird.

Was also fehlt, sind beschreibbare Wege, wie dieser Aufbruch, wie diese Experimente gestaltet werden – und welche Vision dahintersteht. Dann riskiert man gefühlte Ideologisierung und blasse Pragmatik zur selben Zeit. So richtig und wahr es ist, dass eine Leitvision von den jeweils Verantwortlichen wahrzunehmen ist, so klar ist aber auch, dass diese Hirtenverantwortung gleichzeitig Partizipation freisetzen muss. Ja noch viel mehr. Gerade in einer Situation des Umbruchs kann es nicht nur darum gehen, eine Perspektive aufzuzeigen – Hirtenverantwortung ist umfassender, wie Papst Franziskus den werdenden Bischöfen ins Stammbuch schreibt:

„Seid Hirten mit dem ‚Geruch der Schafe', seid mitten unter dem Volk, so wie Jesus, der gute Hirte. Eure Präsenz ist nicht etwas untergeordnetes, nein, sie ist undenkbar wichtig! Seid da! Darum bittet auch das Volk selbst, das seinen Bischof neben sich sehen will, in seiner Nähe. (...) Verschließt euch nicht! Geht zu euren Gläubigen, auch an den Rändern eurer Bistümer und in alle ‚Randgebiete der Existenz', wo Leid, Einsamkeit und Erniedrigung der Menschen herrschen. Seelsorgliche Präsenz heißt: Mit dem Volk Gottes gehen: vor ihm, um den Weg zu zeigen, mitten unter ihm, um seine Einheit zu stärken und hinter ihm, um sicherzustellen, dass keiner auf der Strecke bleibt, aber vor allem, um seinem Gespür für neue Wege zu folgen."

In den Worten des Papstes wird die teilnehmende und teilgebende Rolle der Hirten sehr deutlich benannt: „Mitten unter dem Volk" zu sein meint ja nicht, immer mal wieder aufzutauchen, sondern die Nähe und beziehungsstiftende Dimension zu entfalten, um einen gemeinsamen Weg zu ermöglichen. Dieser Weg mit dem Volk heißt dann aber auch, die Entwicklungen der Kirche so wahrzunehmen, dass daraus die gemeinsame Vision entfaltet werden kann. Dass es dazu den Hirtendienst der Einheit braucht, ist einsichtig – und dieser Dienst wird auch dringend gesucht.

— Das alleingelassene Gottesvolk —

Kardinal Marx formuliert in seiner Antwort drastisch, dass eine Zukunftsentwicklung nur partizipativ, nur gemeinschaftlich, mit den Ideen und Gaben aller gelingen kann, und dass die Zeit zu Ende ist, in der das Standesdenken der Kirche weiter Raum haben könnte. Das ist gut gebrüllt, und liest sich wie eine Ausfaltung der Überlegungen von

Papst Franziskus: denn es ist ja der „Sensus fidelium", der „Instinkt des Gottesvolkes", der die neuen Wege entdeckt, die dann der Leitung und Begleitung des Hirten bedürfen.

Das Gottesvolk erfährt sich zurzeit oft noch anders – alleingelassen: das Vertrauen in gemeinsame Wege ist nicht hoch, solange die jeweiligen Bischöfe und ihre Verwaltungen letztlich als fern und administrativ erfahren werden. Es braucht offensichtlich längere Prozesse der Begleitung, die dieses Vertrauen schaffen. Und es braucht vor Ort die Entwicklung gemeinsamer Wege in die Zukunft

Hier liegt die eigentliche Herausforderung, die letztlich auch eine theologische Frage ist: denn der Hirtendienst des Bischofs hat eine kommunionale Gestalt: sein Presbyterium, seine Mitarbeiter vor Ort, sollen den von Franziskus beschriebenen Hirtendienst vor Ort erfahrbar machen. Die konkrete Sendung besteht also genau auch darin, dass die Teams der Verantwortlichen mit dem Gottesvolk zusammen den Weg entdecken, der in die Zukunft führt.

Von selbst geschieht dies nicht. Viel zu oft nämlich erscheint die Sendung in die Hirtenverantwortung merkwürdig diffus. Bislang ist es eher selten, dass Priester und pastorale Mitarbeiter mit einer gemeinsamen diözesanen Vision in einen inhaltlichen profilierten Prozess des Mentalitätswandels gehen. Zu oft wird die Sendung noch verstanden – und auch nicht anders formuliert – als eine pastorale Administration unter schwerer werdenden Bedingungen. Dann geht es eher um Erhaltungspastoral – und nicht um die Ermöglichung des Wandels. Und „ohne Vision verkommt das Volk", wie schon das Buch der Sprüche (29,18) formuliert. Verantwortung für eine Vision aber tragen die Hirten – und so verwundert es nicht, dass sich das Gottesvolk häufiger alleingelassen fühlt. Denn es reicht heute nicht aus, vor Ort eine periodische Pastoral der Wiederholung vorzuschlagen: das liturgische Jahr, das pastorale Jahr von September bis Juni, sicher auch die Gremienperioden können einen guten Rahmen bilden – aber es fehlt häufig eine klarere Zielbestimmung: wo wollen, können und sollen wir in fünf bis zehn Jahren angesichts des sich ereignenden Wandels stehen?

Erst dann, wenn das Volk Gottes vor Ort aktiver Protagonist einer solchen visionären Kirchenentwicklung ist, wenn partizipative Prozesse Beteiligung an der Zukunft sehr profiliert ermöglichen, kann die merkwürdige Spannung zwischen alleingelassenem Gottesvolk und einsamen Hirten aufgehoben werden zugunsten eines gemeinsamen Weges.

Die Agenda, die sich hier auftut, ist reichhaltig: zu klären ist zum einen theologisch der sakramentale Hirtendienst vor allem auch in seiner kommunionalen Dimension zwischen Bischof und Presbyter. Zu klären ist noch einmal tiefer, welche Bedeutsamkeit die Rede von einer pastoralen Vision hat. Dann ist praktisch in den Blick zu nehmen, wie solche Prozesse vor Ort gestaltet werden können. Dass es hierfür Erfahrungen gibt, vor allem aus dem weltkirchlichen Bereich – man denke an die Erfahrungen des Lumko-Instituts, aber auch des basiskirchlichen AsIPA-Ansatzes in Asien –, aber durchaus auch im europäischen Raum und auch in Deutschland, bleibt eher Ausnahme. Die Frage stellt sich damit noch deutlicher, auf welche Vision und Perspektive hin Priester, Diakone und Hauptberufliche ausgebildet werden – und mit welchen Erfahrungen gemeinsamer Prozesse des Volkes Gottes sie ausgerüstet sind oder ausgerüstet werden.

Dabei geht es besonders auch darum, den gemeinsamen Hirtendienst an der Vision umzusetzen im Blick auf die Befähigung und Ermöglichung aller Dienste und Gaben – und vor allem im Blick auf die Freigabe der kreativen Fantasie des Gottesvolkes. Ermutigung und Ermöglichung, freisetzende Begleitung der Charismen und Initiativen – das wären die Ziele einer theologisch reflektierten und praktisch orientierten Begleitung der dringend notwendigen Hirten.

4. Liturgie und Verkündigung weiter denken

Verwunderlich oder nicht? In seinem Schreiben *Evangelii Gaudium* sorgt sich der Papst engagiert um die Predigt. Nicht ohne Grund. Der Papst begründet: „Ich werde besonders … bei der Homilie und ihrer Vorbereitung verweilen, denn in Bezug auf diesen wichtigen Dienst gibt es viele Beschwerden, und wir dürfen unsere Ohren nicht verschließen. Die Homilie ist der Prüfstein, um die Nähe und die Kontaktfähigkeit eines Hirten zu seinem Volk zu beurteilen. In der Tat wissen wir, dass die Gläubigen ihr große Bedeutung beimessen; und sie, wie die geweihten Amtsträger selbst, leiden oft, die einen beim Zuhören, die anderen beim Predigen. Es ist traurig, dass das so ist …"

In der Tat. Es ist zuweilen sehr traurig, was sich Gläubige anhören müssen. Manchmal fühlt man sich abgespeist: Worte, die aufgrund ihrer Banalität nicht treffen – Worte, die allgemeine christliche Wahrheiten zu Ideologie gerinnen lassen – Worte, die offensichtlich nicht aus dem Gebet und der Meditation gewachsen sind, sondern einfache Wiederholungen des Internets sind. Das ist verstörend – und führt auch dazu, dass nicht wenige Christen auf der Suche nach einer nährenden Verkündigung sind, denn die lebendige Botschaft, das lebendige Wort Gottes können Christen gut unterscheiden von langweiligen Wiederholungen allgemeiner Sätze. Es geht ja um mehr als nur eine Predigt – es geht um die Eröffnung eines Raumes, in dem Gott in seinem Wort das Leben der Christen erfüllt und nährt. Papst Franziskus bezeichnet deswegen die Predigt als den „Höhepunkt des Gesprächs zwischen Gott und seinem Volk" (EG 137).

Damit ist alles gesagt. Schon Dietrich Bonhoeffer hatte 1937 darauf verweisen müssen, dass die Krise seiner Kirche damit zusammenhängt, dass suchende Menschen in den Worten der Predigt eben nicht das Wort Gottes vernehmen, sondern „nur" Menschenworte und leere Lehrhülsen. Bonhoeffers Absicht war es in seinem Buch „Nachfolge", diesem Wort Gottes wieder Raum zu schaffen.

Dass die sonntägliche Predigt heute an Bedeutung gewonnen hat, liegt einfach daran, dass in den Wandlungsprozessen der Kirche aus einem ererbten Glauben ein persönlicher Glaube geworden ist – und sehr viel davon abhängt, wie und auf welche Weise und in welcher Tiefe dieser Glaube genährt wird. Dabei spielt die Predigt eine wichtige Rolle.

Christlicher Glaube – so zeigt sich dies spätestens postmodern – ist eben ein persönlicher Werdeprozess und ist es bleibend. Gerade die Predigt in der Eucharistiefeier, die ihr ja wesentlich angehört und so auch sakramental ist, soll eben jene weitergehenden Wachstumsprozesse ermöglichen, die zum christlichen Zeugnis und zur christlichen Verkündigung des gesamten Gottesvolkes befähigen.

Wenn dem so ist, ist es weder verwunderlich noch irritierend – und in keinem Fall eine zeitgeistige Anpassung an konsumistische Verhaltensweisen –, wenn gereifte Christen Ausschau halten nach einer guten Predigt: es ist das (sogar kirchenrechtlich beschriebene) Recht auf (nährende) Verkündigung und auch auf eine entsprechende Gemeinschaft des Hörens. Im Unterschied zu früheren konfessionell gesicherten Zeiten geht es heute nicht zuerst um die Einhaltung von Verpflichtung in einer gegebenen institutionellen Form, sondern tatsächlich um die innere Möglichkeit, in diesen Dialog mit Gott zu treten – und dort, wo dies ermöglicht wird, sammeln sich die Menschen. Dort wird auch Gemeinde, dort wächst Zugehörigkeit. Dabei fällt auf, dass konfessionelle Zugehörigkeit zunehmend eine kleinere Rolle spielt. Je schwächer die konfessionelle Prägung durch Sozialisation ist –, desto deutlicher ist die Suche nach dem Wort Gottes nicht mehr an Konfessionen und lebenslange Zugehörigkeiten gebunden. Pilger, aber auch Konvertiten orientieren sich an der Substanz der Verkündigung.

Das gilt es nun aber genau auch für alle Werdeprozesse christlichen Glaubens zu bedenken. Und damit wird noch einmal deutlich, wie – umgekehrt – eingeschränkt die Rede von der Verkündigung dann wird, wenn sie sich ihrerseits auf die sonntägliche Homilie begrenzen lässt. Es geht bei der Verkündigung des Glaubens im Wort also nicht nur und zuerst um die Predigt am Sonntag, auch wenn sie der Höhepunkt des Gespräches zwischen Gott und seinem Volk sein soll – es geht offensichtlich um eine viel weiter zu fassende Wesensdimension des gesamten Gottesvolkes: christlicher Glauben nimmt doch überhaupt erst seinen Anfang in den Momenten, in denen Gott das Gespräch mit dem Menschen aufnimmt, und es so zu einer Beziehung kommt, die wachsen will. Die Grundfrage der Verkündigung ist dann aber: wie und auf welche Weise können Menschen Zugang zur Begegnung mit Jesus Christus finden und immer tiefer in diese Begegnung hineinwachsen?

Damit wird deutlich, dass die Frage nach einer nährenden Verkündigung eine tiefgreifende Umkehr kirchlicher Praxis – oder zumindest eine Neusichtung – braucht: ein Nachdenken über differenzierte Wege, die hineinführen in die Mitte der Christusbegegnung – und die eben die sehr unterschiedlichen Lebenssituationen der Menschen wahrnehmen. Wenn im anglophonen und französischen Katholizismus der Katechumenat als Initiation genau diese existenzielle Wegstruktur ernst zu nehmen versucht – und wenn in den anglikanischen Erfahrungen wie auch in den Freikirchen die Achtsamkeit auf „discipleship" („Jüngerschaft" ist ein schwierige Übersetzung – gemeint ist aber die Perspektive des Wachstums in der Nachfolge) eine zentrale Rolle spielt, dann muss man zugestehen, dass der Impuls von Papst Franziskus weit über die Frage nach guten Predigten hinausreichen muss.

Es geht um einen Bewusstseinswandel in der Pastoral überhaupt, um einen wirklichen Mentalitätswandel. Die Begegnung mit dem lebendigen Christus im Wort findet ihren Höhepunkt in der Eucharistiefeier, hier gerade auch in der Predigt – und gerade für jene, die ihren eigenen Glaubensweg gehen, ist diese Begegnung ja der ersehnte Meilenstein ihres Glaubensweges.

Und noch mehr: Das Hören des Wortes, die Gemeinschaft im Wort Gottes, die die Begegnung und das Gespräch des lebendigen Gottes mit seinem Volk ermöglicht, kennzeichnet ja oft den alltäglichen Glaubensweg – und so verwundert es nicht, dass Glaubenswachstumsprozesse und der alltägliche Umgang mit dem Wort Gottes weltweit, so auch in unserem Kulturkreis als kirchliche Grunderfahrung neue und berechtigte Herausforderungen für die Predigt schaffen.

Zugleich ist zu bedenken, dass der gesamte Weg der Christwerdung aus der Perspektive der Verkündigung neu bedacht werden muss. Was genau „Evangelisierung" und missionarisches Handeln meint, ist sowohl theologisch wie ekklesiopraktisch zu durchdenken. Das um so mehr, als wohl einerseits auch im Bereich der Evangelisierung nicht von einem Mangel gesprochen werden kann – gleichwohl fehlt offensichtlich eine gemeinsame und geteilte Perspektive, die Auswirkungen hätte auf die alltägliche Eventorientierung der Verkündigung und die oft nachlässige Predigtpraxis. Es fehlt eine praktische Pastoral des Wortes und eine praktische Pastoral der Evangelisierung, die sich auf das Ziel eines mündigen Christen hin bewegt.

Eindrücklich bestätigt sich diese Perspektive in der Entwicklung der Willow Creek Community Church in Chicago. Für die Verantwortlichen um Bill Hybels hat seit einiger Zeit eine neue Phase der Entwicklung der Gemeinde begonnen. Mit einem Schrecken. Denn bei einer Evaluationsstudie[9] stellten sie einerseits fest, dass die Praxis von Gottesdiensten für Suchende und eine entsprechende Verkündigung sehr wohl in das Engagement im Glauben führen, dass aber gerade dann, wenn der Glaube wächst, neue und tiefere Wege der Verkündigung notwendig sind, damit Menschen weiter wachsen können auf ihrem Glaubensweg.

9 Vgl. G. Hawkins / C. Parkinson, Prüfen: Aufrüttelnde Erkenntnisse der REVEAL-Studie. Die harte Wahrheit über Gemeindeleben und geistliches Wachstum. Mit einem Vorwort von Michael Herbst, Wetzlar 2009.

Und gerade daran begann die Gemeinde zu kränkeln – dass nämlich jene, die tiefer in die Gemeinschaft und in den Glauben hineingewachsen waren, sich nicht weiter genährt fühlten. Das Leitwort „reaching seekers – building believers" weist darauf hin, dass es einen Weg der Differenzierung und der Achtsamkeit für unterschiedliche Wachstumsphasen geben muss. Was hier auffällt und weiterhin unsere Kirche herausfordert, das ist die pastoralpraktische Umsetzung der Einsicht in einen langen Werdeprozess des Christen – in Gemeinschaft. Natürlich geht es hier um eine eigene Neuerfindung der Mystagogie, und um die Frage, wie sich dies in Gottesdiensten gestaltet. Gerade die postmoderne Fortführung dieser Einsichten in der Bewegung der „emerging church"[10] zeigt deutlich, dass Verkündigung umfassender in ganzheitliche Vollzüge eingebunden werden will – und so die Frage nach der Liturgie sich auch in evangelikalen Verkündigungskirchen stellt.

Damit aber geht es auch um eine Neubesinnung – und eine Umkehr zur Liturgie, die ebenfalls in der katholischen Kirche notwendig ist.

— Die liturgische Mitte —

Die Eucharistiefeier, in der ja auch die Homilie ein wesentlicher Bestandteil ist, ist das nervöse Zentrum der Erneuerungsprozesse, in denen wir als katholische Kirche stehen. Nirgendwo wie hier wird aber auch deutlich, dass es nicht reicht, ihren Vollzug zu garantieren. Denn welcher Vollzug ist gemeint? Angesichts geringerer Priesterzahlen lag bis vor kurzem die Strategie reicher Ortskirchen in einem Bemühen, möglichst viele Priester aus anderen Ländern in Deutschland arbeiten zu lassen. Dabei ging es in der Tat nicht darum, den sakramentalen Dienst in seiner konziliaren Fülle zu ergänzen mit Erfahrungen der Weltkirche – es ging schlichtweg um die rituelle und sakramentale Feier der Eucharistie.

Genau entsprechend ging es in den vergangenen Jahren bei Zusammenschlüssen von Pfarreien und Seelsorgeeinheiten vor allem um die Eucharistiefeier – näherhin um ihren Zeitansatz. Das belegt auf seine Weise noch einmal die tiefe eucharistische Verwurzelung der engagierten Christen – und das gilt auch und gerade dann, wenn nach Wort-

10 Vgl. D. Kimball, Emerging Church – Die postmoderne Kirche: Spiritualität und Gemeinde für neue Generationen, Wetzlar 2005.

gottesdiensten mit Kommunionausteilung gefragt wird: denn zutiefst geprägt von der Teilnahme an der Eucharistiefeier ist der Empfang der Kommunion zum zentralen Vollzug des Christseins für die konziliare Generation der geprägten Katholiken geworden.

Dennoch sind hier viele Fragen zu stellen, die die Zukunft betreffen. Grundlegend ist – ähnlich wie bei der Predigt – zu sagen, dass allein das Faktum einer rechtmäßig gefeierten Eucharistiefeier und anderer liturgischer Feiern nicht hinreichend ist: wenn die liturgische Feier nicht geistlich durchprägt ist, wenn sie nicht verständlich ist – und das gilt sowohl für ihre Sprachlichkeit wie für die Art, in der sie gefeiert wird – wird sie keine Mitfeiernden finden.

Hier liegt eine erste theologische Frage. Als These wäre zu formulieren: in den meisten Fällen wird die Liturgie weiterhin als Priesterliturgie verstanden, der die Gläubigen beiwohnen. Die konziliare Perspektive einer umfassenden Partizipation ist nur äußerlich durch die Vielzahl liturgischer Dienste verwirklicht – die eigentliche Botschaft ist oft nicht angekommen. Die Art und Weise der Feier macht oft deutlich, dass viele Christen sich als Gottesdienstbesucher empfinden und als solche angesprochen werden. Damit aber wird ein vorkonziliares Verständnis fortgeschrieben, und leider gilt hier, dass die mystagogische Einführung in die Kunst des Feierns an vielen Orten nicht stattgefunden hat – weder beim Gottesvolk noch ihren Vorstehern.

Wenn tatsächlich die Feier der Liturgie Auskunft gibt über das dahinterliegende Kirchenverständnis, dann zeigt sich hier ebenso oftmals eine modernisierte Versorgungskirche, in der der Priester die Liturgie feiert, nicht die Gemeinschaft der Gläubigen. Denn genau dies wird zu selten erfahrbar: die Communio. Genau das Geheimnis der Communio zu feiern, darum geht es – und genau dies lässt auch den sakramentalen Ursprung des Kircheseins in der Eucharistie erfahrbar werden.

Gerade angesichts der beschriebenen Veränderungen der Zugänge zum Christwerden werden die liturgischen Feiern und dann gerade auch die Eucharistiefeiern eine zentrale Rolle spielen.

— Die mystagogische Herausforderung —

Aber nur dann wird das geschehen, wenn einerseits die Herausforderung einer veränderten Zeit aufgenommen wird – und wenn andererseits wirklich die Konsequenzen aus der theologisch tiefgreifenden Erneuerung des liturgischen Feierns gezogen werden, wie sie das II. Vatikanum in Sacrosanctum Concilium in den Blick genommen hat.

Oftmals wurde in den vergangenen Jahrzehnten gefragt, ob der Mensch heute liturgiefähig ist. Angesichts der deutlichen Abnahme der Mitfeiernden in der Eucharistiefeier nicht nur in Europa, könnte auch formuliert werden, dass offensichtlich der mit der Taufe selbstverständliche Zugang zu Quelle und Höhepunkt des christlichen Lebens von vielen nicht entdeckt worden ist, und sie so den Zugang zum tiefsten Geheimnis nicht finden konnten. Wie oberflächlich scheint es, sie dann als abständig und fernstehend zu bezeichnen.

Schuldzuschreibungen sind schnell erfolgt, treffen aber nicht den Kern. Es ist fahrlässig und oberflächlich, von einem großen Glaubensabfall zu sprechen. Genauso fahrlässig und grob oberflächlich ist es, die sich verändernde gesellschaftliche Situation in Haft zu nehmen – und noch arger wird es, wenn das Konzil für diese Auflösungsprozesse haftbar gemacht werden soll. Dies geschieht gerne in einer merkwürdigen Doppelperspektive, die jedoch ein Licht auf die eigentlichen Grundprobleme dieser Schuldzuschreibungen wirft: einerseits soll das Konzil nicht weit genug gegangen sein – anderseits habe sich die Kirche zu weit geöffnet. Im Hintergrund steht eine Haltung, die letztlich ein bestimmtes Bild der Kirche fixieren will – eben jene selbstverständliche Volkskirchlichkeit, die in den 50er-Jahren eine letztmalige Scheinblüte erlebte.

Dabei hatte sich schon seit langem eine Veränderung abgezeichnet, die mit dem Begriff der Milieuauflösung nur die eine Seite der Medaille beschreibt. Umgekehrt wird damit nämlich deutlich, dass die eigentliche Grundfrage der Liturgie und der Kirche das Werden der Christen ist. Scharfsichtig hatte – im Kontext der Liturgie – schon Joseph Ratzinger darauf hingewiesen, dass die Frage nach der Verständlichkeit der Liturgie durch die Muttersprachlichkeit erst recht gestellt wurde. Und er fügte hinzu: „Ein Großteil der Christen von heute befindet sich faktisch im Katechumenats-Status, und das müssen wir in der Praxis endlich ernstnehmen“.[11]

11 J. Ratzinger, 40 Jahre Konstitution über die heilige Liturgie, in: J. Ratzinger, Gesammelte Schriften Bd. 11, Theologie der Liturgie, Freiburg 2008, 695–711, 707.

Taufe ohne Christuserfahrung, Glauben ohne lebendige Christusbeziehung – das kann dann möglicher Weg sein, wenn in einer geschlossenen Gesellschaftskonfiguration auch die selbstverständliche und unumgängliche Kirchenerfahrung mitgegeben ist. Dann nämlich ist durch eine normierte Praxis die Möglichkeit eines sozialen Katechumenats gegeben. Dann ist im Übrigen auch eine klassische Katechese im Sinne einer anzunehmenden Vorlage des Depositum Fidei, des Glaubensschatzes, möglich.

Ratzinger sieht klar, dass diese Zeit vorbei ist. Der Zugang zum Glauben wird strikt personal und existenziell. Und damit ist es nicht verwunderlich, sondern bezeugt eher den echten sensus fidelium, dass Menschen heute – in allen Teilen der Welt – eher selten einen Zugang zur Messe finden. Damit wird die Messe wirklich das, was sie ist: Höhepunkt und Quelle, insofern sie sehr voraussetzungsreich ist: sie setzt einen mystagogischen Weg des Glaubens voraus – ein persönliches Hineinwachsen in den Glauben in den Geschwindigkeiten der Person.

Umgekehrt bedeutet das eine tiefe Neubesinnung auf die Fragen der Liturgie, der Zuwege hin zur Eucharistie, der liturgischen Feiern insgesamt. Wenn die Feier der Eucharistie Quelle und Höhepunkt des gesamten kirchlichen Lebens ist – wie wird dann die liturgische Feier im Sinne des Konzils Ausdruck der neuen Mündigkeit der Christen sein – und der sich daraus geschenkten Gestalt der Kirche? Wie lässt sich hier eine Theologie der participatio actuosa formulieren – angesichts der Erfahrungen weltkirchlicher Aufbrüche? Und wie ist die mystagogisch-katechumenale Kunst der Liturgie in die Wege des Glaubenswachstums einzubringen? Welche Erfahrungen geben hier zu denken? Und welche Theologie und Praxis der Liturgischen Feier braucht es hier?

Und doch muss man hier noch weiter denken und sich weiter herausfordern lassen: „belonging before believing“ – „dazugehören, bevor man glaubt“ – mit diesem Credo der anglikanischen „fresh expressions“ öffnet sich der denkerische Horizont noch um eine weitere Dimension. Wo immer von Verkündigung und Liturgie die Rede ist, geht es um Erfahrungen gelebten Kircheseins, wird Kirche erfahrbar. Konsequenterweise entstehen Erfahrungen neuer Kirchlichkeit dann, wenn Menschen ein Zuhause ihrer Sehnsucht finden: „be-longing“. Hier wächst dann die Möglichkeit, in angemessener und tiefgreifender

Weise Verkündigung und Liturgie zu ermöglichen, die diesen Wachstumsprozess stärken. Dann geht es nicht darum, irgendwann einmal in eine „normale" Kirche zu gehen, sondern als Kirche zu wachsen – das steckt hinter der Rede von den „frischen Ausdrucksformen von Kirche". Es wäre zu bedenken, welche Horizonte für Liturgie und Verkündigung entwickelt werden können, nimmt man ihre konstitutiv ekklesiogenetische Dimension ernst.

5. Die irritierende Fruchtbarkeit des Evangeliums

Beim Katholikentag 2014 in Regensburg konnten wir Pete und Cathy Atkins zu einem Workshop gewinnen. Beide sind seit Jahrzehnten Pioniere jenes ökumenischen Neuaufbruchs der Kirchen Englands, der unter dem Stichwort der „fresh expressions" auch in Deutschland hohe Aufmerksamkeit findet. In den vergangenen Jahren durften wir selbst eintauchen in die beeindruckenden Erfahrungen neuer Kirchengestalten und eines Netzwerkes, das mit ungeheurer Kreativität eine neue Apostelgeschichte schreibt.

Im Winter 2013 konnte ich mit den Kolleginnen von Kirche² einen Besuch bei ihnen machen und einen Tag mit ihnen verbringen. Pete and Cathy Atkins sind seit Jahrzehnten mit Gemeindepflanzungen und Neuaufbrüchen unterwegs. Und so fuhren wir von London nach Bardney in Lincolnshire – im Irgendwo bei Nottingham. Hier konnten wir einen Tag miteinander teilen, und hier wurde dann auch deutlich, was schon bei den ökumenischen Exposurereisen 2010–2012 nach England aufschien: die Reformation der Kirche verdankt sich einem charismatischen Aufbruch und ist so Ausdruck der immer und je neu irritierenden Fruchtbarkeit des Evangeliums, die in jeder Zeit je neu aufbricht.

Die stetige Auflösung volkskirchlicher Gewissheiten wird in den anglikanischen Kirchen und den englischen Kirchen der Reformation in den 70er-Jahren dramatische Gewissheit. Und diese Existenzkrise betrifft nicht nur „Ränder" bestehender Volkskirchen, die abbrechen und abschmelzen – sondern gerade auch das Zentrum: offensichtlich ist jede Deutung zu statisch, die ihren Ausgang von bestehenden Strukturen und Institutionen nimmt. Der Wandel geht vom Wandel der Lebenswirklichkeit der Menschen aus, die – in unterschiedlicher Weise – existenziell entdecken wollen, welchen Sinn die Orientierung im Glauben hat. Und während für viele gilt, dass ihr Glaube nie existenziell auf Christus ausgerichtet war – und es daher mehr als verständlich ist, wenn sie sich ohne diese Glaubenserfahrung verabschieden –, gilt nicht nur in England, dass die existenzielle Verwurzelung im Evangelium und seiner Sendung fast notwendig neue Formen hervorbringt.

Die Reformation erwächst aus einer Leidenschaft für das Evangelium: Cathy und Pete erzählen uns nämlich von ihrer Leidenschaft zum hinhörenden Gebet, zur geistlichen Unterscheidung – und zum Wort Gottes. Keine Abenteurer von Natur aus – sondern Gehorsame treffen wir hier. Menschen, die es sich nicht leicht machen, sondern eher überrascht sind. Es beginnt mit einer Unruhe im Herzen, es beginnt mit dem Versuch, diese innere Unruhe zu verstehen – es beginnt und führt zu einem zehnjährigen Weg des Betens, des Wahrnehmens, des Hörens. Und wenn wir dann in einem frisch renovierten und ehemals baufälligen Haus aufgenommen werden, erzählen Pete und Cathy von ihrem (gar nicht so gewollten, aber geführten) Kommen nach Bardney. Pete ergänzt, dass diese neue Sendung anknüpft an die unglaubliche Missionsgeschichte des angelsächsischen Christentums, an den Heiligen Oswald, an die wechselnde Geschichte der monastischen Gemeinschaften bis zur anglikanischen Reformation. Und plötzlich wird sichtbar, dass es nur diese eine Geschichte des Evangeliums durch alle Zeiten gibt, die sich immer wieder erneuert und neue Formen schafft. Vier Kirchen gibt es in Bardney, aber es wächst über diese Kirchengemeinden hinaus eine „Kirche" im Haus, aus den Beziehungen mit den Menschen vor Ort, in der Achtsamkeit für Fragen und Nöte – und immer wieder über alle Grenzen hinweg, über alle Konfessionen hinweg. So entsteht eine neue Gemeinschaft, „new monasticism", die eben gerade jene spirituellen Traditionen aufgreift und mit Menschen zu leben beginnt, die selbst auf einem Suchweg sind.

In Regensburg zieht Pete folgendes Fazit: Zentral für ihren Weg ist das Gebet und die Christusbeziehung, aus der heraus alles wächst. Es ist gerade jene tiefe Verwurzelung in Christus, die sie auf seinen Weg der Sendung führt, und so die Leidenschaft weckt, andere Menschen auf ihrem Weg zu Christus zu begleiten. Dabei wächst eine liebende

Gemeinschaft, die natürlich ökumenisch ist, nicht auf kirchliche Strukturen zielt, sondern auf das Reich Gottes ausgerichtet bleibt und so in dieser Spannung sich kreativ auf den Ort, auf den Kontext einlässt und sich konfiguriert.

Wer die Geschichten der Pioniere, der vielen „Gründer" liest, wer sie kennenlernt, der wird sicher sagen können, dass hier eine neue Apostelgeschichte geschrieben wird.

— Das Wort Gottes wächst - irritierend —

Wenn hier auf die nächste Reformation der Kirche ein Blick geworfen wird, dann geschieht dies nicht konstruierend, sondern beschreibend. Aber gerade dieser Blick lässt eine ganz biblische Logik entdecken, die sich genau im Wortgebrauch der Apostelgeschichte wiederfindet. Mehrfach findet sich hier das Schlussresümee: „Das Wort Gottes breitete sich aus…" Genau diesen Eindruck gewinne ich, wenn ich einen Blick auf die Erfahrungen neuer Gestaltwerdungen und Initiativen des Christseins werfe: weltweit wächst das Wort Gottes, quer durch alle Konfessionen, und bringt neue Gemeinschaften hervor.

Wie schon zu Zeiten der ersten Christen geschieht dies je überraschend neu. Das Wort Gottes hat eine kreative Wirkung, macht alles neu, überspringt Grenzen und … irritiert: Es lädt zum Widerstand oder zum tieferen Nachfragen ein – es lädt zur Theologie ein. Genau dieses tiefere Nachfragen ist aber fruchtbar, denn es verwandelt unser Denken und lässt eine neue Ekklesiologie frei.

Die irritierenden Fragestellungen wachsen aus dem Leben: wie genau ist die Theologie des Wortes Gottes zu verstehen, die die Erneuerung der Kirche weltweit vorantreibt? Wie ist ihr Verhältnis zur Tradition? Welche Bedeutung hat es, dass Aufbrüche vor allem in postmodernen Kontexten die Konfessionsgrenzen überschreiten? Und wie ist Ökumene zu verstehen? Wie kann man gewachsene Gemeindegestalten und neue Initiativen im Gesamt einer kirchlichen Entwicklung ekklesiologisch deuten – und wie verändert sich das Verhältnis von örtlichen Verantwortlichen und gesandten Ordinierten in einer Pfarrei, die ja weiterhin institutionelle Grundgestalt der Kirche vor Ort ist? Welche Fragen ergeben sich im Kontext der Christwerdungsprozesse und wie kann nach dem Ende der klassischen Volkskirche die umfassende Katholizität der Kirche bedacht werden? Nur einige Fragen – aber wichtige Fragen, deren Beantwortung notwendig ist, wollen wir nicht in einem heillosen Konservatismus gewachsener Strukturen verbleiben.

6. Die Provokationen lokaler Kirchenentwicklung

Weltkirchliches Lernen war keine Stärke der deutschen Kirche – weltkirchliches Engagement hingegen schon. Gerade die vielen Missionare, später aber auch die Hilfswerke, machten auf diese Weise auch die Erfahrung dieser Neuaufbrüche. In der Tat gab es auch seit den 70er-Jahren eine gewisse Rezeption weltkirchlicher Erfahrungen vor allem Lateinamerikas: doch kirchliche Basisgemeinden sind eben keine alternativen Basisgruppen der Kirche – und auch das Bibelteilen ist nicht für spirituelle Vertiefungsgruppen entstanden, wie auch Small Christian Communities nur den Namen gemeinsam haben mit „Kleinen Christlichen Gemeinschaften", die in Deutschland als spirituelle Intensivgruppen verstanden wurden.

Fritz Lobinger und Oswald Hirmer haben sich mit hohem Einsatz in den deutschen Diözesen engagiert, aber dennoch blieben die Erfahrungen aus Südafrika, und nicht nur dort, interessante Initiativen, mit denen man dann die eigene Erfahrung des Kircheseins bereicherte und ergänzte. Nicht wahrgenommen wurde die ekklesiogenetische Dimension – oder besser: das sollte eigentlich auch nicht so sein, ging es doch weiterhin um die Ausgestaltung eines gegebenen Rahmens, der doch „noch" gut lief. Die „Koordinaten" und die „Architektur" dieser Entwicklungslogik wurden nicht übernommen, sondern eher einzelne Stichworte eingebracht. In einer eher als krisenhaft empfundene Kirchenlandschaft wurde durch das Stichwort „Bibelteilen" auf die eher schwach entwickelten Formen einer gemeindlichen Spiritualität verwiesen – und die Rede von den kleinen Gemeinschaften verhieß ein mehr an Glaubenskommunikation.

Eine solche Rezeption entspricht eher dem Pflücken von Blüten als der Ernstnahme eines Wachstumsprozesses – und es ging eher um schnelle und (zu) einfache Rezepte als um die Inkulturation eines Kirchenentwicklungsprozesses.

Das änderte sich langsam zu Beginn des neuen Jahrtausends. Mit dem Missio-Projekt „Spiritualität und Gemeindebildung" wuchs in den deutschen Diözesen das Bewusstsein für die grundlegende Dimension dieses Veränderungsprozesses. Gerade jene Diözesen, für die in den Jahren nach der Jahrtausendwende aufgrund finanzieller und zunehmend auch personeller Engpässe deutlich wurde, dass die herkömmlichen Pastoralroutinen auf Dauer nicht funktionieren werden, und Diözesen, die sich zu Beginn des Jahrtausends auf massive Strukturentwicklungsprozesse einließen, die zur Bildung neuer pastoraler Großräume führten, entdeckten mehr und mehr die Herausforderung grundlegender Art, die in den Prozessen weltkirchlicher Kirchenentwicklung steckten. Und es stellte sich heraus: es braucht einen langen Lernweg und auch eine gehörige Portion Lernbereitschaft und tiefes Hinhören, um die Erfahrungen der Weltkirche und ihre oft jahrzehntelangen Entwicklungsprozesse ernst zu nehmen, zu verstehen und eine Idee von eigener Inkulturation zu fassen.

— Eine kleine Geschichte in Hildesheim —

Seit etwa 15 Jahren hat sich das Bistum Hildesheim auf den Weg gemacht, etwas systematischer den Ansatz der „KCG" und des Bibelteilens zu erfassen. Es war Bischof Josef Homeyer gewesen, der schon in den 80er-Jahren intuitiv die Veränderungsdimensionen dieses Ansatzes erkannte und massiv einbrachte in den diözesanen Diskurs, wie auch in die damalige Diözesansynode. Allerdings galt auch hier: so sehr prophetisch der Umgang mit der Schrift und die Bildung kleiner Gemeinschaften verkündet wurde, so ratlos war man in der Frage, wie über die bloße spirituelle Praxis hinaus ein neuer Weg, Kirche zu sein, eingeschlagen werden konnte. Die Rede von mangelnder Spiritualität und neuen Gruppenformen kränkte zutiefst, und so „verbrannte" das Thema, und auch die Praxis.

Ich erinnere mich gut an den ersten Studientag mit Bischof Lobinger im Jahr 2002 in Hannover. Über 50 Personen ließen sich auf ein Neuverstehen des Themas ein – es war ein wichtiger Auftakt, bei dem allerdings klar wurde, wie viele offene Fragen es gab: was eigentlich ist Bibelteilen? Wieso soll es eine Kirche in der Nachbarschaft geben? Was hat es mit dem sechsten Schritt des Bibelteilens auf sich? Wie viele

Personen gehören zu einer kleinen christlichen Gemeinschaft? Sind sie Wahlverwandte und vertraut, oder geht es anders?

Über diese Fragen konnten wir in den darauf folgenden Jahren sehr intensiv diskutieren mit Michael Wüstenberg (zunächst Leiter von Lumko, später Bischof von Aliwal), mit Wendy Louis aus Singapur und schließlich mit Thomas Vijay aus Indien – und mit Bischof Oswald Hirmer aus Umthata. In all diesen Workshops wuchs die Einsicht und auch die Faszination, dass es hier um einen echten Pastoralansatz ging – und auch hier ekklesiologische Konsequenzen zu ziehen sind. Aber mit je tieferem Verständnis wuchsen auch die Fragen: Kann das in unserem doch sehr geprägten Kontext überhaupt gehen? Wie kommt eine Entwicklung dahin zustande? Und verstellt die Rede von einem „neuen Weg des Kircheseins" nicht eher den Blick, weil sie verletzt und in Frage stellt, was doch über Jahrzehnte gut funktioniert hat?

Entscheidend waren in diesem Kontext die weltkirchlichen Studienreisen nach Indien: dort wurde nämlich auf einmal deutlich, dass wir in der Tat „zu kurz" und „zu pragmatisch" gedacht hatten. 2009, bei der zweiten Studienreise nach Nagpur, konnten wir gemeinsam einen fundamentalen Schlüsseltext dieses Ansatzes studieren, der nun so etwas wie die Grundarchitektur offenlegte, die hinter der Idee des Bibelteilens und der „kirchlichen Basisgemeinden" stand. Schon Jahre zuvor hatten nämlich Lobinger und Hirmer erkannt, dass es für eine echte Kirchenentwicklung notwendig ist, nicht nur die praktischen Workshops und bewusstseinsbildenden Programme zu entfalten, sondern dass es wesentlich auf die dahinterliegende Vision ankommt – und auf eine Kultur der Kirchenentwicklung, deren Grundhaltungen und Werte den Ansatz einer Pastoral des Volkes Gottes widerspiegeln. Auch die Methodik und Didaktik, und schließlich auch die Art und Weise der Fortbildungsstruktur korrelieren mit dem Weg der Kirchenentwicklung. Lobinger und Hirmer hatten die Erfahrung gemacht, dass ohne eine solche Grundverständigung eklektisch und letztlich unverantwortlich mit den Praxiselementen umgegangen wurde. „Towards a non dominating leadership" – „Auf dem Weg zu einem nicht-dominierenden Leitungsverständnis" – dieser Titel macht deutlich, dass Kleine Christliche Gemeinschaften und Bibelteilen äußere Gestaltelemente eines tieferen kirchlichen Wandlungsprozesses sind, der seine Zeit braucht. Vor allem aber schien hier deutlich auf, dass es nicht um eine pastorale

Idee ging, die „mal wieder" von oben herabregnet, sondern um einen Weg, bei dem das Volk Gottes vor Ort, an dem pastoralen Ausgangspunkt, an dem es steht, begleitet wird zu einem eigenen Wachstum an dem Bewusstsein, Kirche zu sein mit allen Gaben des Geistes. „Non dominating leadership" ist deswegen eine einzuübende Art und Weise, zu ermöglichen, dass das Volk Gottes seinen Weg gehen kann – und dabei die Werte und Haltungen Wirklichkeit werden, die prophetisch im II. Vatikanum vorgedacht wurden und nun ins Leben kommen wollen. Es war für uns mehr als beeindruckend, die vorsichtige, beharrliche und würdigende Entwicklungslogik pastoralen Handelns zu entdecken, die das Ziel einer partizipativen Kirche, einer Kirche voller Beteiligung im Auge hat, aber nicht eigene Ideen durchsetzt, sondern den jeweiligen Kairòs für den nächsten Schritt entdeckt, aufnimmt und fruchtbar macht. Pastoral als visionsorientierte Wegbegleitung, die dann partizipationsorientierte Methoden und Didaktiken präferiert und so einen langen Entwicklungsprozess begleitet.

Das war faszinierend, aber noch längst nicht Wirklichkeit. Auf der einen Seite, so wurde deutlich, brauchte es einen sehr praktischen Lernweg. Konnte, auf der anderen Seite, nicht noch deutlicher eine theologische Grundlegung erfolgen, die dieses pastoralpraktische Thema einordnet in ein Fachgespräch der Pastoraltheologie?

— Eine seriöse Theologie —

Auf diesem Hintergrund fanden 2008, 2010, 2012 und zuletzt 2015 Kongresse statt, die im Kontext der inzwischen anlaufenden Entwicklung wichtige Fragen zu klären versuchten: welcher Ekklesiologie, welcher Spiritualität, welchem Bibelverständnis ist denn dieser Zugang zu einer Kirche der Beteiligung verpflichtet. Was so „einfach" daherkommt, sich in einer radikalen Praxis lokaler Gemeinden und ihrer spirituellen Gründung im Wort Gottes zeigt, hat eine fundamentale theologische Logik, die sich aus dem Kirchenverständnis des II. Vatikanums herleiten lässt. Das war beeindruckend und machte auch deutlich, dass der lang vermisste Link zwischen dogmatischer Theologie, inkarnierter Spiritualität und pastoraler Entwicklungspraxis eine neue Begeisterung auslöste. Gleichzeitig wurde es so möglich, einen ersten festen Grund für eine neue Art von Theologie zu ermöglichen, die im

Wechselspiel von Entdeckungen des II. Vatikanums und deren praktischer Erfahrung ins Licht rückt, welche weite Dimension und welcher umstürzende Paradigmenwechsel uns da geschenkt worden ist.

Mit zwei weiteren Herausforderungen: ich werde mich immer daran erinnern, dass bei ihrem Vortrag die philippinische Theologin Estela Padilla herausfordernd formulierte: „You Germans have a further step to do“ – mit anderen Worten: Die Übernahme eines weltkirchlichen Ansatzes verlangt zugleich eine neue Inkulturation: es reicht nicht, das war schon klar, das Bibelteilen zu übernehmen und „Kleine Gemeinschaften“ zu bilden – es reicht aber deswegen nicht, weil es einen eigenen „postmodernen“ und „deutschen“ Prozess braucht. Kirchenentwicklung ist lokal, ist inkulturiert – und man muss Abschied nehmen von einer simplen Übertragung, und den Weg selbst neu entdecken, den Gott mit seinem Volk im Europa des 21. Jahrhunderts geht.

Bei den Kongressen wurde je länger je mehr deutlich, dass es auch im deutschsprachigen und europäischen Kontext von Kirche und Gesellschaft natürlich Aufbrüche gab, die in diese Richtung zielten. Inzwischen wurde deutlich, dass in den größten Krisengebieten der Volkskirchlichkeit, nämlich in England (für die anglikanische Kirche) und in Frankreich, neue Ansätze gewagt wurden, die eine ähnliche Logik kannten, aber zugleich auch die postchristliche und postmoderne Situation aufgriffen. Dies ist an anderer Stelle beschrieben – aber deutlich war auch hier, dass alles hinzielte auf eine Kirchenentwicklung, die die konkrete Sendung am Ort, die Verkündigung des Evangeliums in Tat und Wort in einer bestimmten Situation und einer bestimmten Gruppe von Menschen, als Ausgangspunkt des Wachsens neuer Formen des Kircheseins verstand: „fresh expressions of church“ in einer „mixed economy“, „communautés locales“ im Kontext einer größeren Pfarrei – diese Neuaufbrüche wiesen einen ähnlichen „genetischen Code“ der Kirchenentwicklung aus, und führten zu einer breiteren theologischen und pastoralpraktischen Reflexion und einer noch größeren kirchlichen Lerngemeinschaft, die konstitutiv ökumenisch war und offen für postmoderne Entwicklungen. Die ökumenische Bewegung Kirche^2 steht dafür.

— Die Summerschool —

Aber wenn immer mehr in das Bewusstsein rückte, dass hier offensichtlich eine weltkirchliche Rezeptionsgeschichte der Theologie des II. Vatikanums in actu begleitet werden konnte, die sowohl theologisch wie praktisch neue Dimensionen der Konzilslehre entdecken half, so stellte sich doch die Frage und Herausforderung, wie die lange Lernerfahrung der Ortskirchen gerade auch in ihrer Dimension der „formation" in einem deutschsprachigen Kontext entwickelt werden konnte.

Da wir in Indien im PAC Nagpur (Pallotine Animation Center) mit Thomas Vijay gemeinsam eine „Lernzeit" verbracht hatten, die gemeinsames Leben und gemeinsame Spiritualität einschloss, und da dort wie in Lumko ein ganzheitliches Einüben und Lernen den Weg des tieferen Verstehens dieses Pastoralansatzes prägte, kamen wir zur Überzeugung, dass der Versuch einer Inkulturation der Workshops und eines tieferen Verstehens ihrer Logik auch mit einer solchen Zeit zu verknüpfen wäre. So entstand das Format der „Summerschool": eines fünftägigen Workshops im Priesterseminar Hildesheim, bei dem wir seit 2009 mit Hilfe unserer weltkirchlichen Mentoren erste Schritte eines tieferen Verstehens wagten. Eingeladen waren alle Interessierten, und schon in den ersten beiden Jahren stellte sich heraus, dass diese ganzheitliche Erfahrung ein tieferes Lernen ermöglichte. Die Einzigartigkeit eines solchen Lernens aber führte wie von selbst dazu, dass die Lerngemeinschaft dieser Tage von Anfang an überdiözesan war.

— Der philippinische Brückenschlag —

Einen entscheidenden Fortschritt erlebte dieses Format durch die Begegnung mit dem Team von Bukal Ng Tipan in den Philippinen, die seit dem Jahr 2009 unsere Entwicklung geprägt hat. Denn noch deutlicher als vorher wurde klar, dass es zum einen um einen visionsorientierten Lernprozess geht. Immer deutlicher wurde, dass gerade die Frage nach der Kirchenentwicklung und ihren jeweiligen Phasen geradezu der innere Kern, das innere Rückgrat eines Bewusstwerdungsprozesses ist, der dann auch konkrete Prozesse vor Ort verstehen und begleiten hilft. Die sogenannten „Kirchenbilder", die ursprünglich von Fritz Lobinger und Oswald Hirmer erarbeitet wurden und ihren inkulturierenden Weg durch die Welt gehen, sind praktisch Herzstück eines partizipativen Entwicklungsprozesses, der das Ziel einer gemeinsamen Perspektive hat. Darüber hinaus aber öffnete das philippinische Team um Mark Lesage und Estela Padilla aber auch einen weiteren Horizont. Bei den Summerschools der kommenden Jahre lernten wir eine innere Logik des Prozessverlaufs der Kirchenentwicklung kennen, der ausgeht von den konkreten Situationen und Bedarfen vor Ort, sich in einem gemeinsamen geistlichen Weg zeigt, einen breiten Partizipationsprozess („maximum participation") ermöglicht und zugleich sehr konkret Werkzeuge bereithält, um konkrete Optionen und Prioritäten zu gestalten. Das Einüben in das Entwickeln von Workshops für eine solche Entwicklung stellt nun den zweiten Schritt da: wie kann ein solcher visionsorientierter Prozess praktisch gestaltet werden.

Die Brillanz und Schlüssigkeit dieses Weges überzeugt. Sie war und ist anschlussfähig für die postmoderne europäische Situation, eben weil sie keine Rezepte verteilt, sondern einen Rahmen zur Verfügung stellt, der in ganzheitlicher Weise „Bildung", „formation" ermöglicht. Und deswegen waren die Summerschools in Hildesheim ein konkreter und sehr erfolgreicher Weg für Pfarreien unterschiedlichster Diözesen, erste Schritte auf dem Prozessweg zu gehen. Das hat dazu geführt, dass es in Norddeutschland zuerst auch eine „Winterschool" und eine „Springschool" gab, inzwischen aber in mehreren deutschen Diözesen „Summerschools" nach dem Hildesheimer Muster veranstaltet werden.

— Lokale Kirchenentwicklung verstehen —

Inzwischen war immer deutlicher, dass im Kontext der Kirchenentwicklung in Deutschland wesentliche Elemente weltkirchlicher Entwicklungen an Bedeutung gewannen und noch weiter gewinnen werden. In dieser Entwicklung pastoraler Orientierung zeigt sich deutlich, welche Weichenstellungen es braucht. Was unter dem Begriff einer lokalen Kirchenentwicklung zu fassen ist, ist ja ein gestalteter Prozess, der mehrere Vorentscheidungen fällt. Zunächst und vor allem ist er kein Notprogramm, wohl aber ausgelöst durch das empfundene Zuendegehen eines Kirchenverständnisses, das sich exemplarisch in der Gemeindetheologie entfaltet hatte.

Es geht um eine neue Weise der Wahrnehmung, die sich nicht an scheinbar normative Vergangenheiten der letzten 50 Jahre orientiert und somit nur Defizite registriert, sondern eine neue Perspektive ermöglicht: Es wird deutlich, dass Kirche nicht von ihrer institutionellen Verfasstheit, die in der Sakramententheologie gründet, zu fassen ist, sondern von ihrer – sakramental ermöglichten – charismatisch-pneumatischen Entwicklung her glaubend wahrnimmt, dass an jedem Ort, in jeder Situation, eine Wirkungsgeschichte des Evangeliums und eine Weiterentwicklung des Volkes Gottes zu sehen ist: „Seht ich schaffe Neues, merkt ihr es nicht" (Jes 43,19). Aber diese Wirkungsgeschichte an jedem Ort zu entdecken, ist eine geistliche Aufgabe des Volkes Gottes – den Weg weiterzuentwickeln, der sich vom Geist her abzeichnet, das verlangt nach Prozessen der Unterscheidung, die zu Prioritäten und konkretem Handeln führen.

Dabei werden unterschiedliche Akzente zu setzen sein, aber auch gemeinsame Orientierungen den Rahmen einer Entwicklung ermöglichen. Grundlegend bleibt dabei, dass es in Zukunft zentral um die Frage gehen muss, wie die Taufwürde der Christen, ihr Anteil am königlichen, priesterlichen und prophetischen Amt Christi und damit ihre Verantwortung für das Kirchesein gestärkt werden können. Zugleich wird dabei auch deutlich, dass eine solche Option keineswegs die Bedeutung des sakramentalen Dienstamtes bedroht: das macht deutlich, dass hier neu nachgedacht werden muss über die sakramentale Grundgestalt der Kirche und den Dienst des Priesters am und im Gottesvolk. Zugleich stellen sich viele Fragen, die mit der Begleitung und Förderung der Getauften verknüpft sind, vor allem aber auch mit einer spirituellen Vertiefung des Umgangs mit dem Wort Gottes. Eine solche Grundlegung der Kirchenentwicklung macht dann aber auch deutlich, dass gerne mit unterschiedlichen Formen des Kircheseins gerechnet werden kann: nicht nur klassische Gemeindeformen sind weiter zu entwickeln, wir dürfen weiter denken und gestalten lernen, wie auch andere Formen entstehen, die jeweils kontextorientiert sind und von der konkreten Aufgabe und Sendung ihre je spezifische Gestalt annehmen können. Das verweist darauf, dass es nicht zuerst um die Gestalt geht – also etwa Gemeinde versus Kleine Christliche Gemeinschaften –, sondern um die umfassende Wahrnehmung der vielen Formen der Communio, die es schon gibt – und die gemeinsam mit neu wachsenden Formen und Gestalten der Kirche (in Lebensräumen, an diakonalen Orten, in Kindergärten, in postmodernen Settings) das Netzwerk kirchlicher Gemeinschaft zeigen, wie es in der Pfarrei verfasst ist (die jetzt nicht mehr gleichgesetzt werden kann mit einer spezifischen Sozialform). Dies alles hat eine eigene Wachstumsdynamik: Kirche ist im Werden zu denken, im Vergehen und Werden, hat eine liquidere Konsistenz, ist nicht fertig, sondern auf dem Weg. Das bedeutet aber auch ein entsprechendes pastorales Handeln, das sich wegbegleitend, ermöglichend und deutend versteht, und dass so Orientierung gibt und herausfordert zu weiterem Wachstum.

Dabei wird auch deutlicher, dass hier ein Kirchenverständnis aufscheint, das theologisch wie praktisch eingeholt werden muss und dabei einem Paradigmenwechsel entspricht: geistlich ist von einer veritablen Umkehr des Denkens zu sprechen. Aber wie geht das? Und wie können solche Umkehrprozesse erfahren und geteilt werden?

III. 360 Grad - Erfahrungen

1. Kirche in den Häusern - Mexikanische Erfahrungen

Was mich neugierig auf Mexiko City gemacht hatte, war eine Begegnung mit Alfons Vietmeyer vor ein paar Jahren. Die Weiterentwicklung des basiskirchlichen Modells in Kontexten unübersehbarer Metropolen führte zu einer eigenständigen „pastoral urbana", die eben keineswegs auf Gemeinschaftsbildung verzichtet, sondern sie – ähnlich den anglikanischen Erfahrungen mit den „fresh expressions" – im Kontext von Mobilität und differenzierter Christlichkeit transformiert. Und so konnte ich selbst Weihnachten 2014 auf Entdeckungsreise gehen ... um festzustellen, dass die kreative Gestaltungsvielfalt kirchlicher Formen aufruht auf einer evangelisierenden Kultur des Christseins und Christwerdens.

— Auf der Straße sein ... —

Die ersten Tage darf ich mit Padre Raul in Valle del Chalco verbringen: am äußersten und armen Rand der Metropollandschaft: auch hier eine Millionenstadt, die keine 30 Jahre alt ist. Und man merkt, dass alles im Bau ist, von einem Slum sich zur Stadt entwickelt. „Es gibt eine Grundregel für mich", sagt mir Raul, „ein Priester gehört auf die Straße ..." Und so erlebe ich diese Tage auch – immer wieder (wenn auch nie allein) auf der Straße. Es geht um Beziehungen, um Gespräche, um das Wissen darum, wie es den Menschen geht. Raul erläutert das: „Wenn ich mitbekomme, dass jemand krank zuhause liegt, dann beginnen wir, in dieser Straße eine Gemeinde aufzubauen, um diesen Kranken." Hier beginnt Kirche erst, hier ist sie am Entstehen – und für Raul ist es klar, dass die entscheidende Frage nicht die Sammlung von 30.000 Menschen um die (kleine) Pfarrkirche ist, sondern der Aufbau von lokalen Beziehungsnetzen, so dass Menschen in ihrem Umfeld und im Kontext ihrer Herausforderungen und Fragen Gemeinschaft konstituieren können.

Zugleich erlebe ich erstaunliches: bei jeder Gelegenheit feiert Raul Messen: für Einzelkommunionen, die Segensfeiern für 15-jährige Mädchen, die verschiedenen Ehejubiläen – warum gibt es da bis zu 10 Messen am Tag? Raul: „Das ist für mich eine Gelegenheit zur Evangelisierung …“ Ich bin da natürlich etwas skeptisch, aber verstehe das Anliegen – denn es geschieht dasselbe, was ich in unserem Kontext häufig erlebe: auf dem Hintergrund gefühlter Volkskirchlichkeit wird weiterhin die Eucharistiefeier zu allen Gelegenheiten gefeiert, selbst dann, wenn dies der Situation nachchristlicher Gesellschaft nicht mehr entspricht. Aber genau um die Frage dieser Evangelisierung geht es.

— Judas Thaddäus —

Das erfahre ich ein paar Tage später, bei Benjamin Martinez, einige Kilometer weiter in Richtung Innenstadt, in Nezahualcoyotl. Benjamin hat, wie auch Raul, seine Pfarrei in 28 Straßenzüge und 28 Straßengemeinden aufgeteilt. In jeder Straße ist eine kleines Basisgemeinde, praktisch das Team, das mit und für die anderen in der Straße lebt und dient: die Prozessionen, die Marienfeste, die Kranken, die Katechese – fast alles ist in dieser Gemeinde dezentral, wird getragen von der Basisgemeinde, in denen sich alle Dienste finden. „Wie soll es anders sinnvoll gehen?“, sagt Benjamin. Es ist ja auch nicht so, dass in Mexiko mehr Menschen zur Feier der Eucharistie kämen – aber es gibt einen Unterschied: die Logik der Eucharistie zieht sich hier in die Nachbarschaft. Eucharistisch Kirche sein hat mit der Sendung zu allen Menschen zu tun. Und dies eben nicht in einer Logik des Individualismus, sondern als Gemeinschaft am Ort, mit und für die anderen. Dies ist im Kontext einer Megametropole allerdings großen Veränderungen unterworfen. Sie hängen mit den Auflösungsprozessen milieukirchlicher Prägung zusammen – auch in Mexiko City lässt sich postmoderne Säkularität diagnostizieren. Dabei spielt allerdings die Volksreligiosität eine wichtige Rolle.

In einer Straßengemeinde sitzen wir mit einer kleinen Gruppe älterer Menschen zusammen. „Ja, die jungen Leute hier in der Straße kommen auch nicht zu unserer Gemeinde“, sagt einer, „hier bei uns in

Mexiko sagt man: Judas Thaddäus für die jungen Menschen, Maria für alle und Jesus Christus für die Älteren …" Ich schaue verdutzt auf und frage nach …

Der Heilige Judas Thaddäus ist der Heilige unserer Zeit in Mexiko. Er gilt als der Heilige für die hoffnungslosen Fälle. Am 28. Oktober, an dem sein Fest gefeiert wird, ist die ganze Stadt voller Statuen, in allen Metrobahnen, in den Kirchen – und vor allem in der Kirche, in dem die Statue des Patrons steht: dort finden sich Tausende von Menschen, die ihm ihre Sorgen anvertrauen. Und das gilt dann auch.

Judas für die Jungen – Maria für alle – Christus für die Alten: Das gibt mir einen Schlüssel für einen interessanten Deutungsversuch der mexikanischen Situation des Christentums. Wie auch im europäischen Kontext befindet sich die Gesellschaft in einem postmilieukirchlichen Status der Postmodernität. Dort, wo sich Milieugefüge auflösen, zeigt sich eine Grundsituation der Evangelisierung, und im kulturellen Kontext Mexikos gewinnt hier die Volksreligiosität eine überragende Bedeutung: die Heiligen wie Judas Thaddäus sind der erste Anknüpfungspunkt – und es gehört offensichtlich zu den Neubewertungen der lateinamerikanischen Kirche seit der Bischofsversammlung von Aparecida 2007, diese spontane Volksfrömmigkeit positiv als Gelegenheit zur Verkündigung der Frohen Botschaft zu nutzen.

— La Guadalupana —

Das erfahre ich noch tiefer einige Tage später, als Benjamin mich zur „Jungfrau von Guadaloupe" begleitet. Wenn um den 12. Dezember hier jedes Jahr bis zu sieben Millionen Menschen den Wallfahrtsort stürmen, woran mag diese tiefe Verbindung zu Maria wohl liegen? Ich verstehe dies immer tiefer, als mein Begleiter mir die Geschichte des Juan Diego erzählt. Ins Jahr 1530 datiert diese Begegnung eines armen Mestizen mit jener Jungfrau, die sich dann – irgendwie – in sein Gewand eingebrannt hat. Aber es ist genau dieses Bild der Maria, das Grundlage der Christwerdung und also der Evangelisierung des mexikanischen Volkes, vor allem der Indigenos und Mestizen ist. Denn, so erklärt mir Padre Benjamin, es ist genau das Gewand der „Virgem de Guadalupe", das praktisch von allen indigenen Stämmen in Mexiko „gelesen" werden konnte: die Symbole und Zeichen auf dem Gewand sind Symbole und Zeichen jener alten paganen Kulturen gewesen, und praktisch eine Übersetzung der Frohen Botschaft in die Sprache der traditionellen Kulturen. Maria – Inbegriff der Inkulturation: das hat mich sehr beeindruckt, und erklärt ja auch sehr gut die hohe Resonanz in den Herzen der Menschen. Diese marianische Pilgerfrömmigkeit gehört zur Entfaltung einer Religiosität, die tief in der Kultur verwurzelt ist.

So lässt sich auch leichter die innere Logik jener „Reihenfolge" verstehen, die in der Basisgemeinde geäußert wurde. Es macht nämlich deutlich, dass eine dezentrale und differenzierte Kirchenentwicklung auch stärker die sehr differenzierte Situation der Stadt, besser: der nachmilieuchristlichen Konstellation, wahrnehmen kann: Judas – Maria – Christus kann so einen Entwicklungsweg des Glaubens eröffnen und beschreiben, der seinen Ausgangspunkt in der Kultur und Situation der Menschen hat: Die Kirche „inmitten der Häuser der Menschen" ermöglicht eine differenzierte Zugehörigkeit. Sie wird ermöglicht durch die beziehungsorientierte und lokale Eingründung der Verkündigung, die ihren Ausgangspunkt bei den Bedürfnissen der Menschen nimmt.

Entscheidend bleibt dabei, dass dies nicht einfach nur „geschieht", sondern eingebunden ist in eine Logik und einen Prozess der Evangelisierung. Wie ich es bei Padre Raul erfahren durfte, so erlebe ich es jetzt auch bei Padre Benjamin. Die Einschätzung der Situation einer Megametropole wie Mexico City und ihrer nachvolkskirchlichen Situation führt zu einer Strategie, die zugleich Dezentralisierung und Evangelisierung ermutigt: Ausgangspunkt sind zum einen die tief verwurzelten religiösen Gebräuche, ist die „Volksfrömmigkeit", die einen gewissermaßen katechumenalen Einstieg ermöglicht, wenn sie denn begleitet ist. Zugleich wird die Volksfrömmigkeit in eine weite, weiche und liquide Kirchlichkeit eingebunden. In der Tat stellen sich die „Straßengemeinden" als „Kerngemeinschaften" einer Kirche dar, die sich nicht exklusiv versteht, sondern inklusiv alle einbezieht, und dies gelingt ihr auch im Kontext traditioneller Frömmigkeit. Aber genau diese Einbindung, die ich in Nezahualcoyotl auch im Kontext der Sakramentenpastoral wiederentdecke – als Familienkatechese –, geschieht im Horizont eines angezielten Wachstumsprozesses, eines Weges der Evangelisierung.

Benjamin Martinez, Raul Arruato und andere wie Alfons Vietmeier und Benjamin Bravo haben die Pastoralentwicklung in der Stadt und speziell in Mexico City nicht nur theologisch reflektiert, sondern auch in eine pastorale Strategie eingebracht, die die geläufige territoriale Struktur der Basisgemeinden erweitert und inkulturiert. Damit nähert sich die „pastoral urbana" in Mexico City den anglikanischen Erfahrungen der „fresh expressions" an: nicht mehr die gegebene Sozialform, sondern die inkulturierende und dienende Verkündigung des Evangeliums ermöglicht das Werden neuer Gemeindeformen, eingebunden in eine Pastoralperspektive der Evangelisierung.

Denn sowohl für Padre Raul wie auch für Padre Benjamin war selbstverständlich, was keineswegs überall in Mexico City Praxis ist: eine Pastoral der Inkulturation und der Evangelisierung, die die Bildung sehr unterschiedlicher lokaler Kirchenerfahrungen systematisch fördert. Mit anderen Worten: nicht die Sozialform, sondern die Sendung, das Evangelium zu verkünden und Menschen den Zugang zum Evangelium zu erschließen – sie steht im Vordergrund. Doch zugleich bleibt die Sensibilität für die Notwendigkeit der Beziehungsnetze, der Erfahrungen der Communio, die sich in posttraditionellen Kontexten allerdings sehr vielfältig darstellen wird – und vor allem als „katechumenale Kirchenbildung" erscheint: es ist die Gemeinschaft der Glaubenden, die Raum eröffnet und gemeinsamer Raum ist für Glaubensbildungsprozesse. Und deswegen kann eine klassische Pfarrpastoral in Pfarreien, die auf engstem Territorium mehr als 30.000 Einwohner umfassen, als kleruszentrierte und sakramentenfixierte Versorgungspastoral zwar den Schein einer gewissen „Ordnung" wahren, sie übersieht dann aber zum einen, dass der größte Teil der Getauften noch nie einen Zugang zu einem persönlichen Glauben finden konnte: nur ein beziehungsorientierter und sendungssensibler Zugang, der die Grundreligiosität des Volkes aufgreift, kann dann eine evangelisierende Gesamtpastoral ermöglichen.

— Wie kann das geschehen? - Erfahrungen in Sayula —

Mehr als 1000 Kilometer von Mexico City. Nach Weihnachten lande ich in Guadalajara und werde von dort nach Sayula gebracht – weitere 120 km im Inland. Eine kolonial geprägte Kleinstadt, in deren Pfarrei mich Padre Pepe Sanchez aufnimmt. Sayula gehört zur eher kleinen Diözese Ciudad Guzman – aber was ich hier erleben und erfahren darf, rundet die mexikanische Erfahrung ab, ja, gibt ihr eine provozierende Perspektive.

In Valle del Chalco und auch in Nezahualcoyotl gibt es diözesane Pastoralpläne, die sich am lateinamerikanischen Grunddokument von Aparecida 2007 orientieren und somit auch die Ideen von Evangelii Gaudium weitgehend rezipieren. Aber dennoch bleibt es bei einer merkwürdigen und durchaus typischen Schräglage: letztlich bleibt die Frage offen, auf welche Weise diese Pastoralpläne Wirkung erhalten sollen – weil letztlich die Priester der betroffenen Diözesen sich eigentlich nicht gebunden fühlen müssen: in der Tat, trotz angestrebter Dezentralisierung sind nur sehr wenig Pfarrer bereit, diesen Weg zu gehen – zu viel Angst vor möglichen Machtverlusten, aber auch eine klerikale Grundausbildung in den Seminarien, die weiterhin keine pastorale Vision und Entwicklung lebt und gestaltet. Wenn zudem Pfarrer relativ schnell wechseln, dann ist eine kontinuierliche Entwicklung der Pastoral ohnehin nur zu denken, wenn es eine gemeinsame pastorale Linie im Presbyterium gibt.

Genau damit aber werde ich in Sayula, im Bistum Ciudad Guzman, konfrontiert. Natürlich begegnet mir in Pepe Sanchez einer der Protagonisten basiskirchlicher Entwicklung in Mexiko und Lateinamerika, mit einer langen Erfahrung. Und natürlich ist Sayula ein Musterbeispiel für eine dezentrale Entwicklung einer Ortspfarrei – ich kann das erleben in verschiedenen Treffen mit Verantwortlichen. In den Gesprächen mit Pepe Sanchez wird dabei sehr deutlich, dass die hier sich entwickelnde Pastoral der örtlichen Gemeinden auf der einen Seite eine strategische Entscheidung beinhaltet. Es geht nicht nur einfach darum, Basisgemeinden zu bilden – es geht eigentlich und vor allem um die Entwicklung des gemeinsamen Priestertums aller Gläubigen: deswegen kann es kaum überraschen, dass die Begleitung und Bildung der Getauften Priorität für die Pfarrei hat.

Das darf ich in den Tagen nach Weihnachten sehr eindrucksvoll erleben. Die Verantwortlichen der „Bezirke“ kommen zu einem geistlichen Vertiefungstag zusammen. Sehr beeindruckend ist für mich, dass dieser Tag von einem Leitungsteam vorbereitet ist. Die anwesenden Priester sind dabei, aber nicht in der Leitung. Pepe Sanchez erzählt mir dann, dass dies eigentlich seine Hauptarbeit ist: Weiterentwicklung der Christen vor Ort zu ermöglichen. Damit ist auch eine weitere Konsequenz deutlich: ein solches Projekt geschieht nicht nebenher, muss geplant werden – und mitgetragen. Was ich leider nicht erleben kann, erzählt mir Pepe Sanchez: Natürlich sind alle diese Bemühungen im pfarrlichen Pastoralprozess eingeordnet, der für die nächsten sechs Jahre in allen Gremien erstellt und vereinbart wurde – und jedes Jahr ob seiner Wirksamkeit evaluiert wird.

Das macht Lust, hierhin wieder zurückzukehren, und etwas von jener Praxis einer Pastoralentwicklung mitzubekommen, die so selten ist: eine partizipative Kirchenentwicklung, die von vielen mitgetragen wird – und die immer wieder auf ihre Wirksamkeit überprüft wird.

— Und noch mehr ... —

Ist diese Pfarrei ein Einzelfall in Ciudad Guzman? Ich beginne, weiter zu staunen, als mir Pepe Sanchez von der inzwischen zwanzigjährigen Entwicklung seiner Diözese erzählt. Damals hat die seinerzeit noch junge Diözese sich für eine Pastoralsynode entschieden. Möglichst viele Christen sollten einbezogen werden, und so begann die Vorbereitungszeit mit einem breit angelegten Dialogprozess über die Wünsche und Sehnsüchte. Das geschah nicht zuerst in diözesanen Gremien, sondern vor Ort: in den Stadtteilen, in den kleinen Dörfern, in den großen Farmen wurden die Menschen befragt. Genauso fand eine breite Konsultation der Priester und pastoralen Mitarbeiter statt.

Daraus wuchs eine Synode und vor allem Synodendokumente, die eine große Nachhaltigkeit aufweisen – und das Gesicht einer Diözese prägen. Das beginnt mit dem ersten Synodendokument: Priorität hat die örtliche Basisgemeinde. Sie wird beschrieben, sie ist die Basis und Grundlage kirchlicher Existenz. Hier findet eine interessante Umkehrung statt: es werden nicht zuerst Strukturen der Ortskirche in den Blick genommen, sondern das Ziel, für das alle diese Strukturen da sind, ist: das Kirchesein der Menschen am Ort. Zu ermöglichen, dass in den Dörfern und Stadtteilen einer Pfarrei Menschen aus der Kraft des Wortes Gottes leben können, dass sie ihre Gaben und Charismen in den Dienst der Menschen vor Ort stellen und so Kirche am Ort wächst, das ist die grundlegende Priorität.

Entscheidend und beeindruckend ist für mich aber nicht nur, dass die diözesanen Grundstrukturen in den Dienst einer solchen Entwicklung gestellt werden, sondern dass von dieser pastoralen Weichenstellung auch die Priesterausbildung neu geordnet worden ist. Es gibt ein eigenes Dokument zur Priesterausbildung, das diese Ausbildungsform beschreibt.

Merkmal dieser Ausbildung ist eine enge Verzahnung mit der Praxis der Basisgemeinden. Sowohl die Auswahl und Evaluation der Kandidaten, wie auch das Verhältnis von praktischer Mitwirkung und Exposureerfahrung in den Gemeinden und Pfarreien, die Reflexion und Lernprozesse im Seminar, eine Bildung, die menschliche Reife sehr ernst nimmt – und eine Theologie, die sich als systematische Reflexion der lokalen Erfahrungen versteht: all das führt zu einer gestalteten und visionär auf die Leitlinien des Bistums ausgerichteten Ausbildungsform, die ihresgleichen – nach meiner Erfahrung weltweit – sucht.

Denn es ist klar: die Erneuerung der Kirche im Blick auf eine Kultur jenseits der strukturzentrierten Versorgungskirche beginnt mit der angemessenen Ausbildung von jungen Priestern – und wird ohne eine solche Ausbildung auf Dauer nicht gelingen.

„Wie habt ihr das hinbekommen?", frage ich erstaunt Pepe Sanchez, denn ich halte die Frage nach einer erfahrungsorientierten und pastoralperspektivischen Priesterausbildung für zentral. „Wir sind eine kleine Diözese – wir stehen nicht im Blickpunkt. Und das war uns auch ganz recht – so konnten wir diesen ungewöhnlichen Weg entwickeln", antwortet er mir lächelnd. „Für die anderen waren wir immer ein wenig zurückgeblieben …!"

2. Fragilité heureuse – Erfahrungen aus Poitiers

Ende August 2014. Kurz vor der Feier der Neugründung der Pfarrei von André Talbot kommt mir ein Mann entgegen und begrüßt mich. Es stellt sich heraus, dass er aus dem Gemeindeteam (équipe d'animation) von Chasseneuil kommt. Von Beruf ist er Manager im Futuroscope, einem großen technologischen Freizeitpark in Frankreich, direkt neben Poitiers. „Ich lebe da ein ganz anderes Leben. Es geht um immer mehr Kunden, um Steigerung des Umsatzes. Und in der Gemeinde, da habe ich immer gesehen, dass es um ganz kleine Dinge geht. Dann wurde ich krank. Und in der Krankheit wurde mir deutlich, wie fragil unser Bemühen ist. Seitdem lebe ich anders. Und was wir als Kirche hier leben, ist eine „fragilité heureuse" – eine freudige Zerbrechlichkeit …" Er meint es ernst, und es erinnert mich an meinen Besuch bei André Talbot im Jahr zuvor.

André erzählte seinerzeit von seinen Gemeinden rund um Poitiers. Und was er erzählte, machte mir ein wenig mehr deutlich von der Zukunft der Kirche im nachchristlich, in Frankreich explizit laizistisch, geprägten Europa. Selbst wenn in Frankreich der größte Teil der Kinder noch getauft wird, schmilzt die klassische milieuchristlich geprägte Struktur weiter ab. Da nicht so wie etwa in Deutschland kirchliche oder kirchlich geprägte Institutionen prägend sind und auch kein Geld zur Verfügung steht, um die klassische Versorgungspastoral weiter fortzuführen, bleibt es bei sehr kleinen Gemeinden von Engagierten, die im Dienst an der Sendung für alle stehen.

Auf diesem Hintergrund wird noch einmal klarer, wie der Entwicklungsweg der Kirche von Poitiers seit der Diözesansynode von 1992 sich entfaltet hat.[1] Damals war eine deutliche Option gegen die Zentralisierung kirchlichen Lebens gefallen. In den Jahren danach begann ein Explorations- und Bewusstwerdungsprozess: was ist eigentlich gemeint, wenn örtliche Gemeinden Mittelpunkt des christlichen Glaubenslebens sein sollen? Wie werden sie begleitet? Wie können sie entstehen? Es war für mich immer etwas seltsam, dass eine örtliche Gemeinde offiziell eingerichtet werden konnte, wenn mindestens fünf Personen Verantwortung übernehmen und ihnen diese Verantwortung durch Wahl oder Kompetenz und Auswahl zugeschrieben wird. So wenig?

Aber genau dieser Prozess macht die Qualität einer solchen Gemeindewerdung aus – und unterscheidet sie von einem einfachen Strukturprozess. Im Grunde hat es Bischof Rouet gewagt, ein strukturelles Moratorium (Kirchenrecht CIC §515) einzugehen, um Kirchenentwicklung von der Taufwürde her zu beschreiben. Ganz richtig kann ein solcher Prozess nur aus der Ermutigung und Begleitung leben, und aus Prozessen, in denen langfristig ein Kirchenbild neu ins Leben kommt, das nicht von der klerikalen Versorgungsstruktur dominiert ist, die jahrhundertelang eingeübt wurde.

1 Vgl. R. Feiter / H. Müller (Hg.), Was wird jetzt aus uns Herr Bischof. Ermutigende Erfahrungen der Gemeindebildung, Ostfildern 2009; Dies. (Hg.) Frei geben. Pastoraltheologische Impulse aus Frankreich, Ostfildern 2012.

Der Schlüssel liegt in Zuspruch und Begleitung, er gründet in der Überzeugung, dass der Geist Gottes schon gegeben ist und so „nur" zur Entfaltung gebracht werden muss: was also Charismen und Gaben sind, was also der „sensus fidelium" ist, das wird als geschenkt vorausgesetzt und ins Spiel gebracht. Dieses Vertrauen in die Stärke, aber auch in die Schwäche, in die Grenzhaftigkeiten, konstituiert das Wunder der Kirche. Von daher ist die (sakramentale) Begleitung, die Bildung in „theologischen Grundschulungen" und die immer wieder neue Begleitung der Erfahrungen in geistlich geprägten Evaluationsprozessen der Dienst, der von Priestern und pastoralen Mitarbeitern zu leisten wäre. Damit aber gestaltet sich die Struktur des „Pastoralsektors" als Dienst an den Christen vor Ort, als Raum des Wachsens für die werdende Kirche.

Dass diese Prozesse fragil sind, leuchtet sofort ein. Denn in der Tat findet sich die französische Kirche in einer Diasporasituation, die zugleich eine Situation postchristlicher Evangelisierung ist. Das bedeutet auch, dass auf der einen Seite in der Tat jene, die sich auf ihr Christsein vor Ort einlassen, dies sehr bewusst und „aus Berufung" tun, aber wenige sind. Um so interessanter ist es ja dann, wenn das systemische Gefüge die Zeiten der Verantwortung in Teams begrenzt – niemand kann länger als sechs Jahre Verantwortung tragen – und also die Perspektive des Vertrauens, der Berufung und der gemeinsamen Trägerschaft der Dienste stärker in den Vordergrund rückt. Bischof Rouet hatte in diesem Zusammenhang immer davon gesprochen, dass der Ausgriff auf neue „Verantwortliche" den Erneuerungsprozess einer Gemeinde weiter prägen kann.

Gleichzeitig ist aber auch klar, dass die entstehenden Gemeinden vor allem eine missionarische Aufgabe haben: es geht darum, in möglichst vielen Momenten und bei möglichst vielen pastoralen Gelegenheiten Menschen einen Vorgeschmack des Lebens aus der Hoffnung zu geben. Damit „hängt" das Leben einer solchen missionarischen Gemeinschaft sehr stark an wenigen geprägten Personen, die für alle am Ort leben und ihr Engagement einbringen.

Genauso war es auch erfahrbar im Sommer 2014, bei dem feierlichen Gottesdienst zur Gründung der neuen Pfarrei. Ich konnte spüren, aus welcher Leidenschaft, Einfachheit und Fragilität das Leben dieser neuen Pfarrei, die aus vier Gemeinden zusammengefügt ist, wächst.

Beeindruckend war für mich, dass die Verantwortlichen der Equipe dem Pfarrer und auch dem neuen Kooperator den Pastoralplan der Gemeinden überreichten.

– Eine „zeugende Pastoral" als Grundzug –

Die Anregungen, die zum Weiterdenken provozieren, lassen sich auf dem Horizont dieser Erfahrungen in einigen Stichworten zusammenfassen.

Zunächst fällt ein Blick auf das Ganze der Kirche und ihre Situation im postchristlichen Europa. In einer grundsätzlichen evangelisierenden Perspektive spielt hier die Frage nach der Initiation eine zentrale Rolle. Wenn das „Warum" der Pfarrei die Vergegenwärtigung der sakramentalen Grundgestalt des Christseins ist und ihrer gemeinschaftlichen Verfasstheit als Leib Christi, wenn es also darum geht, dass Christsein und die Erfahrung der Communio eine geschenkte Erfahrung sind, dann geht es wesentlich darum, in diese Erfahrung einzuführen, den Zugang zu ermöglichen und einen Raum des Reifens zu schaffen.

Die gesamte Pastoral steht also unter dem Zeichen der „Initiation" und des „Engendrement", der Ermöglichung des Wachstums der Menschen auf Christus zu und des Werdens im Raum gelebter Kirchlichkeit. Im Unterschied zu einer Pastoral, die von einem gesetzten Bestand ausgehend versucht, Menschen in das Bestehende zu integrieren, wandelt sich hier die Perspektive fundamental: das gesamte Volk Gottes ist ein Volk Gottes im Werden – und als gemeinsamer Weg des Hineinwachsens in das Christusgeheimnis ist der Weg der Kirche zu sehen. Noch radikaler: es ist ja gar nicht denkbar, dass man als Einzelner in die Glaubenswirklichkeit des Christentums hineinwachsen kann, ohne in einer Weggemeinschaft zu sein.

Die Bemühungen, die Erfahrungen von diesen Weggemeinschaften theologisch zu fassen, führen zum Begriff einer „pastoral d'engendrement": sie versteht den Weg der Kirche als die Eröffnung jener fruchtbaren Beziehungsräume, die in sehr unterschiedlicher Weise dem Werden und den Werdeprozessen Einzelner und Gruppen dienen.[2] Diese Weg- und Raumeröffnung ermöglicht es auch, sehr unterschiedlichen Men-

2 Vgl. R. Feiter / H. Müller (Hg.), Frei geben, a.a.O.

schen in sehr unterschiedlichen Wegstrecken und -räumen Begleitung und Wachstumsmöglichkeiten anzubieten – in jener „gratuité“, jener Absichtslosigkeit und Gnadenhaftigkeit, die die Freude des Wachstums wohl miterfahren möchte, aber nicht erzeugen kann. Das macht ja gerade die „Sakramentalität“ dieser Erfahrung aus, die dann – vielleicht und irgendwann – auch in den Feiern der Initiationssakramente besiegelt wird: es bleibt ein Weggeschenk, das nicht kursorisch erreichbar ist.

In der Rede von Initiation und „zeugender Pastoral“ ist also jene „fragilité heureuse“ beschrieben, denn ohne Zweifel ist das Bestehen, das Wachsen und das Reifen christlicher Existenz durch Institutionen nicht zu sichern, durch Gemeinden nicht zu erzeugen, sondern alle Christen befinden sich auf dem vielfach gebrochenen, unterbrochenen und riskanten Weg des Volkes Gottes zu seiner tiefsten Wirklichkeit – und alle strukturellen Instrumente auf diesem Weg, seien es die Sakramente und die sie tragende Gestalt der Pfarrei und des priesterlichen Dienstes, sie stehen vor allem im Dienst am Werden dieser weiten, liquiden und fragilen Wirklichkeit der Kirche.

— Die Rolle der Pfarreien —

Aber genau hier liegen die Herausforderungen. Wenn Bischof Rouet mit der Synode gewissermaßen eine Umkehrperspektive stärkt, die von der Nähe, von der Beziehungsdimension des Kircheseins her denkt – und also von den örtlichen Gemeinden her –, dann stellt sich natürlich die Frage, wie auf diesem Horizont kanonisch und theologisch die sakramentale Grundgestalt der Kirche in Ortskirche und Pfarrei gedacht werden kann.

Schon die Synoden von 1993 und 2003 hatten die Neugründung von Pfarreien ins Auge gefasst – aber die Frage, die sich stellte und stellt, betrifft das Verständnis dieser Pfarreien im Kontext der Entwicklung der örtlichen Gemeinden. Werden aus diesen Gemeinden nun Pfarreien – oder wird doch auf dem Weg zu einer Neustrukturierung ein zentralisierendes Modell leitend? Genau in diese Unsicherheit hinein wagte im Jahr 2010 Bischof Rouet einen provokativen Gedanken zur theologischen Neubeschreibung eines Verständnisses der Pfarrei.

Es wird sofort klar, dass es Rouet um einen Blickwechsel geht, der sich absetzt von scheinbar normativen Vorgaben, die das kollektive

Gedächtnis bewohnen. Pfarreien können nicht einfach auf dem Hintergrund einer Versorgungsstruktur gesehen werden, die eine territoriale Stabilität suggeriert: ein Pfarrer, ein Territorium. Rouet setzt theologisch und soziologisch anders an. Er definiert die Frage nach dem „Raum" neu: „Wichtig ist also nicht so sehr, einen fixen Ort zu finden, oder ein festes Haus. Es geht vielmehr darum, sich von einer Präsenz bewohnen zu lassen. „Wenn jemand mich liebt, wird er mein Wort beachten, mein Vater wird ihn lieben, und wir werden kommen und bei ihm wohnen" (Joh 14, 23). Der Christ ist ein bewohntes Sein"[3].

Diese Präsenz des auferstandenen Christus, des Geistes, ist der Raum gelebter Begegnung, und deswegen kann theologisch das reine Territorium keine Größe sein. Rouet: „Deswegen ist der christliche Glauben eher verknüpft mit der Kraft, mit dem Hauch, mit dem Geist, als mit einer zwingenden Sakralisierung eines Ortes"[4].

Auf diesem Hintergrund wird noch einmal deutlich, dass der Ausgangspunkt jedes Denkens zur Pfarrei nicht eine Struktur, sondern eine lebendige Wirklichkeit der Gegenwart Christi ist, die sich in den Beziehungen der Nähe zeigt – und die ist in Poitiers in den örtlichen Gemeinschaften verwirklicht. Die Communio dieser unterschiedlichen Gemeinschaften ist dann die Pfarrei, die sich an jeweils sich wandelnden Wirklichkeiten einer Zeit ausrichtet: „eine vorläufige Beheimatung, eine prekäre Einrichtung, für eine bestimmte Zeit"[5]. Rouet möchte also vermeiden, dass die Neugründung von Pfarreien einfach eine Rückkehr in stabile Versorgungsverhältnisse bedeutet, und damit ein Kirchenbild befördert, dass Rouet für überwunden hält.

Rouet spricht von einem „provisorischen Raum", und beschreibt diesen Raum noch weiter mit dem Wort „souplesse" – und meint dabei eine „Verflüssigung", eine biegsame Wirklichkeit. Es ist sehr spannend, dass Rouet gerade diese einzige stabile Struktur der Ortskirche in einer

3 Vgl. A. Rouet, Lettre pastorale „Où demeures-tu ?" in Eglise en Poitou 145 (13.10.2010), 3: „L'important n'est donc pas de trouver un lieu fixe, une maison stable, mais de se laisser habiter par une présence : „Si quelqu'un m'aime, il gardera ma parole et, mon Père l'aimera, et nous viendrons à lui et nous ferons chez lui notre demeure" (14,23). Le chrétien est un être habité."

4 Ebd. 4: „Par conséquent, la foi chrétienne s'attache plus à l'élan, au souffle, à l'Esprit, qu'à la sacralisation obligatoire d'un lieu."

5 Ebd. 8: „une demeure provisoire, une installation précaire, pour un temps."

solchen sakramentalen Dynamik der Begegnung mit dem immer neuen Gott sieht: „Denn es geht darum, die Routine örtlicher Gemeinden zu vermeiden und dass die Pastoralsektoren auf die lange Sicht schläfrig werden, weil sie sich um ein Funktionieren kümmern, das allein die praktizierenden Katholiken befriedigt. Das Provisorische wird im Gegenteil der Ort, wo Menschen uns überraschen können, wo etwas neues wachsen kann, wo Gott selbst uns erschüttern kann. Das Provisorische lässt uns aus uns herausgehen, es führt uns dazu, unseren Wunsch danach, alles zu meistern, aufzugeben. Es lässt uns so leben, dass wir hörend werden für das, was an neuem erscheint. (Jer 31,22)"[6]

Jenseits binnenorientierter Routinen der Verkirchlichung geht es um ein sendungsorientiertes Verstehen des Kircheseins: denn gerade auch die „Nähe" meint ja nicht zuerst binnenorientierte Beziehungen unter Praktizierenden, sondern die Nähe zum Menschen und seinen Fragen, Nöten – und in den Lebensraum hinein, in denen die Christen die Sendung der Verkündigung des Evangeliums weiterführen.

Das können sie nur, wenn in ihren Gemeinschaften eine Praxis des Austauschs, des Hörens auf das Wort Gottes gelebt wird, die zu allen Menschen hin geöffnet ist. Zugleich ist die Pfarrei dann jener Raum, in dem diese Praxis zum Lebensstil zwischen den Gemeinschaften wird. Die sakramentale Dimension der Pfarrei steht im Dienst an der Einheit: an der Communio der verschiedenen Gemeinschaften zu wirken, und zugleich jedem und jeder einen Zugang zur lebendigen Begegnung mit Christus zu ermöglichen. Die Pfarrei gewährt einen Rahmen, in dem diese Begegnung geschehen und die Beziehung wachsen kann – und in denen die verschiedenen Gemeinschaften jene Einheit in Christus finden, die sich sakramental zum Geschenk gibt. Die Pfarrei ist also nicht eine Institution, deren Mitglied man ist – sondern ein Raum der Begegnung, ein „carrefour" für die Begegnung mit Christus, in den unterschiedlichen Wegen der jeweiligen Gemeinschaftsformen. Diese verschiedenen Gemeinden finden ihre Kirchlichkeit in der größeren

6 Ebd.: „Car il s'agit d'éviter la routine des communautés locales et que les secteurs s'endorment à la longue dans un fonctionnement qui satisferait les seuls pratiquants. Le provisoire devient au contraire le lieu où des hommes nous surprennent, où du neuf peut surgir, où Dieu lui-même vient nous étonner. Le provisoire nous sort de nousmême, il nous démet de notre goût à tout maîtriser. Il nous livre, dociles, à ce qui apparaît de nouveau (Jr 31,22)."

Pfarrei, Ort der sakramental gewirkten Einheit, die sich auszeitigt in den Beziehungen der Christen untereinander, der verschiedenen Gemeinschaften und Gemeinden.

Es ist bedeutsam, dass Rouet konsequent von Lebensvollzügen ausgeht, um Kirche zu gestalten und zu strukturieren. Gerade die sakramentale Dimension des Lebens der Kirche, ihre Sendung und ihre Communio, aktualisiert sich im „Leib Christi" als einem Miteinander und Füreinander unterschiedlicher Menschen, Gemeinden und Gemeinschaften. Die Pfarrei schafft den Raum, den Rahmen, damit die Gemeinden und Gemeinschaften aus der Kraft des Geistes ihre Sendung und Gemeinschaft leben.

— … und die Bedeutung des sakramentalen Dienstamtes —

Das bedeutet einen tiefgreifenden Wandel für das Verständnis des priesterlichen Dienstes. Und genau das ist die wahrscheinlich größte Herausforderung für die Weiterentwicklung der örtlichen Gemeinden. In der Tat musste sich Rouet den Vorwurf gefallen lassen, er plane eine Kirche ohne Priester. Rouet selbst schreibt: „Gemeinschaft und Sendung gehen zusammen. Wahrscheinlich zeigt sich genau hier der Dienst des Priesters als besonders wertvoll. Gesandt zu verschiedenen örtlichen Gemeinden, ist er es, der sie dazu anregt, Wege des geschwisterlichen Lebens auszubilden, nach dem Beispiel des Apostels Paulus. Gesandt im Namen Christi, öffnet er dieses geschwisterliche Leben für die wechselseitige Verantwortung. Er verhindert, dass die Gemeinschaften sich nur auf sich selbst beziehen. Er kümmert sich darum, dass das christliche Leben sich verknüpft mit dieser doppelten Dimension des Lebens der Kirche. Die Eucharistie ist dafür das Sakrament."[7]

Rouet hat sich – ebenfalls im Jahr 2010 – in einem Brief an seine Priester gewandt, um im Dialog mit ihnen zu bleiben angesichts der

7 Ebd., 12: „Communion et mission vont de pair. C'est probablement ici que le ministère du prêtre se montre le plus précieux. Envoyé à plusieurs communautés locales, il les incite et les forme à la vie fraternelle, à l'exemple de l'apôtre Paul. Envoyé au nom du Christ, il ouvre cette vie fraternelle à la responsabilité envers les autres. Il évite aux communautés de se replier sur elles-mêmes. Prendre soin de la vie chrétienne (c'est le sens du mot ‚curé') s'attache à cette double dimension de la vie de l'Eglise. L'eucharistie en est le sacrement." (12)

Herausforderungen. Seit der zweiten Diözesansynode hatte er ja schon einen intensiven Dialogprozess mit seinen Priestern geführt.

In seinem Brief setzt sich Rouet mit der Rede vom Priestermangel auseinander, indem er sich auf die Konzilstexte und ihre kreative Rezeption bezieht. Seine Hauptfrage bezieht sich dabei nicht darauf, ob es Priester braucht – das ist evident: Zu fragen ist, wozu man Priester braucht: „*Aber sich einzig und allein zu fixieren auf die Zahl der Priester – damit vermeidet man die viel fundamentalere Frage, was man denn von einem Priester erwartet. Wie machen das denn eigentlich die größeren Diözesen, die noch weniger Priester haben? Es reicht nicht, sich mit dem Slogan zu befriedigen: Es braucht Priester! Klar, aber was sollen sie tun? Und warum, wirklich, ist der priesterliche Dienst so unverzichtbar für die Kirche, wie wir das ja alle denken?*“[8].

In diesem Kontext unterstreicht Rouet dann zwei Dimensionen: auf der einen Seite sieht er den Priester deutlich als Gesandten, und die Priester als Gemeinschaft der vom Bischof Gesandten: die pastorale Entwicklung einer Diözese geschieht auf der Ebene des Bistums – und die Priester sind Gesandte des Bischofs. Als Konsequenz bedeutet dies, dass kein Priester als Einzelner und Individualist geweiht wird und nachträglich sich irgendwie zum Presbyterium und der gemeinsamen Sendung stellt.

Für ihn gilt: die Art und Weise, wie die Priester miteinander und mit dem Bischof leben, ist Ausdruck einer Spiritualität der Gemeinschaft, die sich dann fortsetzen will in den Beziehungen vor Ort. Denn in Pfarreien werden Priester ja gesandt, um den Gemeinden vor Ort zu dienen, ihnen auf ihrem Weg des Christwerdens und der Reifung zu helfen. Im Kontext der liturgisch gefeierten Zuordnung des Priesters zu einer spezifischen Gemeinschaft von Glaubenden führt Rouet fort: „*Was bedeutet das? Dass es keine katholische Gemeinde gibt ohne einen Priester, den der Bischof in seinem Namen dorthin sendet. Das bedeutet aber auch – und diese Worte unterstreichen dies noch einmal –, dass der Priester die-*

8 A. Rouet, Brief an die Priester: „*Mais à se fixer uniquement sur le nombre des prêtres, on évite cependant la question plus fondamentale de savoir ce qui est attendu de lui. Comment font donc des diocèses plus populeux et avec moins de prêtres encore ? Il ne suffit pas de se satisfaire de slogans : il faut des prêtres ! Bien sûr, mais pour quoi faire ? En quoi, vraiment, le ministère presbytéral est-il indispensable à l'Eglise, comme nous le pensons ensemble ?*“

se Gemeinde ein- und hinführt zu der Quelle, die der auferstandene Christus ist. Er (der Priester) ist der Gemeinde gegeben, so wie der Vater seinen Sohn hingab in die Welt (Joh 3,16). Dem Ruf des Vaters folgend schenken die Priester, wie Christus, ihr Leben, damit die Gemeinschaft des Geistes ins Leben kommt – nicht aus diesen Männern heraus und auch nicht aus der Gemeinde heraus –, sondern diese Communio ist Geschenk des ganz Anderen an Sein Volk. Inmitten so vieler engagierter Laien, voller unermüdlicher Hingabe, legen die Priester das Fundament, welches der auferstandene Christus ist, jener Eckstein, der den Menschen gegeben ist und den sie empfangen durch das priesterliche Amt. Dieses Fundament ist tatsächlich nichts anderes als jene einmalige Handlung – durch das österliche Geheimnis für alle Zeiten in die Geschichte der Menschheit eingeschrieben – in der Christus sich liebend dem Vater schenkt und in sich die gesamte Menschheit“[9].

Und das bedeutet zum einen auch, dass es wesentlich darauf ankommen wird, die Christen vor Ort in ihrer Ausbildung zu fördern – und mit ihnen gemeinsam Kirche vor Ort zu gestalten, in einer gelebten Brüderlichkeit in Christus, und ohne jene Angst, die dazu versucht, das Verhältnis von Laien und Priestern über eine Machtkonstellation zu lösen.

Wozu der Priester also in seiner sakramentalen Dimension da ist, das beschreibt abschließend Rouet in seinem Weihnachtsbrief: „*Im Namen Christi, der die verstreuten Kinder Gottes zur Einheit zurückführt (Joh 11,52) dienen die Priester dieser Communio. Sie stehen der Eucharistie vor, sie spenden Versöhnung in den Gemeinschaften, zu denen sie gesandt sind*“[10].

9 Ebd., 12: „*Que signifient ces gestes ? Qu'il n'y a pas de communauté catholique sans prêtre qui lui est donné au nom de l'Evêque. Il signifie aussi – les paroles le soulignent – que le prêtre introduit cette communauté en acte de naissance dans la source du Christ. Il lui est envoyé comme le Père a envoyé son Fils en ce monde qu'il aime (Jn 3,16). A l'appel du Père, les prêtres offrent leur vie comme le Christ pour que s'établisse la communion de l'Esprit. Cela ne provient ni de ces hommes, ni de la communauté, car il s'agit du don que le Tout-Autre fait à son Peuple. Parmi tant de laïcs engagés, au dévouement inlassable, les prêtres posent le fondement du Christ, cette pierre angulaire donnée aux hommes et qu'ils reçoivent grâce au sacerdoce ministériel. Ce fondement, en effet, n'est autre que l'acte* éternel, *inscrit en notre histoire par l'unique mystère pascal, dans lequel le Christ s'offre amoureusement au Père et lui remet l'humanité entière.*“

10 Ebd.: „*Au nom du Christ qui ‚ramène à l'unité les enfants de Dieu dispersés' (Jn 11,52), les prêtres sont au service de la communion. Ils président l'Eucharistie, ils donnent la réconciliation, aux communautés auxquelles ils sont envoyés.*“

In allen diesen Anstrengungen ist deutlich zu bemerken, wie schwierig es Rouet offensichtlich fällt, seine Priester für eine Theologie und Praxis zu gewinnen, die sich vom II. Vatikanum getragen weiß, die aber in ihrer Ausgestaltung in Europa noch sehr neu ist – und gegen säkulare Muster ein neues Kirchenbild zeigt. Dieser fundamentale Paradigmenwechsel und die Frage, wie ein solcher Paradigmenwechsel einzuleiten ist, wird uns in den folgenden Überlegungen weiter beschäftigen – denn ohne die Priester wird die Erneuerung der Kirche, die schon lange im Gang ist, nicht gelingen.

3. Eine neue Art der Kirchenentwicklung – Die Faszination Bukal Ng Tipan

Es beginnt immer mit einer Frage. Immer wenn Mark Lesage seine Geschichte erzählt, beginnt seine Geschichte im Jahr 1962, dem Jahr des Konzilsbeginns. Die Frage, die der junge Kaplan in einer Pfarrei mit 80.000 Katholiken stellt, baut auf Erfahrungen auf: eine funktionierende kleruszentrierte Gemeinde, mit vielen Verbänden und Gemeinschaften – aber insgesamt sind es wenige, die hier mitwirken. „Es muss doch eine andere Form geben, in der die Kirche gestaltet wird – in der mehr Menschen sich beteiligen können?“ Mark Lesage erzählt davon, wie er sich auf den Weg machte. 1969 übernahm er als Pfarrer die Pfarrgemeinde Las Piñas am Rand von Manila. Und er begann zu reisen: in Mindanao und in Cebu fand er die Anfänge vielversprechender basiskirchlicher Entwicklungen – und Mark Lesage begann in seiner Pfarrei zu predigen, zu reden, und er versuchte, seine Pfarrei in neuer Weise zu organisieren – mit vielen Arbeitsgruppen, die immer mehr Leute beteiligen sollten. Bis zur Erschöpfung. Und dann merkte er, dass zwar Leute mit ihm mitgingen, aber eben: sie gingen mit – sie hatten sich die Idee nicht zu eigen gemacht. Es war nicht ihr Ding – es war die Sache des Pfarrers.

Und hier formuliert Lesage sein erstes Mantra, jedes Mal: „A vision cannot be taught, it has to be caught“ – es reicht nicht, über eine Vision zu reden und sie den Menschen schmackhaft zu machen. Sie muss eine gemeinsame Vision werden, wenn sie wirksam werden will – und sie muss eine Vision der Menschen sein, die sie betrifft. Deswegen ist Partizipation ein Hauptwort des Wortschatzes in Bukal, und noch mehr:

„maximum participation“ – es geht gar nicht darum, von außen eine Vision „aufzusetzen“, der dann möglichst viele folgen sollen – eine solche Vision würde nie Ausdruck einer gemeinsamen Aufbruchsbewegung sein. Umgekehrt gilt: es braucht Wege und Prozesse, auf denen eine gemeinsame Vision in den Blick genommen werden kann.

Und hier wird Lesage deutlich: auf der einen Seite gilt, dass ohne einen Pfarrer mit seiner eigenen Vision eine solche gemeinsame Vision nie entstehen wird. Konkret: immer hatte Mark Lesage diese Vision einer Kirche als Gemeinschaft von Gemeinschaften im Sinn – aber wirksam werden kann sie nur, wenn die Menschen einer Gemeinde selbst ermutigt werden, ihre eigene Vision zu entwickeln und zu entfalten.

— Kurzes Innehalten —

Immer wieder habe ich diese Geschichte gehört. Und immer wieder wird mir dann deutlich, welche Provokationen auch in diesem kurzen ersten Anfang der Geschichte enthalten sind. Sie wälzen pastorale Gewohnheiten um und geben erste Orientierungen: ohne eine Vision verkommt das Volk, formuliert das Buch der Sprüche. Das ist wahr. Dieses Wort trifft ja bis heute häufig auf eine Pastoralpraxis, in der ausdrücklich keine Vision vorkommt. Die Eventorientierung heutiger Pastoral lässt vielmehr einen Modus der Bestandswahrung erkennen. Diese Praxis ist uns so gewohnt, dass kaum jemand sie in Frage stellt. Sie ist eine „gemeinsame Vision“ – genau auch deswegen, weil sie so alternativlos daherkommt: als ein Programm, das wie eine Revision wirkt: eine bestimmte (milieukirchliche) Konstellation, die volkskirchliche Prägungen voraussetzt, soll irgendwie immer noch erhalten werden. Das ist gewissermaßen die normative Grundprägung von Priestern und Hauptberuflichen – auch wenn sie in eine Vergangenheit führt, die nicht mehr tragfähig ist. Umgekehrt kennen wir natürlich auch die Rede von Visionen und Perspektiven. Und immer wieder werden natürlich Visionen formuliert, von Pfarrern, pastoralen Mitarbeitern und Diözesen. Mit dem entscheidenden Nachteil: sie kommen von außen, und oft wirkt es so, als kämen sie „von oben“. Oft entsteht dann der Eindruck, dass Visionen von außen aufgedrängt werden – und solange gelten, wie derjenige, der sie formuliert, anwesend ist. In der Tat riskiert ein solcher Eindruck einen Pastoralpositivismus.

Was hier von Mark Lesage formuliert wird, impliziert einen ganz neuen Stil der Pastoral. Natürlich muss der Pfarrer ein Ziel kennen, auf das er hingehen möchte – aber es geht nicht um eine bestimmte Gestalt der Kirche, sondern um eine Kultur der Kirche. Eine Kultur, deren innerste Mitte die echte Partizipation möglichst vieler ist, eine Kultur, die sich prozesshaft auf den Weg macht. Bei allen Versuchen von Pastoralplänen fehlt aber häufig dieser gemeinsame Anfangspunkt.

— Die Entdeckungen am Lumko-Institut —

Eines der wenigen Dinge, so Father Mark, die er gut gemacht habe, sei die Gründung einer spirituellen Jugendgemeinschaft gewesen, die im Dienst an der Pfarrei stand. In der Tat: wer heute das Team von Bukal Ng Tipan kennenlernt, der lernt ehemalige Mitglieder dieser Jugendgemeinschaft kennen. Das gibt zu denken. Denn auch in den Philippinen gibt es die gewachsene Tradition einer Versorgungskirche, einer Kultur starker Kleruszentrierung. Deswegen ist wahrscheinlich die Entstehung dieser Gemeinschaft ein wichtiger Teil der Geschichte. Es entstand ja inmitten einer großen Pfarrei eine geistliche Kerngemeinschaft, mit der Father Mark seine Vision teilen konnte – eine neue Weise des Kircheseins in Gemeinschaft wurde Praxis und so konnte inmitten einer gewachsenen Gestalt der Kirche schon Neues ausprobiert werden. Aber entscheidend war die Teilnahme von Mark Lesage und Estela Padilla, die in diesen Jahren schon ganz in der Pfarrei mitarbeitete, am Kurs des Lumko-Instituts. Für Lesage war diese Teilnahme in doppelter Hinsicht wichtig: zum einen waren sie als Team angereist: alle anderen Teilnehmer waren 1992 als Einzelne da (unter anderem alle zukünftigen Protagonisten des ASIPA-Ansatzes wie Wendy Louis aus Singapur und Thomas Vijay aus Indien). Mark erzählte, dass diese Teamerfahrung ein Weitergehen ermöglichte, denn viele Teilnehmer erzählten jeweils aus ihrer Perspektive, dass eine Weiterführung der Erfahrungen von Lumko unmöglich sei, weil entweder der Pfarrer nicht dieselbe Erfahrung gemacht hätte, oder eben die Christen der Gemeinde.

Noch wichtiger war für Mark in Lumko etwas anderes, was ihm schon vorher aufgegangen war: Was nützt eine Vision, wenn man nicht klar bekommt, wie diese Vision ins Leben kommt. Es geht, so

Mark Lesage, um das „What" und das „How". Die wichtigen Fragen, die in jedem Kontext zu stellen sind, heißen deswegen: „Was möchtest du, das sich ereignet?" Und dann erst ist zu fragen: „Wie kann sich das ereignen?" Eine solche Differenzierung ermöglicht dann eine exakte Planung. In Lumko war für Lesage und Padilla klar, was für ein Ziel sie verfolgten: Kirche als eine partizipierende Gemeinschaft von Gemeinschaften sollte wachsen – die Frage war: wie geht das? Und genau darauf gab die Schulung in Lumko eine Antwort. In der Tat gehört genau dies zur Stärke des Lumko-Instituts. Vor allem Fritz Lobinger, und mit ihm dann Oswald Hirmer, hatten in den 70er-Jahren genau jene Materialien produziert, die es ermöglichen sollten, dass Menschen vor Ort mit maximaler Partizipation auf einen Weg der Bewusstseinsbildung und der Ausbildung von eigenen Fähigkeiten und Gaben für ihren Dienst kommen. Bis heute sind die Lumkomaterialien die kongeniale Antwort auf die Frage, wie solche Bildungsprozesse funktionieren können.

Lesage und Padilla nahmen dieses Material zurück in die Pfarrei Las Piñas. Schon bald merkten sie, dass es mit einer bloßen Adaption der Materialien nicht getan ist. Es braucht nicht nur Inkulturation – es braucht weit mehr: Während sich die Pfarrei Las Piñas in den kommenden Jahren zu einem der profiliertesten Orte einer durchdachten Kirchenentwicklung in Asien entwickelte – als Wachstumsort basiskirchlicher Gemeinschaften, mit einer Fülle engagierter Christinnen und Christen in Teams von Verantwortlichen –, entwickelte das Team um Mark Lesage den Ansatz des Lumko-Instituts und seine Materialien entscheidend weiter.

Als 1999 der Orden von Mark Lesage die Pfarrei zurückgab in die Hände der Diözese, sollte Lesage die erworbenen Kenntnisse nun weiterentwickeln und in vielen Diözesen weitergeben.

— Bukal Ng Tipan - eine beeindruckende Geschichte —

Wenn bis zum Jahr 2015 weit mehr als 200 Teilnehmer aus deutschsprachigen Diözesen zu Exposurereisen nach Bukal Ng Tipan gefahren sind, um hineingeführt zu werden in die Dynamik einer partizipativen Kirchenentwicklung (und kein Ende ist in Sicht), wenn in den Hildesheimer Summerschools, die sich seit 2014 vervielfältigen im deutschsprachigen Raum, zusammen mit dem Team aus Bukal weit über 200 Teilnehmer in mehreren Etappen auf die Weise von und mit Bukal Ng Tipan lernten, und wenn inzwischen in mehreren deutschen Diözesen diese Summerschools multipliziert werden – immer zusammen mit dem Team aus Bukal Ng Tipan – dann spricht das für sich. Warum diese Attraktivität?

In den Jahren seit der Jahrtausendwende entwickelte das Team von Bukal den Ansatz einer visionsorientierten Kirchenentwicklung und zugleich Workshops und Prozesse, die Teams aus Pfarreien und Diözesen ermöglichen, einen weitreichenden Bewusstwerdungsprozess durchzuführen. Die Workshops, die ich mit dem Team von Bukal erleben durfte, haben eine ausgesprochen ganzheitliche Anlage, in der ein erfahrungsorientierter Ansatz gestaltgebend ist.

Alle Workshops leben von einer tiefen geistlichen Eingründung in das Wort Gottes. Verschiedene Wege des Bibelteilens, die ausgehend von den ursprünglichen Methoden der 7 Schritte es ermöglichen, dass alle Teilnehmer in eine echte Christuserfahrung eintreten können. Denn in der Tat: der Umgang mit der Schrift, wie er hier ermöglicht wird, macht erfahrbar, was in der Tat das Christentum von einer Buchreligion unterscheidet: dass nämlich das Wort Gottes, das gemeinschaftlich gelesen wird, zum Ort der Gegenwart des Auferstandenen wird, und so Kirche aus dem Wort wächst.

Diese geistliche Grunderfahrung aus dem Wort wird in Bukal eng verknüpft mit liturgischen Feiern. Die kreativen Liturgien des Wortes, die dann in die Eucharistiefeier münden, prägen in der Tat die Workshops, und prägen sehr stark einen ganzheitlichen und mystagogischen Stil dieser Workshops. Sie zielen zum einen auf Umkehr im umfassenden Sinn hin – ich habe noch keine kirchenentwickelnde Initiative erlebt, die dem Wort der Umkehr einen so großen Raum einräumt – und damit der persönlichen aber auch ekklesialen Identität der Teilnehmer.

Alle – auch die sehr konkreten Visions-, Planungs- und Evaluationsmodule – sind durch das Bemühen um maximale Partizipation gezeichnet, und ermöglichen so eine maximale Beteiligung aller Betroffenen. Es geht ja um gemeinsame Entdeckungsprozesse und um die Ermöglichung lokaler Kirche vor Ort in den basiskirchlichen Gemeinschaften – und das trägt sich durch alle Bildungsprozesse in Bukal Ng Tipan.

Dabei strahlt durch alle Poren eine tiefreflektierte Theologie, die aus dem II. Vatikanum wächst, hier aber in einer sehr operativen Weise aufscheint und verständlich wird. Das Ziel des Ansatzes von Bukal ist zweifellos das mündige Volk Gottes, das aus der Taufe lebt. Nicht umsonst rückt immer wieder die Rede vom „sensus fidelium" in den Mittelpunkt – und ihre Verwirklichung in lokalen Gemeinschaften, die sich aus einer Sendung heraus entwickeln.

— Eine Theologie und Ekklesiologie des Volkes Gottes —

Die Ekklesiologie des II. Vatikanums, gerade auch die eucharistische Ekklesiologie des Konzils, rückt zentral in den Mittelpunkt. Kern und Rückgrat ist ja ein Entwicklungsweg des Kircheseins – die „Schritte auf dem Weg des Wachsens der Kirche", die der inneren Visionsbildung dienen. Aber auch hier geht es um ein inneres Kennenlernen der eigenen Kirchenerfahrungen und einer sehr pastoralen Perspektive der Ekklesiologie, die als Weg beschreibbar wird. Wenn eucharistische Sendung und eucharistische Partizipation im Zentrum des Nachdenkens stehen, dann geschieht das in einer faszinierend spielerischen und doch tief ergreifenden Weise: dabei spiegelt sich hier der Gedanke der missionarischen Communio sowohl in der Methode, in der Teamorientierung wie auch in der theologischen Vertiefung konsequent wieder.

Es ist nicht verwunderlich, dass so viele Menschen von diesem Zugang zutiefst bewegt und beeinflusst sind. Aber diese innere Bewegung und die inneren Erkenntnisse auf diesen Wegen der Bewusstseinsbildung und Ermöglichung von Entwicklungsprozessen bringen einen neuen Stil der Theologie hervor: es ist eine Theologie, die aus der Existenz, aus der gemeinsamen Existenz der Communio wächst und im Dienst ihres Werdens steht.

Damit gelingt dem Team von Bukal Ng Tipan eine echte Provokation vor allem für die praktische Theologie. Sie ist Theologie des Volkes Gottes, die aus einer geistlichen Praxis des Volkes wächst. Damit entwickelt Bukal Ng Tipan die genialen Intuitionen von Fritz Lobinger und Oswald Hirmer und ihrem Team von Lumko in die Postmoderne weiter – und vielleicht auch deswegen ist der Ansatz so anschlussfähig für den europäischen Kontext.

Wenn er erkannt wird. Es fällt ja auch auf, dass eine echte weltkirchliche Rezeption an dieser Stelle bislang nicht stattgefunden hat. Und das liegt daran, dass die europäische Theologie wie auch ihre Pastoraltheologie das Paradigma ihrer europäisch-akademischen Theologie weithin für normativ hält. Nun zeigt sich gerade in dieser Praxisferne, dass sie sich vielleicht zu weit vom Volk Gottes entfernt hat und zu einem leider tendenziell elitären Diskurs neigt. Von dieser (hohen) Warte aus erscheint der Ansatz, dem man in Bukal und an anderen Orten begegnet, diesen hohen Standards nicht zu entsprechen. Aber auch die Theologie, gerade auch Dogmatik und Praktische Theologie, Liturgiewissenschaft und Offenbarungstheologie sind in einer solchen Praxis in einen Umkehrprozess hineingezogen. Das ist das Faszinierende des Ansatzes, den man in Bukal Ng Tipan erleben kann. Und es braucht in der Tat längerer Lernprozesse, um von der vermuteten Sozialformorientierung an basiskirchlichen Gemeinschaften zu dem fundamentaltheologischen und fundamentalekklesiologischen Paradigmenwechsel vorzustoßen, der hier in einer weltweiten Entwicklungsbewegung über 40 Jahre entstanden ist.

Die begeisterte Rezeption von Wegen und Prozessen, Workshops und Praxiserfahrungen machen hingegen deutlich, dass hier eine „Sprache" gesprochen wird, die vom Volk Gottes verstanden wird, und die den Weg zu einer zweiten Einfachheit öffnet – und gerade so dem pastoralen Anspruch der Theologie des II. Vatikanums gerecht wird: Mit einer Kreativität und Lebensnähe zugleich, die überrascht. Quod erit demonstrandum.

— Ein zweites Innehalten —

Die Erfahrungen von Bukal Ng Tipan wurden mir zum ersten Mal 2008 bewusst. Beim Kongress über Kleine Christliche Gemeinschaften im November dieses Jahres lernte ich die theologische Kraft dieses Ansatzes kennen, als Estela Padilla, zweifellos das theologische „Herz" des Teams, den deutschen Theologen nahebrachte, dass eine zukünftige Kirchenentwicklung nicht eine Kopie des Ansatzes aus Asien, Afrika oder Lateinamerika sein könne, sondern ein „deutsches Gesicht Jesu" ins Leben bringen muss – in Formen des Kircheseins, die sich inkulturieren. Mit dieser selbstbewussten Provokation folgten Estela Padilla und Mark Lesage aber nur ihrem Grundgedanken: Kirche entwickelt sich lokal, inkulturiert sich in den gesellschaftlichen Kontexten jeweils vor Ort – und bringt auch eine entsprechende lokale Theologie hervor. Das genau ist bei diesen Workshops erfahrbar, aber eben auch immer im Blick auf das Hervorbrechen eines theologischen Paradigmenwechsels, der die Intuitionen und Weichenstellungen des II. Vatikanums ins Leben bringt.

4. Die Seminaristen von Ciudad Guzman

Im vergangenen Jahrzehnt durfte ich Regens im Bistum Hildesheim sein. Die Erfahrungen mit der derzeitigen Priesterausbildung geben zu denken. Die Auswahl der Kandidaten ist deutlich schwieriger geworden, weil die Voraussetzungen einer klassischen katholischen Sozialisation nicht mehr gegeben sind. Welche kirchlichen Erfahrungen im Hintergrund stehen und welche persönliche und gereifte Glaubensgeschichte den Einzelnen prägt, das ist sehr unterschiedlich stark ausgeprägt.

Gleichwohl sich die Ausbildung der Kandidaten in den letzten 50 Jahren durchaus verändert hat – im Ergebnis bleiben viele Fragen an die konkrete Gestaltung des Seminars: angesichts der Unterschiedlichkeit der Kandidaten wird zu fragen sein, ob die eine Passform des uniformen Seminars dem noch entsprechen kann, zumal fast alle Seminare in ihrer klassischen Konfiguration nicht mehr funktionieren, wenn nur noch kleine Gruppen Gemeinschaft bilden sollen.

Das Seminar ist an „spirituelle“ Grenzen geraten. So sehr es wahr ist, dass geistliche Begleitung zum guten Standard gehört, so sehr klassische und sakramentale Frömmigkeit prägend eingeübt werden, so wenig gelingt eine Einübung einer gemeinschaftlichen Spiritualität. Das ist fatal: gerade wenn es in Zukunft wesentlich um eine geistliche Communiofähigkeit geht, die ja zweifellos eucharistisch und sakramental gegründet ist, wenn es um synodale Prozesse und intensive Kooperation geht, dann wird leider deutlich, dass gerade die klassischen Communio-Konstellationen nur sehr begrenzt junge Männer prägen. Leider ist im Rückblick das Seminar für viele kein Lernort kirchlicher Communio – es sei denn, negative Gruppendynamik würde Lernprozesse von selbst in Gang setzen. Das Seminar als Wachstumsort der Communio fällt – so sei hier etwas polemisch formuliert – weitgehend aus.

Das Seminar gerät auch an eine fatale pastorale Grenze. Das Studium der Theologie will ja orientiert und verknüpft sein mit der pastoralen Ausrichtung der ganzen Ausbildung, und in meiner Erfahrung sind die praktischen Erfahrungen im Volk Gottes entscheidende Orte der Berufungsfindung und Evaluation. Zugleich aber motivieren sie auch zum weiteren Studium, da ja die Fragen der Menschen und die pastoralen Erfahrungen eine theologische Nachdenklichkeit prägen. Dieser Zusammenhang von Praxis, Evaluation und theologischer Durchdringung ist aber nicht hinreichend durchprägt. Und so sehr eine akademische Ausbildung wichtig ist – ohne eine neue Verknüpfung der Theologie mit dem Leben der Christen und ihrer Spiritualität scheint sich weiterhin ein gefährliches Schisma zwischen hochreflektierter Theologie und wenig reflektierter Praxis als Denkfigur durchzuziehen.

Seit Jahren schon zeigt sich auch von Seiten der Verantwortlichen eine ohnmächtige Ratlosigkeit: Kommunitäten werden kleiner und kleiner – und immer noch leben Seminare mit der Illusion einer klassischen Ausbildung. Kein Mut wird erkennbar, eine grundlegendere Neuordnung zu wagen. Was bleibt, das ist das zähe Ringen um Standorte. Das ist entschieden zu wenig – denn es geht eben nicht darum, das „eigene Seminar“ zu behalten, sondern die Zukunft zu gestalten. Aber dazu braucht es mehr als eine Restrukturierung.

— „Das Volk und die Verantwortlichen wurden befragt ...“ —

Die Priesterausbildung kreist um das Thema der Berufung. Doch gerade die Frage nach der Berufung ist ungeklärt – und das zeigt sich in der gesamten Ausbildung. Worin genau besteht denn diese Berufung? Klar ist ja, dass am Anfang der Ausbildung ein Bewerbungsverfahren steht, dass aber die eigentliche Seminarausbildung so etwas wie ein kontinuierliches Assessment über 5 Jahre ist: das Studium selbst, die Gemeinschaft im Seminar, die Gespräche mit den Ausbildern tragen schon dazu bei, dass langfristig klar werden kann, ob der „Anfangsverdacht“ einer Berufung gerechtfertigt ist. Eigentlich sollen auch die Praktika dazu beitragen, aber sie haben zwei Grenzen: zu oft sind die Praktika zu kurz, damit eine echte Evaluation der Erfahrung durch das Volk Gottes stattfinden kann – und sehr oft finden die Praktika an unterschiedlichen Orten statt, und das führt dazu, dass die Erfahrung mit dem Volk Gottes zu sporadisch ist.

Vor allem aber wäre zu fragen, in welcher Hinsicht diese Praktika dazu genutzt werden können, zum einen bestimmte menschliche und pastorale Grundhaltungen (und nicht nur Initiativen und Aktivitäten) einzuüben, die dem Ziel einer Kirchenentwicklung dienen, die der Begleitung der Getauften einen wichtigen Stellenwert beimisst. Angesichts der Herausforderungen zukünftiger Kirchenentwicklung wäre auch zu fragen, welches zukünftige Rollenverständnis eingeübt werden soll.

Nun erkennen die Christinnen und Christen eigentlich intuitiv und ziemlich präzise, wer der Kandidat ist, der ihnen gegenübertritt, und ob sie ihn sich vorstellen können als zukünftigen Vorsteher. Es gibt so etwas wie einen instinktiven Sensus fidelium der Christen, die „geeignete" künftige Vorsteher erkennen. Aber eigentlich ist bislang nicht systematisch aufgegriffen worden, wie dieser Gedanke der evaluativen Begleitung durch das Volk die Ausbildung und Begleitung der Kandidaten befruchten könnte.

Das Volk und die Verantwortlichen werden zwar befragt, aber die genuine Ernsthaftigkeit und Zentralität dieses Moments der Berufungsfindung wird nicht deutlich: der Bischof beruft den Kandidaten im Namen des Volkes Gottes und für dieses bestimmte Volk Gottes: letztlich bedeutet ja „Inkardination" nichts anderes, als diesem spezifischen Volk Gottes eingewurzelt zu werden – um ihm zu dienen.

Wie kann deutlich werden, dass es der Ruf des Volkes Gottes ist, dem ein Kandidat im Kontext seiner persönlichen Erfahrung des Gerufenseins folgt?

— Optatam Totius —

„Die erstrebte Erneuerung der ganzen Kirche hängt zum großen Teil vom priesterlichen Dienst ab, der vom Geist Gottes belebt ist; dessen ist sich die Heilige Synode voll bewußt. Deshalb unterstreicht sie die entscheidende Bedeutung der priesterlichen Ausbildung und weist einige grundlegende Leitsätze auf..." (OT 1)

Das gilt gerade auch im Blick auf zukünftige Entwicklungsszenarien: angesichts der geringer werdenden Zahl von Priestern, und der Bildung immer größerer Pfarreien wird die Rolle und der Dienst der Priester neu zu beschreiben sein. Wenn die Verantwortung der Getauften gestärkt werden soll, wenn also fast alles darauf ankommt, ob und wie die Getauften begleitet und fortgebildet werden und somit ihre Verantwortung wahrnehmen können – wenn also viel davon abhängt, ob sie ihre neue Rolle verstehen, wahrnehmen und sich zu eigen machen, dann geht es darum, eine Ausbildung zu gestalten, in der Priester sich diese ihre neue Aufgabe zu eigen machen – und dieses „Bild“ und diese „Architektur“ des Kircheseins teilen. Es reicht also keineswegs aus, wenn Priester eine klassische (sakramentale) Pastoral lernen – die eigentlich entscheidende Frage ist, wie die zukünftigen Priester ihre Leitungsaufgabe verstehen: Wie lernen Priester, was ihr sakramentaler Hirtendienst ist – und wie er zu gestalten ist? Ich sehe nicht, dass dies hinreichend geschieht.

Fakt ist eben auch andersherum, dass – weltweit – gerade die Entwicklung einer Kirche der Beteiligung wesentlich abhängt davon, ob die Pfarrer und die Teams der Priester und hauptberuflichen pastoralen MitarbeiterInnen sich auf diese Perspektive einer Kirchenentwicklung einlassen können.

Gibt es Erfahrungen, in denen dieser Kontext zwischen Kirchenentwicklung und Dienst des Priesters schon in der Ausbildung reflektiert wird?

— In Manila —

Nun kann weltkirchlich gelernt werden. In einem ersten Schritt hatte mich interessiert, wie in der kirchlichen Entwicklung der Philippinen die Priesterausbildung diese Perspektive aufnimmt. Denn in der Tat hat ja die philippinische Kirche seit den 90er-Jahren eine klare Option für die Entwicklung kirchlicher Basisgemeinden gefällt – auch wenn die Umsetzung dieser Idee natürlich sehr differenziert zu sehen ist. Aber dort, wo sie ins Leben gebracht wird, hängt die weitere Entwicklung wesentlich auch von den Priestern ab.

Überzeugend war in diesem Zusammenhang das Ausbildungskonzept des Seminars der Vinzentiner in Manila. Schon die innere „Architektur“ des Seminars ist spannend, denn sie spiegelt das zukünftige pastorale Konzept der Diözesen wieder, aus denen die Kandidaten stammen. Die dreißig Seminaristen, die dieses Haus bewohnen, werden eingeladen, sich in „kleinen Gemeinschaften“ zu finden und von dort aus das Seminarleben zu gestalten. Die kleinen „Hausgemeinschaften“ haben im Kontext des Seminars eine hohe Autonomie, und bringen sich synodal in die Hausgemeinschaft als Ganze ein. Dabei werden sie von „Formatoren“ begleitet, die für die Evaluation, für Konfliktmanagement und die persönlichen Standortgespräche zur Verfügung stehen. Evaluiert werden die Seminaristen aber auch durch eine Psychologin – und auch durch das Hauspersonal.

Zur Ausbildung gehört auch eine intensive regelmäßige Praxis im Volk Gottes. Die Seminaristen sind an jedem Wochenende in einer Bezugspfarrei tätig. In Manila hieß das konkret, dass die Studenten in arme Basisgemeinden hineingehen, in Familien, die ohne eigene Wohnung leben, und mit ihnen das Leben teilen.

In diesem Kontext nehmen sie teil am Leben der Basisgemeinden, ohne dass sie jeweils schon bestimmte Funktionen einnehmen. Aber die Erfahrung des Lebens zu teilen, das gehört wesentlich zu den „Ausbildungskonzepten“ dieses Prozesses.

Entscheidend ist nun aber, dass diese Erfahrungen auch theologisch reflektiert werden. Es entsteht eine „induktive Theologie“ lokaler Basisgemeinden, die in der Fakultät der Vinzentiner die gemachten Erfahrungen reflektiert und mit der Tradition der Kirche in Kontakt bringt. Mich hat ein Beispiel dabei tief beeindruckt: Danny Pilario, der kreative Kopf der Fakultät, erzählte, dass er den Seminaristen die Aufgabe gegeben hatte, bei den Leuten zu fragen, was sie unter „Gnade“ verstehen – und eine der Prostituierten habe geantwortet: „Gnade wäre es für mich, wenn ich heute einen Kunden bekomme“. Aber was bedeutet das dann, eine solche Aussage theologisch zu reflektieren …?

Die Eingebundenheit in das Leben des Volkes ist wesentlich – sie ist Lernort für das eigene pastorale Tun, für eine „Theologie des Volkes“ – und gleichzeitig reflektieren das Seminar und die Ausbildungsform die spätere dezentrale Gestalt der Kirche als ein Netzwerk von kirchlichen Basisgemeinschaften.

— Ciudad Guzman —

Meine pastorale Entdeckungsreise in Mexiko führte mich nach den intensiven Erfahrungen in Mexiko City nach Sayula, einer kleinen

Provinzstadt. Die Pfarrei dort war selbstverständlich eine Gemeinschaft von Basisgemeinden – und das ganze Bistum Ciudad Guzman war pastoral in dieser Weise ausgerichtet: die „Grundstruktur" kirchlicher Existenz war das Leben vor Ort, waren die Gemeinschaften der Menschen in den kleinen Dörfern oder den Stadtteilen. Sie waren ganz selbstverständlich getragen von Teams aus den Stadtteilen, und die Grundidee war die der „Subsidiarität": was immer vor Ort organisiert werden kann, soll auch dort geschehen: Katechese, Diakonie, Liturgie, die Feier der Feste – auch wenn es natürlich in der Pfarrkirche immer wieder Feiern, Liturgien und Feste gibt.

Meine Frage an José Sanchez, den Pfarrer von Sayula, war klar – angesichts anderer weltkirchlicher Erfahrungen: Wie werden denn die zukünftigen Priester für diese Kirchengestalt ausgebildet? Zu meiner großen Überraschung erzählte er mir von der ersten Diözesansynode dieses noch relativ jungen Bistums – es ist eine Ausgliederung der Diözese Guadalajara.

Dieser Diözesansynode ging ein langer Konsultationsprozess voraus, der „vor Ort", auf den Facendas, den kleinen Dörfern, den Stadtteilen begann: die Christgläubigen wurden befragt. Daraus wuchs in der Synode selbst eine „Grundarchitektur" der Ortskirche, die ihren Ausgang nimmt von den zu entwickelnden kirchlichen Basisgemeinden. Das erste Dokument der Synode handelt von den Basisgemeinden, dann wird über die Pfarrei und ihre Aufgaben, schließlich über das Dekanat reflektiert. Erst dann werden die Aufgaben der Ortskirche in den Blick genommen. Und hier ist ein wesentliches Dokument der Synode der Beschluss über die Seminarausbildung. Genau dieses Dokument verdient es, intensiver bedacht zu werden. Das Bewusstsein über die Bedeutsamkeit einer entsprechenden Priesterausbildung ist sehr entfaltet. Don Pepe erzählte mir, wie wesentlich es für den kirchlichen Entwicklungsprozess ist, dass in den vergangenen 20 Jahren die jungen Priester nach dieser Ausbildungsordnung geformt wurden.

— Eine Ausbildung im Volk Gottes —

Schon in Manila war der Zusammenhang zwischen Seminarausbildung, Studium und Einbettung in das Leben des Volkes Gottes zentral gewesen. Hier, in der kleinen Diözese von Ciudad Guzman, wird der Bildungsweg der Seminaristen sehr gut durchdacht und dekliniert (Cuartro documento sinodal, 2003): es geht natürlich um die integrale Reifung der Persönlichkeit, und vor allem wird hervorgehoben, dass der gemeinschaftliche Weg der Ausbildung von Freiheit, wechselseitiger Begleitung und Korrektur gezeichnet ist. Aber wichtig ist dem Dokument auch die Einbindung in das konkrete Leben der Ortskirche: die geistliche und ökonomische Verknüpfung mit den Gemeinden vor Ort reflektiert ein bestimmtes Kirchenbild – und konstituiert einen Zusammenhang der Solidarität, der prägend wirkt.

— Eine durchdachte Revolution —

Wer sich mit dem konkreten Ausbildungsweg beschäftigt, der wird bewundernd vor einem neunjährigen Ausbildungsweg stehen, der das Ineinander von Verwurzelung im Leben des Volkes Gottes vor Ort, menschlichen und geistlichen Reifeprozessen und einer anspruchsvollen philosophisch-theologischen Durchdringung intensiv verknüpft.

Das fängt mit dem propädeutischen Jahr an. Frage dieser propädeutischen Phase ist die Bewahrheitung der eigenen Berufung. Dies geschieht aber nicht in einem abgeschlossenen „Seminar", sondern es geht zunächst und vor allem darum, in einem lebendigen Kontakt mit einer konkreten Glaubensgemeinschaft vor Ort zu leben, mit den Menschen vor Ort das Leben zu teilen und den „pastoralen Entwicklungsprozess wahrzunehmen". Zugleich aber geht es auch darum, sich in ein gemeinsames Leben einzuüben und erste pastorale Übungsfelder auszuprobieren, um am Ende des Jahres eine größere Klarheit über den eingeschlagenen Weg zu finden. Verlangt wird eine große Eigenständigkeit der jungen Leute – und wichtig sind Evaluationsprozesse mit allen Beteiligten, dem Volk Gottes wie den Begleitpfarrern, den Kollegen aus dem Seminar und den Verantwortlichen.

Diese Idee setzt sich auch in der philosophischen Studienphase weiter fort, die drei Jahre dauert. Diese erste Studienphase hat zugleich das Ziel, die eigene Berufung intensiv zu verifizieren – und das bedeutet eben auch, dass es in erster Linie um menschlich-christliche Reifungsprozesse geht, die verkoppelt werden mit der Einübung einer Haltung des Dienstes am Volk Gottes und einer Fähigkeit, kritisch zu denken.

So sollen die Kandidaten zu einer reifen Entscheidung am Ende dieses Studienabschnittes kommen: deswegen mündet dieser Studienabschnitt nach zweieinhalb Jahren ein in eine halbjährige geistliche Evaluationsphase. Einige Akzente, die hier gesetzt werden, lassen aufmerken: im ersten und zweiten Jahr ist ein verpflichtender Arbeitsmonat eingebaut: jeder Seminarist organisiert sich (vorzugsweise harte) Arbeit, eine Wohnung. „Es geht darum, sich in einer besonderen Situation zu verorten, die es erlaubt, das Leben des Volkes bewusst mitzuleben, des Kampfes um das Überleben – und den Wert der Arbeit und seiner Rolle in unserer Gesellschaft kennen zu lernen“. Auch die pastorale „Insercion“ in kleine Dorfgemeinden gehört zu dieser Phase. Dabei geht es nicht schon darum, sofort als pastoral Verantwortlicher zu wirken: vorher soll eine Zeit des Hörens ermöglicht werden, um die Wirklichkeit vor Ort tief zu erfassen.

Wurde in der intensiven Evaluationsphase des 6. Semesters der Philosophie der Weg frei für eine reife Entscheidung zu einer priesterlichen Berufung, geht es nun in der Theologie in mehreren Etappen darum, die Option für kirchliche Basisgemeinden tiefer zu ergreifen. Es geht darum, „tief und bewusst die Erfahrung der kirchlichen Basisgemeinde zu leben“, um immer tiefer pastorale Entwicklungsprozesse im Team anzustoßen und diese Erfahrung auch ekklesiologisch zu vertiefen. Diese Erfahrung wird pastoral wie theologisch in den kommenden vier Jahren des Theologiestudiums intensiver. Auf der Ebene der Basisgemeinde, des Quartiers und schließlich auf der Ebene der Pfarrei erlernen die Alumnen zusammen mit dem Pfarrer und den verschiedenen Teams der MitarbeiterInnen die Kunst pastoraler Entwicklungsprozesse.

— Die Praxis —

In der Pfarrei Sayula traf ich auf zwei Seminaristen. Mit ihnen konnte ich mich intensiv unterhalten. Es wurde deutlich, dass auch in Ciudad Guzman die Kommunität des Seminars eher klein ist – aber ich spürte in den Gesprächen heraus, dass die Seminaristen und ihre Formatoren in der Tat intensiv „Familie“ leben. Zugleich leben die Seminaristen gerade in den letzten 2 Jahren des Theologiestudiums zumeist in ihren Pastoralpfarreien. Dort studieren sie auch – und treffen sich mit ihren

Studienkollegen für zwei Tage im Seminar. Ich erlebte diese Seminaristen als sehr gereift und mit hoher Eigenständigkeit.

Neben gut evaluierter Pastoral mit dem Pfarrer und Eigenstudium vor Ort, das dann im Seminar gemeinsam reflektiert wird, findet auch eine intensive Begleitung der menschlichen und geistlichen Reifeprozesse statt – und das führt, so erzählt mir einer der Seminaristen mit strahlendem Gesicht, auch zu „Zwischenzeiten“, die ganz im Zeichen der Aufarbeitung von Reifeprozessen stehen.

— Mit viel Mut —

Eine solche Ausbildung erscheint mir als ein reifes Ergebnis eines diözesanen Prozesses, der ja seit über 20 Jahren in dieser Diözese stattfindet. Mit viel Mut wird die Ausbildung der Seminaristen verknüpft mit den pastoralen Entwicklungszielen. Mit viel Mut wird eine intensive Verknüpfung mit dem Volk Gottes versucht und so dem Begriff der Inkardination ein echte Gestalt gegeben. Mit viel Mut wird die menschliche und geistliche Reife in den Mittelpunkt gestellt. Und mit viel Mut wird eine Philosophie und Theologie gestaltet, die dem pastoralen Ziel untergeordnet wird.

Ist das weniger intellektuell? Ich finde: Nein. Ich war sehr beeindruckt vom theologischen Niveau, das hier aber wirklich im Dienst einer zukünftigen Praxis steht, die sehr profiliert die Ekklesiologie des II. Vatikanums widerspiegelt …

Und dazu braucht man, was uns fehlt: eine Vision. Und viel Mut.

5. Im spanischsprachigen Mischwald

Salvatore hat mich eingeladen. Zum Treffen der spanischsprachigen Gemeinden in unserem Bistum, oder besser: zum Treffen der Leitungsteams dieser Gemeinden. Und so komme ich an diesem Samstag nach Hannover, in unser Katholisches Internationales Zentrum. Und ich erlebe einen sehr spannenden Vormittag.

In den vergangenen Jahren haben sich gerade die spanischsprachigen Missionen radikal verändert. Waren es bis vor kurzem vor allem Spanier, die oft schon in der zweiten Generation in Cuxhaven, Hannover oder Hildesheim leben, so sind es inzwischen Lateinamerikaner, die in den letzten Jahren ja schon fast die Mehrheit geworden sind – mindestens von der Energie her …

Das durfte ich im Sommer bei einem iberoamerikanischen Fest in Hannover erleben. Aus fast allen Nationen Lateinamerikas waren Gruppen da, die nicht nur das Programm bereicherten, sondern natürlich auch Spezialitätenstände anboten. Man befand sich mitten in einer lateinamerikanischen Fiesta, und die Herzenswärme und die Gastfreundschaft bereicherten alle.

Nun stellten sich die jeweiligen Koordinationsteams vor. Und das war spektakulär, vor allem im Blick auf die Fragen der Kirchenentwicklung. Man konnte nämlich leicht entdecken, dass die verschiedenen Gemeinden an unterschiedlichen Stellen ihrer Entwicklung standen.

Einige dieser Gemeinden sind schon mehr als 30 Jahre alt. Durch spanische Arbeiterinnen und Arbeiter bildeten sich in den 60er-Jahren in Hildesheim und Hannover Gemeinden, aber auch in Cuxhaven im Kontext der Fischereiindustrie. Hört man nun diese Gemeinden von ihrer Wirklichkeit erzählen, dann sieht man, wie sie zum einen natürlich ihre Traditionen aus Spanien mitgebracht haben, zum anderen aber sich auch – im Verlaufe der Jahre – der kirchlichen Entwicklung hierzulande angeglichen haben.

Ein spannendes Stück Integrations- und Inkulturationsgeschichte: denn auf der einen Seite brachten die Spanier natürlich eine sehr geprägte Kirchengeschichte mit. Es ging – wie auch bei Italienern, bei Polen und anderen Missionen – um eine sehr kleruszentrierte Pastoral. Im Mittelpunkt standen und stehen Kinderkatechese, Firmung und die priesterliche Begleitung der Volksfrömmigkeit. Natürlich spielt aber auch der Erhalt der Sprachkultur und der Volkskultur eine wichtige Rolle.

Insofern unterscheiden sie sich gar nicht so radikal von den deutschen Gemeinden unseres Bistums, auch wenn die hiesige Entwicklung der Gemeindetheologie nicht wirklich angekommen ist. Denn die Priester der Gemeinden förderten diese Entwicklung nicht, sondern setzten eine priesterzentrierte und sakramentenzentrierte Pastoral fort, die volkskirchliche Voraussetzungen hatte. Natürlich gab und gibt es Ehrenamtliche, aber die verstehen sich als Helfer des Pfarrers.

— Integration? —

Seit Jahren stellt sich die deutschsprachige Pastoral die Frage nach dem Statut dieser Gemeinden. Eigentlich ist es ekklesiologisch klar: in unserer Kirche gibt es keine Ausländer und Fremden, wir sind eins in Christus, wir bilden eine Kirche (Gal 3,28). Mit der Bildung ausländischer Missionen wird der Tatsache Rechnung getragen, dass es ein Bedürfnis gibt, gerade im Ausland, eigene Prägungen weiterzuentwickeln. Aber dennoch blieb das, im Kontext einer umfassenden gemeindetheologischen Prägung, immer ein etwas problematisches Unterfangen. Während auf der einen Seite das Interesse der deutschen Gemeinden relativ klein war, sich auf die Missionen einzulassen, war es umgekehrt ähnlich: vor allem die Priester strebten keine „Vermischung" an.

Klar war aber für die Bistümer, dass diese Gemeinden muttersprachlicher Prägung nach zwei Generationen sich integrieren sollten, doch genau das passierte nicht – und wurde irgendwie zum ekklesiologischen Problem … Darf es so etwas geben, mehrere Gemeinden auf einem Territorium? Nicht wirklich gerne gesehen …

In den letzten Jahren änderte sich aber auch die Situation dieser gewachsenen Missionen. Immer weniger waren Spanier, Kroaten und Italiener in der Lage, Priester aus ihrem Land zu senden – und das bedeutete auch, dass sich diese Gemeinden veränderten. Gleichzeitig ließ, spätestens in der 2. Generation, die volkskirchliche Prägung massiv nach, und es gab keine Wege der Glaubensbildung und des Empowerment. Übrig blieben Messen, einige Prozessionen und ein reiches Kulturleben.

So haben sich diese Gemeinden nicht wirklich weiterentwickelt. Und wenn man dann hört, wie sich ihr Jahresprogramm ausfaltet, dann ist hier ein reiches Kulturprogramm mit christlicher Grundierung – es ähnelt manchem Programm von Verbänden.

Das ist nicht schlecht, aber es zeigt, dass eine echte Verantwortung für die Entwicklung eines lebendigen Taufbewusstseins nicht wahrgenommen wurde. Es zeigt, wo hier die Verantwortung liegt: bei den Priestern, die einfach weitergeführt haben, was sie immer schon gemacht haben. Und wenn es weniger Priester sind, dann bleiben nur Reste einer Versorgungskirche – und es gibt keine weiteren Perspektiven.

— Die italienische Variante —

Eine bemerkenswerte Erfahrung durfte ich in diesem Kontext mit einer italienischen Gemeinde machen – auch sie in der zweiten, manchmal schon dritten Generation. Geleitet wurde sie von einem italienischen Priester, der jede weitere Öffnung auf die deutschsprachige Gemeinde unterband (auf italienische Art), und Ordensschwestern, die für Katechese und Seelsorge standen. Nichts ging ohne den Priester, nichts ging ohne die Schwestern. Und umgekehrt waren die älteren Mitchristen so tief durch diese Kirchenkonfiguration geprägt, dass sie auch nicht an anderes dachten. Letztlich haben Priester und Ordensschwestern aber nichts weiter getan, als die hierarchische Begleitung volksfrommer und sakramentaler Praxis weiterzuführen. Und selbst dann, wenn es einen Wunsch nach Vertiefung gab, mündete das in kleine Gebetskreise, die den Rosenkranz beteten. Dagegen ist nichts einzuwenden, aber es machte wie in einem Brennglas deutlich, dass das Fehlen einer in die Gegenwart führenden pastoralen Vision auch dazu führte, dass christlicher Glaube nicht mehr als eine italienische Sonderwelt wurde, die nur sehr wenige ansprach. Vor allem für die nachfolgende Generation bedeutet dies: während der Großteil sich von dieser Erfahrung löst, weil sie „nichts mehr sagt", suchen andere nach einem existenziellen Zugang und finden ihn anderswo: in Freikirchen oder geistlichen Bewegungen.

— Selbstbewusste Basisgemeinden —

Nachdem ich von den gewachsenen Gemeinden sehr schöne, aber vor allem vergangenheitsorientierte und kulturtragende Berichte aus ihrem Leben gehört hatte, wurde ich von drei weiteren Gemeinden spanischsprachiger Christinnen und Christen total überrascht.

Diese Gemeinden – in Braunschweig, in Wolfsburg, in Bremen – waren erst vor einigen Jahren entstanden: Christen und Christinnen vor allem aus Lateinamerika waren in den vergangenen Jahren an diese Orte gekommen – durch Studium oder Beruf. Sie hatten keinen Priester ihrer Zunge vorgefunden, aber relativ schnell sind Gemeinden gewachsen. Ich war beeindruckt, wie sie sich organisierten und worauf es ihnen ankam: „Wir wollen einen Beitrag für die Evangelisierung Braunschweigs leisten", so formulierten die dreißig Christen, die sich in einer Kirche in der Stadt treffen. Und wie wird diese ihre Vision wirklich? Für sie ist es klar, dass es zum einen Gebetskreise, Anbetungsgottesdienste und biblische Gesprächsgruppen gibt, in denen sie sich stärken – aber auf der anderen Seite geht es auch darum, die Begegnungsmöglichkeiten mit vielen anderen zu suchen und die sozialen Herausforderungen in den Blick zu nehmen.

Hauptwort dieser Gemeinden ist „Evangelisierung". Spannend ist auch, dass der Priester – in diesem Fall Salvatore – sehr wenig präsent sein kann, dass aber die Leute aus ihrem christlichen Selbstbewusstsein selbst die Gemeinde gestalten und dies aus einem Bewusstsein ihrer christlichen Identität.

Beeindruckend: hier lässt sich studieren, wie sehr die lateinamerikanische Kirche sich nach Aparecida weiter entfaltet hat und es gelang, eine Kultur selbstbewussten und tiefgegründeten Glaubens weiterzuentwickeln. Die Sozialform dieser Gemeinden ist in der Tat anders als die der „älteren" und priesterzentrierten Gemeinden: es handelt sich hier um „Gemeindegründungen" aus den Charismen der Beteiligten, um kirchliche Basisgemeinden, die sich nicht zuerst um institutionelle Einordnung bemühen, sondern sich als Kirche im Kontext der lokalen Kirche wissen – als selbstbewusste Basisgemeinde im Netzwerk vieler anderer Gemeinden. Dem entspricht, dass zu diesen Gemeinden viele jüngere Christen gehören – und zugleich auch Christen, die nicht spanischsprechend sind, denen es aber dort gefällt.

Und während bei den alteingesessenen Missionsgemeinden eher eine Vereinsstruktur dominierend war, ähneln die Koordinationsteams der jüngeren Gemeinden eher den „équipes d'animation", wie ich sie in Poitiers kennenlernen durfte, die zur Ermöglichung der charismenorientierten Beteiligung möglichst vieler einladen.

— Nicht besser - nicht schlechter —

Wie in einem Brennglas erscheint hier Kirchenentwicklung. Denn auf der einen Seite sind die gewachsenen Gemeinden spanischer Zunge so unterschiedlich nicht von den gewachsenen deutschen Gemeinden. Sie reflektieren einen bestimmten Bewusstseinsstand ekklesialer

Entwicklung, ein bestimmtes Kirchenbild. Und hier wäre zu fragen, wie sie zu einem nächsten Schritt der Entwicklung begleitet werden können. Es ist die Frage, die sich natürlich wieder neu stellt: welche Vision zukünftiger kirchlicher Entwicklung zeigt sich auf dem Hintergrund einer lokalen Kirchenentwicklung und wie können die Verantwortlichen und die Gemeinden auf diesem Weg begleitet werden, Schritt für Schritt.

Auf der anderen Seite gibt es auch Gemeinden, in denen eine geistlich gegründete Kultur der Beteiligung, ein Leben aus der Taufwürde und ihren Gaben, schon selbstverständlich ist. Und auch hier stellt sich die Frage, wie eine weiterführende Begleitung für diese Gemeinden aussieht.

Und schließlich ist noch einmal die größere kirchliche Wirklichkeit im Kontext dieser Gemeinden anzuschauen. Der „Status" dieser fremdsprachigen Gemeinden ist im Kontext nachgemeindlicher Theologie einfacher zu klären. Solche Gemeinden, und gerade auch neue Gemeinden, die sich spontan bilden, gehören zum Netzwerk der unterschiedlichen kirchlichen Lebenswirklichkeiten der Pfarrei. Der Pfarrer und sein Team sind also gefragt, die Pfarrgemeinderäte sind gefragt, wie hier Begleitung und Empowerment einerseits stattfinden müssten – und wie andererseits diese „Wirklichkeiten kirchlichen Lebens" auch wahrgenommen und in ihrem Beitrag wertgeschätzt werden, und so Bereicherung für die Entwicklung der Pfarrei sind.

Es ist spannend, an einem solchen Beispiel „en miniature" die Konsequenzen lokaler Kirchenentwicklung durchzudenken. Bräuchte es nicht Momente und Gelegenheiten, wo sich – quasi als lokaler Kirchentag – die Fülle und Vielfalt gemeindlicher Lebensformen als „eine Kirche" zeigt und gefeiert wird? Bräuchte es lokale Kirchentage? Wie kann es gelingen, fragen die deutschen Bischöfe in „Gemeinsam Kirche sein", *„dass die Feier der Eucharistie am Sonntag als eine Versammlung Vieler – mit ihren unterschiedlichen kulturellen Prägungen – festlich erfahrbar wird? ... dass die Sonntagseucharistie wirklich ein Lebensvollzug der konkreten Pfarrei ist und die verschiedenen Gemeinschaften und auch Gemeinden der Pfarrei mit ihren vielen Charismen zusammenführt?"*

Es ist und bleibt spannend: denn hier gründen sich neue Gemeinden, hier entsteht nicht nur ein spanischsprachiger Mischwald (so übersetze ich gerne die anglikanische „mixed economy"), sondern ein katholischer, sehr vielfältiger Mischwald unterschiedlichster Gemeindeformen. Die Zukunft hat schon länger begonnen, „merkt ihr es nicht?“ (Jes 43, 19).

6. Hammer Astronauten

Jugendkirchen. Seit etwas mehr als fünf Jahren werde ich immer wieder zu den Symposien eingeladen, die in ökumenischer Trägerschaft durchgeführt werden. Jugendkirchen – das sind experimentelle Kirchenerfahrungen, die mit recht hohem personalen und finanziellen Aufwand von Diözesen und Landeskirchen ermöglicht werden. Und immer wieder bin ich wirklich begeistert, vor allem von den engagierten Pastorinnen und Pastoren, den leidenschaftlichen Leitungspersönlichkeiten und den spannenden Erfahrungen, die hier gemacht werden.

Aber natürlich gibt es Herausforderungen: wenn junge Menschen in diesem Setting von kraftvoller Spiritualität und engagierter Liturgie so heranwachsen zu erwachsenen Christen – wohin sollten sie gehen? Braucht es Nachfolgeorte? Sollten sie sich in gewachsene Settings anderer Kirchlichkeit integrieren – oder sind sie dazu bestimmt, als ekklesiale Elementarteilchen heimatlos zu bleiben?

Und darüber hinaus: Es stimmt offensichtlich nicht, dass Jugendkirchen die erste Adresse für Jugendliche sind, die bislang noch nie etwas mit der Kirche zu tun hatten. Eher ist es so, dass sich hier Jugendliche sammeln und ihre kirchliche Heimat finden, die schon angesprochen sind durch das Evangelium und nun nach einem angemessenen Ort suchen. So hatten es sich die Initiatoren nicht vorgestellt.

Auf diesem Hintergrund gilt es nachzudenken. Möglicherweise war die Idee der Jugendkirchen gegründet in der richtigen Erkenntnis, dass für junge Menschen die klassischen Gemeinden nicht anschlussfähig sind, ein „no go“. Das war zwar schon immer so – und deshalb hatte man jungen Leuten immer auch die Gelegenheit gegeben, in den Kellerräumen eines Pfarrzentrums etwas zu gestalten – später würden sie ja wieder „normal“ werden. Etwas erweitert waren die Jugendkirchen gedacht. Das verband sich noch einmal intensiv mit den Erkenntnissen, die man aus den kirchlichen Sinusstudien ziehen konnte: wenn nämlich die klassischen Kirchengemeinden konservative, gutbürgerliche und bestenfalls postmaterielle Kreise ansprechen können, dann braucht es neue Kirchenerfahrungen für die anderen Milieus, insbesondere für die kommende Generation. Im Kontext einer professionellen Versorgungspastoral entstanden so ja nicht nur Jugendkirchen, sondern auch die Citypastoral und andere sehr gelungene Formate. Doch hier gibt es einen „Knick in der Logik". Sie entstanden neben den gewachsenen Normalformen der Gemeinden in den Pfarreien, gewissermaßen als Beiboote des eigentlichen pfarrgemeindlichen Schiffs. Ekklesiologisch ist dies als Erweiterung pfarrgemeindlicher Pastoral unter dem Stichwort der „Kategorialseelsorge" bedacht worden.

— Nachfolgeorte? —

Im Kontext der Jugendkirchen stellt sich aber besonders dringlich die Frage nach den Langzeitfolgen einer solchen Entwicklung. Sollen denn die, die aus den Jugendkirchen herauswachsen (beim besten Willen: jenseits der 35 ist man kein Jugendlicher mehr …), hineingenommen werden in die „normalen" Gemeinden? Und was ist, wenn sie sich wehren … und bleiben wollen?

Deswegen gilt es wahrzunehmen, was sich in den Jugendkirchen unter der Hand ereignet. Denn in den Erfahrungen der Jugendkirchen wird ein derart fundamentaler ekklesiologischer Paradigmenwechsel durchgespielt und erfahren, der zu anderen Schlussfolgerungen führt.

— Paradigm Shift —

In der Tat zeigt sich in den Jugendkirchen eine andere Architektur der Kirchwerdungsprozesse: nicht nur junge Menschen sehen sich nicht mehr als Kunden einer Institution, sie sehnen sich nicht nach passiver Versorgung. Das Kunden- und Klientenbild passt nicht. Kirchenerfahrungen passen nicht zusammen mit Konsumerfahrungen. Ganz anders ist es: Glaubenserfahrungen sind gar nicht mehr verknüpft mit bestimmten kirchlichen Konfessionen, sondern mit dem Ort und der Gemeinschaft, durch die ich diese Erfahrung ermöglicht bekomme. Die Menschen bewegen sich als freie Suchende, die das wählen, was ihrer Suche entspricht. Das ist auf Dauer so, weswegen nicht diese oder jene Gemeinschaft, sondern die Authentizität ihrer Glaubenserfahrung zählt – und ob ich, so wie ich bin, an dieser Erfahrung teilhaben kann …: Ganz radikal geht es um Partizipation, um meine Möglichkeit, mich einzubringen und mitzuwirken. So entstehen Gemeinschaften, so wächst dann Kirche – nicht an vorgegebenen Orten, sondern an erfahrungsdichten Orten. Damit ändert sich dann auch die Frage, wie sich diese Orte im Kontext des kirchlichen Universums beschreiben lassen: sie sind eben nicht mehr Erfahrungsräume neben den „eigentlichen" Orten wie es etwa eine Kirchengemeinde ist, sondern sie sind „der" Ort der Kirchenerfahrung schlechthin, natürlich als Ort des Wachstums – und alle Institution, und alle „Hauptberuflichkeit" in ihr muss sich daran messen lassen, ob sie ermöglicht, dass hier Kirche wächst.

Dann wird aber auch schon die Antwort auf die Frage nach eventuellen Nachfolgeorten klar: man kann solcherart geprägte Christen nicht einfach an Nachfolgeorte verweisen, sondern hat zu entdecken, dass es einen wesentlichen Zusammenhang zwischen Entdeckung der Nachfolge und der Entdeckung der passenden Gemeinschaft gibt, an dem das Wachstum des Einzelnen wie der Gemeinschaft zum Kriterium der Echtheit wird.

Eher wird man sich zu fragen haben, wie Jugendkirchen, die aus sich eine Jugendgemeinde hervorbringen, weiter wachsen können, über die Jugendzeit hinaus, in eine reife Kirchlichkeit … – und eventuell kann es ja dann Jugendkirchen mit mehreren generationellen Gemeindewachstumsprozessen geben.

— Hammer Astronauten —

Wie durch Zufall war bei diesem Symposion die Pastorin der Hammer Jugendkirche anwesend. Sie fand die Überlegungen inspirierend und fragte mich, ob ich nicht zwei Wochen später dies noch mal ihrem Kirchenkreis erzählen könnte. Ich hatte – wie durch Zufall – frei. Und so konnte ich diese Jugendkirche live erleben.

Fulminant. Denn der Nachmittag startete mit einem Gottesdienst. Der Song „Astronaut" von Sido und Andreas Bourani bildete den Auftakt zu einer Meditation zweier Jugendlicher – und dann war da noch der junge Mann, der zum Rahmen eines geistlichen Liedes selbst rappte. Man spürte hier alle Merkmale dieser neuen partizipativen und charismenorientierten Kultur des Kircheseins – und das ist sicher der

Pastorin und ihrer Kirchenmusikerin zu verdanken, die das alles ermöglichen.

Was das dann für den Kirchenkreis bedeuten kann, wurde ansatzhaft sichtbar. Denn es gilt ja, hier von der Illusion Abschied zu nehmen, dass man Jugendliche gewissermaßen in einer solchen Jugendkirche abgeben kann, damit sie später zurückkehren. Kann sich der Kirchenkreis als Ermöglichungsraum vieler experimenteller und gewachsener, alter wie neuer Gemeindeformen begreifen, in dem es nicht besser oder schlechter ist, zu der einen oder anderen Form zu gehören – und nur alle gemeinsam Kirche in ihrer Vollform sind?

Dann wird auch hier sichtbar, dass die Ekklesiogenesis, wie sie sich in „Small Christian Communities“ Afrikas oder den Basisgemeinden Lateinamerikas oder in den „fresh expressions“ in England zeigt, auch schon hier mitten in Deutschland angekommen ist – wir aber nicht immer schon wahrgenommen und angenommen haben, dass die Kirche sich unter unserem oft blinden Blick schon längst verändert.

— Annies Mail —

Dass ich so spontan nach Hamm gereist bin, hing nicht nur an meiner freien Zeit, nicht nur an der spontanen sympathischen Bitte der Jugendpastorin, sondern gerade auch an Annies Mail. Denn schon vor den Sommerferien hatte mir eine toughe 13-Jährige eine Mail ins Büro gesandt. Sie – Katholikin in einer engagierten katholischen Familie – wäre bei einer Jugendaktion in Hamm auf diese Jugendkirche gestoßen und wäre ganz begeistert davon. Warum, so ihre Frage an den Hauptabteilungsleiter Pastoral im Bistum Hildesheim, könnte man nicht auch für solche wie sie Jugendkirchen im Bistum aufbauen? Neben vielen anderen Fragen zu weitaus theologischeren Anliegen, die ich lieber schriftlich beantworten wollte, habe ich sie angerufen. Ich erzählte ihr, dass es auch solche Kirchenerfahrungen in ihrer Nähe gab. Ich sprach von der Jugendkirche Tabor und von der Wandergemeinde Exodus. Es stellte sich heraus, dass sie diese Erfahrungen schon ein wenig kannte … aber trotzdem.

Wieso so wie in Hamm? Weil Annie offensichtlich hier eine tief ergreifende Erfahrung gemacht hatte – und dann ist nichts selbstverständlicher, als sich eine solche Erfahrung „vor Ort“ herbeizusehnen.

Das wollte ich selbst „sehen“, und ich kann Annie sehr gut verstehen. Die Atmosphäre, die Möglichkeiten, die Gemeinschaft – genau das ist es ja, was sie sich für das Leben ihres Glaubens wünscht. Eigentlich müsste man Annie empfehlen, einmal im Monat dorthin zu fahren, denn dort könnte ihr Glaube wachsen und sie würde die Gemeinschaft finden, in der sie wachsen möchte. Auch wenn sie katholisch und diese Gemeinde evangelisch ist – auch wenn die Entfernungen groß sind.

7. Irritationen aus Roermont und Tansania

Beim Treffen der bundesdeutschen Konferenz für Missionarische Seelsorge hatte der Kollege aus Roermont/Holland für Irritationen gesorgt. Es ging um die Frage, wie Katechetinnen und Katecheten ausgebildet und begleitet werden – und er hatte erzählt, dass es dafür in Roermont einen vierjährigen Kurs gäbe …

Mit einer solchen Aussage kann man gut in die Diskussion kommen, und das war auch passiert. Denn es ist ja eine steile Ansage – in einer Kultur des Kircheseins wie der unseren, in der die meisten Katechetinnen und Katecheten „ad hoc“ zum entsprechenden Anlass ausgebildet werden. Und wenn man – wie eine neuere Studie belegt – lesen kann, dass Ausbildungsgänge für Katechetinnen und Katecheten selten länger dauern als 10 Stunden, und wenn man aus diözesanen Untersuchungen etwa aus Speyer oder Limburg weiß, dass die größte Not der KatechetInnen darin besteht, nicht genügend begleitet zu sein – dann wird mein Interesse noch größer …

Kurz gefragt: Könnte ich dich nicht besuchen? Und in der Tat war das leicht möglich, denn kaum einen Monat später konnten wir uns in Kevelaer treffen und miteinander über das ambitionierte Projekt der Diözese Roermont sprechen.

— Empowerment first —

Die Situation der holländischen Kirche ist herausfordernd. Immer größere pastorale Räume, immer ältere Priester – und grundsätzlich eine sehr postchristliche Gesellschaft. All das drängt auf eine grundlegende Erneuerung. Und sie beginnt mit einer grundlegenden Einsicht. In Zukunft wird eine lebendige Kirche gewiss begleitet durch das sakramentale Dienstamt, aber die Verantwortung für eine lebendige Kirche vor Ort liegt bei den engagierten Christinnen und Christen, die mit ihren Gaben und Sendungen dieses Leben gestalten.

Und die müssen angemessen darauf vorbereitet werden, wenn denn – wie in Roermont – dies nicht einfach nur zufällig geschehen soll, sondern aus der Verantwortung der Ortskirche heraus. Das bedeutet, dass hier auch Sendungen und Beauftragungen ausgesprochen werden, dass Verantwortung zugesprochen wird. Wie gelingt das konkret?

„Da haben wir einen vierjährigen Ausbildungsgang …", sagt mein holländischer Mitbruder. Und wie ist das konkret? Er beginnt zu erzählen. Die Diözese hat diesen vierjährigen Ausbildungsweg vor einiger Zeit eingerichtet, und bis zum aktuellen Datum haben diesen Ausbildungsweg etwa 50 Personen absolviert, die am Ende an unterschiedlichen kirchlichen Orten Verantwortung übernehmen. Sie werden von den Pfarrern gefragt und eingeladen, sich auf einen solchen Weg einzulassen.

Und er beginnt im ersten Jahr – an 10 Samstagen – mit einer Art Glaubensschule. Im ersten Jahr geht es darum, den eigenen Glauben in den Austausch zu bringen, in den Kontakt mit der Schrift zu kommen, sie als Quelle des Lebens zu entdecken – und eben „sprachfähig" zu werden. In der Tat – sich über den eigenen Glauben austauschen zu können, den eigenen Glauben in Gemeinschaft zu vertiefen, das macht diesen Weg der Ausbildung zu weit mehr als dem Erlernen fachlicher Qualifikationen für einen bestimmten Dienst. Diese Erfahrung einer „Jüngerschule" macht Geschmack auf mehr. So ist es bei den meisten. Wer am Ende dieses Jahres aussteigen möchte, kann dies ja tun. Aber das passiert in der Regel nicht … „Und wir sagen den Teilnehmenden ja auch nicht, dass der Weg vier Jahre dauert. Sie können nach jeder Etappe entscheiden, wie sie weitergehen wollen. Man bindet sich nur für ein Jahr …"

Das zweite Jahr ist ähnlich angelegt. Wieder sind es 10 Samstage, an denen man sich trifft. In diesem Jahr geht es um eine Reflexion des Glaubens – um eine vorakademische Theologie. „Es ist uns wichtig, dass man die Erfahrungen des Glaubens, die man im ersten Jahr geteilt und vertieft hat, nun auch theologisch zu reflektieren lernt. Hier geht es uns darum, dass die Teilnehmenden auch die Tradition der Kirche kennenlernen und gewissermaßen theologisch bedenken lernen. Im Hintergrund stehen die Basics unseres Glaubens, die nun miteinander reflektiert werden …"

Mir scheint ein solcher Zugang sehr stimmig. Denn man verlässt ja nicht den geistlichen Weg: die eigene Glaubenserfahrung gerät ins Gespräch mit der theologischen Reflexion und Tradition der Kirche und wird so existenziell angeeignet.

Erst im dritten Jahr wird dann der Fächer möglicher Dienste und Aufgaben eröffnet. Aber auf eine ganz spannende Weise, die sehr charismenorientiert ist. Die Teilnehmenden des dritten Jahres machen eine Reihe von Exposureerfahrungen in unterschiedlichen Praxisfeldern: in der Katechese, in der Krankenseelsorge, in der Liturgie, in der Verkündigung. Sie werden diese Erfahrungen vertiefen und begleiten in der Lerngemeinschaft und am Ende des dritten Jahres erfolgt eine zielführende Auswertung, die in einer Entscheidung für ein bestimmtes Aufgabenfeld mündet. Das hat den Charakter einer geistlichen Unterscheidungsarbeit, bei der nicht nur die Teilnehmenden, sondern auch die Kursverantwortlichen beteiligt sind.

Genau das ist dann der Inhalt des vierten Jahres: die Teilnehmenden werden spezifisch auf ihre Aufgabe vorbereitet und zugerüstet. Wer dann also etwa in die Krankenseelsorge einsteigt, bekommt eine entsprechende gründliche Ausbildung, die ihn auf seine Tätigkeit vorbereitet. Am Ende dieses Jahres steht dann eine liturgische Sendungsfeier und die konkrete Beauftragung für einen bestimmten Ort in einer Pfarrei.

„Und die Pfarrer?", frage ich. „Na ja, die haben uns ja die Teilnehmenden geschickt – aber natürlich müssen wir auch mit ihnen gemeinsam im Gespräch sein, damit die Beauftragten auch gut begleitet werden … Das braucht manchmal etwas Zeit."

— Südafrikanische Reminiszenzen —

Ich höre gespannt zu und denke an unsere Situation. Die Stringenz dieser Ausbildung überzeugt mich, auch das Ziel der mündigen Dienste. All das verweist auf den grundlegenden Übergang, in dem unsere Kirche in Europa steht. Und es ist stimmig. Es erinnert mich an die südafrikanischen Exposureerfahrungen, die wir mit Bischof Michael

Wüstenberg in Aliwal North machen durften. Bischof Michael und sein unvergleichlicher Generalvikar Joe machten mit den Priestern und Hauptberuflichen, mit denen wir diese Studienreise unternommen hatten, einen Workshop, der genau diese Fragen zum Thema hatte: Wie werden befähigte Christen „berufen“, „ausgebildet“ und „gesandt“? „Da gibt es einen ‚Zirkel der Berufung und Ausbildung‘“, so erzählte uns Father Joe: In den Gemeinden werden Personen ausgesucht, die man sich für eine bestimmte Aufgabe vorstellen kann – sie werden in einem zweiten Schritt vom Pfarrer bestätigt – und schließlich werden sie angemessen für ihren Dienst ausgebildet. „Einmal im Jahr veranstaltet jede Pfarrei eine ‚community week‘. Da kommt die Gemeinde zu einer geistlichen und theologisch-pastoralen Vertiefung zusammen. Und am Ende dieser Woche werden auch die neuen Dienste in einem feierlichen Gottesdienst beauftragt und gesandt – und die bisherigen Dienstträger eventuell neu ausgesandt …“, so Bischof Michael.

— Die Katechisten von Father Anthony —

Im Rahmen der Missiokampagne 2015 konnten wir – in derselben Perspektive – mit Father Anthony Makunde ins Gespräch kommen, der Gast in unserem Bistum war. Mich hatte die Ausgangssituation von Father Anthony angesprochen. Eine große Pfarrei, die den Rahmen für über 40 Communities bildet, Dörfer, die ihrerseits ihr Leben in sozialraumorientierten „Small Christian Communities“ gestalten. Für Father Anthony war diese Gestaltung kirchlichen Lebens „normal“: „Sie stammt in ihren Ursprüngen aus der Zeit vor dem 1. Weltkrieg. Es waren damals deutsche Missionsbischöfe, denen klar wurde, dass das christliche Leben nur dann funktioniert, wenn es vor Ort Verantwortliche gibt …“, lächelt Father Anthony. Damals entstand dort der Dienst des „Katechisten“, der ja in Afrika bis heute eine zentrale Bedeutung hat für die Gestaltung des Lebens der Kirche vor Ort. Seitdem hat sich dieser Dienst bewährt.

„Und wie werden Katechisten gesucht, gefunden und ausgebildet?“, fragen wir. Denn das hat ja in einer Kirche, die ihr konkretes Leben sehr lokal gestaltet, eine entscheidende Bedeutung. „Ich suche sie nicht aus!“, sagt uns Anthony, „das machen die Leute aus den Dörfern. Die kennen sich ja untereinander. Sie melden dann bei mir, wen sie sich vorstellen können für diese Aufgaben. Ich melde höchstens meinen Widerspruch an, wenn ich eventuell Kenntnis habe von einem Problem, das der Kandidat oder die Kandidatin hat …"

Dann interessiert uns die Ausbildung. Und wieder sind wir irritiert: „Ja, wir haben da mehrere Ausbildungsmöglichkeiten. Die kleinste Ausbildung dauert drei Monate – die längste zwei Jahre – full time …" „Wie soll das gehen?", fragen wir verblüfft. „Ja, das geht nur, weil das ganze Dorf dahintersteht. Sie ermöglichen das, weil sie die Felder für den Kandidaten mitbestellen und seine Ausbildung mitfinanzieren."

Am Ende werden die Katechisten dann mit einer richtigen „missio canonica" als Katechisten gesandt. Sie sind dann in Zukunft der oder die Verantwortliche für das Leitungsgremium der Ortsgemeinden, zusammen mit den anderen Verantwortlichen der „Small Christian Communities" (die je aus 10–30 Familien bestehen …). Father Anthony hat – es ist gut, das zu wiederholen – 40 solcher Ortsgemeinden.

— Fruchtbare Irritationen —

Wenn man sich diese Irritationen vom Leibe halten will, dann braucht man nur darauf zu verweisen, dass es ja bei uns ganz anders ist als in Tansania oder in Holland oder in Südafrika. Das ist banal – und natürlich müssen wir selbst einen Weg finden. Es reicht aber eben nicht, sich zu immunisieren und unsere Praxis für normativ zu halten. Es ginge darum, sich fruchtbar irritieren zu lassen.

Im Hintergrund steht hier eine gänzlich andere Grundperspektive der Fortbildung. Sie ist nicht ein „nice to have", sie ist nicht ein Angebot für Engagierte, die Zeit haben. Hier geht es um viel mehr. Damit Kirche vor Ort leben kann, damit Kirche sich nicht nur in großen Einheiten strukturiert, damit Kirche vor Ort das gemeinsame Priestertum der Getauften ernst nimmt – und die Charismen und Dienste angemessen wahrgenommen, ausgebildet und mit Kompetenz ausgestattet werden –, da braucht es eine andere Perspektive der Ausbildung.

Es ist die Ortskirche, die Gemeinschaft vor Ort zusammen mit ihrem Pfarrer, die im Interesse einer wachsenden, im Evangelium und der eigenen Tradition verwurzelten und der Sendung Jesu verpflichteten Gemeinde für die Dienste und Aufgaben sendet, die es zum Leben der Gemeinde braucht. Aus diesem Interesse heraus lässt sich diese Pastoral des Rufens, der konkreten und umfassenden Zurüstung und der liturgischen Sendung erklären. Dann ist die Fortbildung nicht nur individuelles Interesse einzelner Getaufter, sondern eingebunden in den Weg des Volkes Gottes an diesem Ort. Fortbildung ist dann kein Angebot, sondern eine verbindliche und orientierende Vor-Gabe, damit diese Dienste und Aufgaben im Sinne einer konkreten Sendung geschehen können.

Mir scheint es, dass wir zwar in unserer Kirche diese „Architektur" von Berufung und Sendung mindestens formaliter haben (etwa bei Lektoren und Kommunionhelfern) – aber sie ist im Blick auf eine zukünftige Kirchengestalt des Volkes Gottes, die in der Regel die Pfarrei als ein Netzwerk frischer und gewachsener Gemeinden sein wird, die von mündigen Christen verantwortet werden, noch lange nicht durchdacht und erarbeitet.

Diese Irritationen sind fruchtbar. Lassen wir uns durch sie zu einem längst anstehenden Paradigmenwechsel provozieren?

8. Nightfever

Es war in Tettenborn, da hörte ich zum ersten Mal von Nightfever. Es war ein Treffen der Jugend der Charismatischen Erneuerung unseres Bistums. Und einige Jugendliche erzählten davon, wie sehr sie dieses Format eucharistischer Anbetung angesprochen hatte, vor allem auch die Praxis, vor der Kirche Leute anzusprechen und einzuladen, in die Kirche zum Mitbeten zu kommen. Sie berichteten von diesem Gebet in Erfurt, und den spannenden Reaktionen der Leute dort.

Das zweite Mal war es bei einem Besuch des Domkapitels von Köln bei unserem Bischof, der ja selbst einmal Weihbischof in Köln gewesen war. Man merkte jene Skepsis und Verwunderung bei den Domkapitularen, als von jenen etwas ungewohnten Gottesdiensten die Rede war – so nach dem Motto: mal sehen, wie lange es diese neuen Sachen geben wird.

Ich wurde neugierig, auch weil mir der Modus von eucharistischer Anbetung und Evangelisierung etwas „schräg" vorkam: Wie kann es sein, dass das tiefste und komplexe Geheimnis der Eucharistie – und dann noch in der Anbetung vor einer Monstranz – einen Zugang zur Christusbegegnung ermöglichen soll? Ist die Eucharistie nicht ein Arkanum – und braucht es nicht einen graduellen Zugang zu diesem Geheimnis, wie ihn etwa eine katechumenale Logik nahelegt?

Die Neugierde und die Fragen wuchsen also, und beim Ökumenischen Kirchentag 2010 in München hatte ich dann Gelegenheit, bei einem Gottesdienst von Nightfever dabei zu sein. Eine wunderbar gestaltete Kirche, Worship-Musik und die Möglichkeit, sich zu beteiligen an Fürbittboxen, aber auch das Gespräch zu suchen. Eigentlich keine Stille. Die Kirche war immer voll, alle Generationen vertreten. Und in der Mitte die Monstranz.

Es war und ist nicht meine Form der Anbetung – ich wünsche mir mehr Stille, aber ich spürte, dass dieser Gottesdienst für viele Menschen wichtig war. Und im Anschluss an den Kirchentag nahm ich zum ersten Mal Kontakt zu Andreas Süß auf. Ich war am Überlegen, ob nicht die Seminarkirche der Ort für Nightfever sein könnte. Aber schon bald zeigte sich, dass diese Kirche eben nicht in der Stadtmitte liegt, und ein zentrales Anliegen eben nicht durchführbar sein würde: Menschen, die vorübergehen, einzuladen zum Mitbeten …

Inzwischen las ich in Facebook von der unaufhaltsamen Vervielfältigung dieser Initiative, die sogar weit über die Grenzen Deutschlands sich ausbreitete, lernte die Dienerinnen des Evangeliums und vor allem Sr. Karin Cardenas kennen, die seinerzeit in Bonn an der Geburt von Nightfever mitgewirkt hatte und mir davon erzählte – und andere Mitakteure der ersten Zeit. Ich nahm wahr, dass diese Initiative im Kontext der Gemeinschaft Emmanuel entstanden war – und ich erfuhr, dass in unserem Bistum in Göttingen Nightfever gestartet war. Und darüber hinaus gab es bei Freunden in der Schweiz die Initiative adoray, die ähnlich funktioniert – und „Lightfever" in Duderstadt.

— Tiefer hinschauen —

Als Angehöriger einer kirchlichen Erneuerungsbewegung, die im Vorfeld des II. Vatikanums entstanden war und die eine wechselseitige Rezeption und Resonanzerfahrung mit dem Konzil hatte – die Fokolare sollten vor dem Konzil verboten werden, weil sie zu wenig katholisch gewesen seien, und nach dem Konzil wurden sie anerkannt und haben sicher mit anderen Bewegungen eine wichtige, wenn auch nicht so sichtbare Rolle in den Rezeptionsprozessen gehabt und könnten sie weiter haben – fragte ich mich, welche charismatischen Aufbrucherfahrungen wohl im 21. Jahrhundert sich zeigen würden.

Zunächst durfte ich immer mehr entdecken, wie sehr die geistlichen Erneuerungsbewegungen Schritt für Schritt das Angesicht der Kirche mitgeprägt haben. Die erneuerte Praxis des Umgangs mit dem Wort Gottes und des Austauschs der eigenen Glaubenserfahrungen, wie sie für viele Erneuerungsbewegungen typisch war, wurde für die nachkonziliaren Kirchenentwicklungsprozesse in Lateinamerika, Afrika und Asien leitend. Die Bewegung „mondo migliore" von Padre Lombardi beeinflusste wesentlich das Werden der kirchlichen Basisgemeinden in Lateinamerika, wie auch das Bibelteilen sehr starke Impulse aus der Fokolarbewegung erfuhr. In allen Erneuerungsbewegungen lebt das Bewusstsein von der Notwendigkeit einer Netzwerkgestalt beziehungsreicher Kleingruppen – und das hat sich nachhaltig auf die kirchlichen Entwicklungsprozesse der „Small Christian Communities" ausgewirkt.

Und während im romanischen Europa die Erneuerungsbewegungen nachhaltig prägend wirkten, war für mich hingegen nicht verwunderlich, dass die zweite Hälfte des 20. Jahrhunderts eher weniger charismatische Aufbrüche im deutschen Sprachraum hatte – ist doch das Jahrhundert zwischen 1850 und 1950 eine charismatische Blüteperiode der deutschen Kirche gewesen, die sich in der starken deutschen Theologie beim Konzil auswies: die Liturgische, Biblische und Ökumenische Bewegung, die Aufbrüche der Verbände und eines starken Laikats hatten das II. Vatikanum stark befruchtet. Doch diese Zeiten sind spirituell wie theologisch längst vorbei – werden sich, so fragte ich mich, die charismatischen Aufbrüche eher außereuropäisch ereignen? Oder werden sie in Europa eine andere Form annehmen? Als ich mir mit Freunden um das Jahr 2000 diese Fragen stellte, hatte ich keine Antwort auf diese Fragen.

In den letzten Jahren aber erlebte ich durch die Erfahrungen in England mit den fresh expressions of church eine charismatisch geprägte Aufbruchsbewegung, die seit 2004 auch offiziell unterstützt wird. Ich konnte Persönlichkeiten wie Nadya Boltz-Webber kennenlernen und die postmodernen Gemeindegründungen im Umfeld der emergent church. Und auch in Deutschland lernte ich mit Christina Brudereck und e/motion, aber auch Aufbrüchen im Emergenz-Netzwerk interessante Neukonfigurationen kennen, die ganz ähnlich wirkten. Dabei war immer eine gewisse „Liquidität“ und „Fragilität“ verknüpft mit einer tiefen spirituellen Verbindlichkeit und einer postmodernen Aneignung der großen christlichen Tradition – von new monasticism bis hin zu liturgischer Anknüpfung an die katholischen Ursprünge. Spannend und wenig übersichtlich.

Gleichzeitig fand in Deutschland eine langwierige und schwierige Rezeption charismatischer Aufbrüche und kirchlicher Erneuerungsbewegungen statt. Die Erneuerungsbewegungen wie etwa die Fokolarbewegung waren schon lange keine „neuen Aufbrüche“ mehr, als ihr Potential auch von den Bischöfen gewürdigt wurde, immer mit zurückhaltender und vorbehaltlicher Skepsis, die auch mit zum Teil sehr schwierigen Erfahrungen zusammenhängen. Insgesamt hat wohl gerade die deutsche Kirche, die sehr hoch institutionalisiert ist, mehr Schwierigkeiten mit charismatischen Aufbrüchen, als dies in anderen Ortskirchen und vor allem in der charismenfreundlichen Zeit Johannes Pauls II. der Fall war.

— Und Nightfever? —

Jetzt also Nightfever. Und hier ist es wieder ganz anders. In der Tat ist Nightfever keine institutionalisierte Bewegung, mindestens noch nicht. Sie funktioniert über virtuelle Netzwerke, und die Träger dieser Abende sind immer ein Team, das aber bunt gemixt ist: Junge Leute aus verschiedenen Bewegungen und charismatischen Szenen verbinden sich zu diesen Teams. Sie bilden die geistliche Trägerwirklichkeit dieser Abende. Und sie sind so etwas wie eine „kirchliche Basiszelle“, die sich in dieser Leidenschaft des gemeinsamen Betens verbunden weiß – und die selbst auch ausstrahlen will auf die Menschen, die zum Gebet mit eingeladen werden.

Nightfever ist also – so scheint es mir – ein osmotisches Gefüge, wo jeder und jede hinzukommen kann, zur Begleitung der Gebetsabende sich verdichtet, und dann bleibt natürlich die Verbundenheit auch in der Zwischenzeit, aber eher nicht als feste „Kreise“, sondern als „atmendes System“, zu dem immer wieder neue Personen hinzustoßen können.

Das finde ich spannend: die Frage, ob sich hier eine Bewegung, eine Vereinigung, eine neue geistliche Gemeinschaft bildet, diese Frage ist nicht zielführend. Es ist ein sehr fluides Ereignis der Sammlung – und das spiegelt sich sowohl in der Genesis von Nightfever wie an jedem Abend. Schon im Ursprung, auf dem Hintergrund der Gebetsvigil beim Weltjugendtag 2005 in Köln, waren ja auch im Umfeld der Bonner Studentengemeinde Engagierte unterschiedlicher geistlicher Strömungen und Bewegungen zusammengekommen und hatten – Impulse und Praxis der Gemeinschaft Emmanuel aufgreifend und transformierend – die Idee von Nightfever entwickelt.

Und dieses Miteinander spiegelt sich ja in den bunten Teams, die jeweils vor Ort Verantwortung für diese Abende übernehmen – und in der unglaublichen Vielfalt der Menschen, die dann an diesen Abenden dazukommen und eingeladen werden.

— Die Christusmitte —

Und was vereint denn nun? Was zieht die vielen Menschen an? Es kann ja nur Christus sein, der hier in seiner eucharistischen Gestalt angebetet wird. Was zunächst so theologisch stimmig klingt, weil es ja die innere Mitte jeder eucharistischen Ekklesiologie ist, wird hier gelebte und attraktive Praxis. Und offensichtlich ist es eben so, dass diese innere Bezogenheit auf Christus selbst ermöglicht, dass die Nightfever-Abende gelingen können. Denn eine Gruppe von Trägern hat selbst die tiefe und verwandelnde Erfahrung mit Christus gemacht und bezeugt diese Erfahrung der Verbundenheit, die Erfahrung des eucharistischen Leibes Christi, der die Kirche ist.

Hier scheint eben auf, dass es wirklich Christus ist, der die Erfahrung des Kircheseins schenkt und feiern lässt. Aber diese Gemeinschaftsform, die sich in den Gebetsabenden verdichtet, „verschwindet" nach diesen Abenden zwar sichtbar, ist aber in den gewachsenen Beziehungen weiter vorhanden, und zeigt sich in Initiativen wie den katechetischen „Nightfever-Akademien". Und es gibt noch mehr, was in ähnlicher Weise wächst: Nightfever-Leiterwochenenden, Exerzitien, Glaubenskurse und weitere Initiativen verknüpfen diejenigen, die hier einen Weg ihres Glaubens gefunden haben. Mir scheint, dass diese flüssige und dennoch so starke Netzwerkgestalt des Kircheseins wirklich auch die postmoderne Lebenswirklichkeit widerspiegelt, in der gerade auch junge Menschen – aber nicht nur sie – leben.

Sie lässt sich nicht angemessen ausdrücken in der Alternative „Event" – „Gemeindekontinuität". Vielleicht gilt es hier, diese tiefen Dimensionen einer eucharistischen Theologie neu wahrzunehmen. Viel zu lange haben wir die Eucharistiefeier zu stark verknüpft mit einer bestimmten Gemeindeform. Da war die Soziologie der Vertrautheit und des Sich-Kennens fast wichtiger als das Zutrauen in die eucharistische Kraft des Christus – und als das Nachdenken über das, was eigentlich in der Liturgie geschieht und sie ermöglicht.

Ich erinnere mich daran, dass ich zutiefst irritiert war, von meinem theologischen Lehrer Dietrich Bonhoeffer zu lesen, dass für ihn die Kraft der Eucharistie am tiefsten bei Feiern in Großstädten aufstrahlt, wo man sich nicht kennt. Das war so lange irritierend, bis ich in Paris zur Mittagszeit im Quartier Latin eine Eucharistie mitfeierte, und an einem anderen Abend in Notre Dame. Ich merkte, dass ich hier tief in die Verwandlung der kleinen oder größeren Gruppe unbekannter Mitfeiernder in eine Gemeinschaft einbezogen wurde. Später wurde mir diese Erfahrung immer wichtiger, wo auch immer, etwa in der Gemeinschaft von Jerusalem, aber auch an den vielen Orten dieser Welt, wo ich Gast sein durfte und Eucharistie mitfeierte.

Dies ist eigentlich theologisch klar, aber es ist eben auch existenziell erfahrbar. Aber nicht voraussetzungslos. Denn es reicht nicht, scholastisch tridentinisch von der Objektivität des sakramentalen Ereignisses zu sprechen, auch wenn diese Nüchternheit hilfreich sein kann. Wahr ist aber auch, dass eine eucharistische Erfahrung am besten vorbereitet ist, wenn eine innere Tiefe der Verbundenheit in der Taufe gelebt wird, wenn also – wenigstens in einer kleinen Gruppe – die Erfahrung der lebendigen Gegenwart Christi schon bezeugtes Leben ist. Dann kann solche Erfahrung der verwandelnden Gegenwart Christi sich tiefer und nachdrücklicher auswirken und erlebbar werden. Es geht ja nicht um die Rituale und Liturgien, sondern um das, was sie bewirken können: dass nämlich Christus „in seiner vollendeten Gestalt" erfahrbar wird – wir als Leib Christi leben können.

Und das ist eine mystische Erfahrung, die fortdauert, und die sich aktualisiert in den Begegnungen des Alltags, in den Postings bei Facebook – im Miteinander auf allen Ebenen.

— Am Kölner Hauptbahnhof —

Ich treffe Andreas Süß und Franziska Strecker, die die weltweite Kommunikation des Netzwerkes verantwortet, zu einem Kaffee am Kölner Hauptbahnhof. Wir sprechen über die wachsende Erfahrung von Nightfever. Ein echt freundschaftliches Treffen. Und auch wenn die Gebetsabende selbst mich nicht so anziehen, kann ich doch entdecken, welches auch ekklesiologische Potential sich hier aus der Erfahrung eucharistischer Anbetung zeigt. Und wie vielleicht in unseren postmodernen Zeiten die eucharistische Ekklesiologie neu entdeckt werden kann. Aus dem Leben heraus.

9. Die Seminarkirche entwickelt sich – Ein visionäres Experiment

Die Seminarkirche in Hildesheim ist eine besondere Kirche. Nachdem intensiv bedacht worden war, wozu sie einem Tagungshaus dienen kann, das immer mehr berufliche und ehrenamtlich engagierte Verantwortungsträger der Kirche ausbildet und begleitet – und wie die Kirche den zunehmend katechumenalen katholischen Schülerinnen und Schülern für Schulgottesdienste zur Verfügung stehen könnte. Eine sehr engagierte, ungewöhnliche und zuweilen provozierende Gestaltung dieser Kirche war das Resultat, das Eucharistiefeier intensiv ermöglicht, ebenso wie Wortliturgien in unterschiedlichster Art.

In den vergangenen fünf Jahren wurde die Seminarkirche immer wieder zu einem zentralen und wichtigen Ort liturgischer Erfahrung und liturgischer Einführung, mit überraschenden Echos: „Diese Kirche sammelt in ihrer Einfachheit und Nüchternheit alle, führt sie ins Schweigen und Hören – jede Altersgruppe“, so sagten viele Lehrer. Und niemand wird die Summerschools vergessen, wo wir – zusammen mit dem Team von Bukal Ng Tipan – Kirchenentwicklungsprozesse nicht nur gestalteten und immer tiefer verstanden, sondern auch feierten: in Liturgien, die einerseits von großer Schlichtheit geprägt waren, und andererseits den Raum ausschöpfen konnten: bei originellen Formen des Bibelteilens ebenso wie bei Liturgien, in denen wir alle in Bewegung kamen. Wenn es diese Kirche nicht geben würde, müsste man sie in der Tat erfinden …

— Ein Glaubenskurs für Familien —

Vor zwei Jahren etwa siedelte sich in der Seminarkirche auch eine neue Gruppe an: Zwei Gemeindereferentinnen entdeckten den Raum für eine interessante Initiative. Jedes Jahr gibt es Familien, die ihre Kinder noch nicht getauft haben. Mit Eltern und Kindern findet jedes Jahr ein Glaubenskurs statt, bei dem auch immer wieder liturgische Feiern eine wichtige Rolle spielen. Nein, keineswegs immer Messen, wohl aber angemessene Liturgien für Menschen, die zumeist erstmalig einen echten Kontakt zur Kirche aufnehmen, in der Absicht, dass nach der Taufe ihre Kinder auch zur Kommunion oder auf eine katholische Schule gehen können.

Die Gottesdienste fanden Anklang, schon gar in der Seminarkirche. Und so entstand hier eine wachsende Gemeinschaft von Familien, bis zu 100 Personen „bevölkerten" die Seminarkirche zu den Gottesdiensten – und weckten die Aufmerksamkeit der Stadtpfarrei in Hildesheim. Ist hier Konkurrenz für die anderen Gemeinden? Darf man am Sonntagmorgen einen Wortgottesdienst feiern, wenn nebenan zeitgleich eine Sonntagsmesse stattfindet? Diese Irritationen waren aber zu überwinden. Denn es war ja auch deutlich, dass diese Familien weder in einer Gemeinde beheimatet waren, noch sonst irgendwo in die Kirche zum Gottesdienst gehen würden.

Eine erfolgreiche Initiative also, die ernst nimmt, dass die „Bezugsgröße" der werdenden Christen in diesem Fall nicht eine Ortsgemeinde ist, sondern entweder der Kindergarten oder die Schule, vielleicht in kirchlicher Trägerschaft, oder aber eben die Stadt und in ihr jene „Kirche", die ihnen am meisten entspricht. Und interessant ist also auch, dass manche Familien auch ohne den Anlass einer gewünschten Taufe ihrer Kinder dabei sind – und länger bleiben.

Das Projekt selbst ist sicher eine wertvolle und weiterzuführende Initiative der Pastoral für Katechumenen, besonders für Kinder und ihre Familien – und könnte das auf Dauer auch bleiben. Aber es könnte auch weiterentwickelt werden, je nachdem, welche Perspektive man anlegt.

— Eine Zwischenüberlegung —

Wer sich in Städten wie Hildesheim kirchlich bewegt, wird schnell feststellen, dass nicht nur für Menschen, die sich auf dem Weg des Christwerdens befinden, sondern auch für alle anderen, auch für die meisten jüngeren Gemeindechristen, die gewachsene klassische Gemeindekonfiguration bestenfalls noch eine mögliche Alternative ist – eigentlich ist es aber der stadtkirchliche Raum, mit seiner Vielfalt an ökumenischen Möglichkeiten der Zugehörigkeit. Menschen wählen selbst ihren Zugehörigkeitsraum, feiern unbefangen mit – und erleben so Kirche, in Gottesdiensten der unterschiedlichsten Prägungen. Ein schönes Beispiel ist die sich entwickelnde Gottesdienstkultur am Dom. Nachdem der Dom für mehrere Jahre geschlossen war, hatte man ein wenig Sorge: werden Menschen wieder zu Gottesdiensten in den Dom kommen? Das Gegenteil, so zeigt sich, ist der Fall. Viel mehr Menschen als gedacht finden zu den Gottesdiensten, noch mehr zu den Konzerten. Eine „Domgemeinde“ gibt es in diesem Sinne nicht, aber sie konstituiert sich immer wieder neu. Und in der Tat sind es nicht „neu gewonnene“ Mitfeiernde der kulturell hochstehenden Liturgien im Dom, sondern Menschen aus Stadt und Umland, die wahrscheinlich sonst an anderen Orten Liturgien mitfeiern.

Das gilt allerdings auch für andere Kirchen in der Stadt. Menschen, Familien wählen sehr bewusst nach Zeit, Ort, Person, Interesse – und manche wählen auch, wie bisher, ihre „Heimatgemeinde“ oder die Pfarrkirche, zu der sie gehören.

Einige Male habe ich in der Basilika der Innenstadt, St. Godehard, Messe feiern dürfen. „Die Gemeinde ist tot“, hatte mir der Pfarrer berichtet. Aber … in der Kirche feierten über 150 Personen am Sonntag um 9 Uhr – zweifellos nicht die beliebteste Gottesdienstzeit – mit, engagiert und partizipierend. Welche Gemeinde ist tot? Natürlich, die klassische St. Godehardgemeinde mit ihren Gruppen und Verbänden, den Gemeindefesten und Prozessionen, geht ihrem Ende entgegen. Aber was sind die Menschen, die hier gottesdienstlich engagiert mitfeiern – wie übrigens in fast allen Gottesdiensten, denen ich auch in anderen Kirchen vorstehen durfte. Sind es nur Individuen? Ist es eine Gemeinde? Muss man unterscheiden zwischen der Gottesdienstgemeinde und der „richtigen“ Gemeinde?

Und wie sind die vielen Gottesdienste zu deuten, die zu verschiedenen Gelegenheiten wie dem Stadtfest, dem Jazzfestival und den Einschulungen viele Menschen sammeln? Was geschieht bei diesen Gottesdiensten mit den Teilnehmern – sind sie nur „Kasualienfromme“ und eigentlich kirchliche „Fernstehende“? Die Liste könnte fortgeführt werden.

Aber das gilt nicht nur für die liturgischen Feiern. Wie ist es zu deuten, wenn im Kontext der Flüchtlingsarbeit eine ökumenische Initiative wächst, in der Menschen im Dienst an den mehr werdenden Flüchtlingen immer mehr eine Erfahrung von Gemeinschaft machen, ihre Erfahrung von Kirche. Wenn im Kontext der katholischen Schulen junge Menschen sich auf die Firmung vorbereiten – wenn in einem kirchlichen Kindergarten unseres Bistums immer mehr Taufen gefeiert werden, und ein Dechant im Priesterrat sagt, dass am Sonntag ca. 1000 Menschen in der Kirche mitfeiern, er aber eine Alltagskirche von bis zu 3000 Menschen habe – und er damit die Kirchenerfahrungen der kirchlichen Kindergärten und Schulen meint.

Ein spannendes Stück angewandte Ekklesiologie ereignet sich vor unseren Augen. Ein normengeleitetes Gefüge milieuhafter Gemeindekirche löst sich still auf und die Menschen, auch vom Geist Gottes geführt, orientieren sich – schon lange – nicht mehr an Gemeindeerfahrungen, sondern an Kirchenerfahrungen – und diese Kirchenerfahrungen orientieren sich nicht zwingend an dem „Komplettpaket“ vertrauter Gemeinschaft, Gruppenleben und Gemeindeaktivitäten und dem sonntäglichen Gottesdienst.

Vor unseren Augen, und auch in unseren eigenen Herzen, ist damit noch ein Weitungsprozess verbunden: wie wir nämlich Communio und Kirche verstehen. Er orientiert sich an existenziellen Erfahrungen der Gemeinschaft und Zugehörigkeit, die nicht mit vertrauten Kreisen zu verwechseln sind. Für viele Menschen ist es das, was sie erfahren, wenn sie von Kirche sprechen, egal ob im Altenheim oder Kindergarten.

Es ereignet sich eine Ekklesiogenesis, die weiter zu gestalten ist.

— Eine neue Gemeinde? —

Zurück zu unserer Gottesdiensterfahrung mit den Familien in der Seminarkirche. Denken wir weiter, denken wir diese Erfahrung „nach vorne“, dann könnte man auch auf diese Erfahrung als die einer werdenden Kirche schauen, einer werdenden Gemeinde. Zweifellos ereignet sich hier Kirche, in allen ihren Dimensionen: anfängliche und auch sehr tiefe Christuserfahrungen werden ermöglicht, Liturgie wird gefeiert und die Schrift erschließt sich, eine Gemeinschaft bildet sich – die Verbindung mit der Gesamtkirche und auch der Pfarrei ist durch die Gemeindereferentinnen gegeben, vor allem aber durch die Feier der Eucharistie, die in der Einheit der Kirche versammelt.

Braucht es noch mehr für eine Kirchwerdung? Wie könnte es weitergehen? Bildet sich hier nicht eine neue, experimentelle und zweifellos sehr fragile neue Gemeinde im Kontext der Stadterfahrung des Kircheseins?

Die Antwort heißt „Ja". Und wenn das „Werden" neuer Kirchenformen im Ansatz einer lokalen Kirchenentwicklung gewünscht ist, ja gefördert werden soll, dann haben wir im Blick auf das, was sich unter unseren Augen ereignet, keineswegs einen „Stillstand", sondern eine sehr kreative Entwicklung „aus dem Leben heraus": allerdings, und das wird man sagen müssen, ist der Blick auf diese umfassende Regeneration und Neugeburt der Kirche häufig noch verhüllt: Viele Pfarrer und Bischöfe, pastorale MitarbeiterInnen und auch Gemeindeglieder vermögen diesen Verwandlungsprozess der Kirche nicht zu „sehen", und benutzen eine veraltete Pastoralkriteriologie, die die Wertigkeit einer Erfahrung an der Nähe zu klassischen Gemeindeformationen orientiert. Wir sagten schon: alle diese Beschreibungsversuche sind hinfällig, und es braucht eine Neuorientierung und Neubegründung eines Kirchenverständnisses. Vielfältige ekklesiologische Fragen entstehen, und sie führen paradoxerweise zu einer doppelten Profilierung: einerseits spielen – wie im anglikanischen Sprachraum – die Aspekte der konkreten Sendung eine wichtige Rolle, um Gemeindebildungsprozesse beschreiben zu können: Dort, wo Menschen sich in die Sendung Jesu mitnehmen lassen, wächst auch Kirche, in unterschiedlichsten Aggregatzuständen, immer aber „im Werden" – und andererseits wird die sakramentale Rahmenwirklichkeit der Pfarrei immer wichtiger: denn sie verhindert, dass diese neuen Aufbrüche eingeordnet und integriert werden müssen in bekannte Gemeindekonfigurationen – und sie ermöglicht, dass auch dieser Ort kirchlicher Erfahrung gefördert und sakramental gestärkt und entwickelt werden kann.

— Ein visionäres Experiment —

Im Herbst 2025 feiert die Gemeinde „Seminarkirche" ihr zehnjähriges Bestehen. Inzwischen ist es notwendig, jeden Sonntag zwei Gottesdienste zu feiern: am Morgen um 11 Uhr findet der „traditionelle" Familiengottesdienst für diejenigen statt, die ihr Kind taufen lassen wollen, am Abend um 20 Uhr trifft sich eine Gemeinschaft von Familien, die weiter gewachsen ist, über den ursprünglichen Anlass der Kindertaufe hinaus. Inzwischen haben sich in Hildesheim etwa 10 Familienkreise um diese Gemeinde gebildet – sie treffen sich quartiers- und stadtteilorientiert. Geleitet wird diese Gemeinde von einem Team, dass alle drei Jahre von den beiden Gottesdienstgemeinden gewählt wird. Inzwischen hat sich eine intensive Begleitung von Flüchtlingsfamilien als soziales Hauptanliegen der Gemeinde ergeben. Im Kontext der Stadtpfarrei – Hildesheim ist eine Pfarrei geworden – ist die Seminarkirche eine der 40 katholischen Gemeinden, die alljährlich in der Stadtsynode über den Weg der Pfarrei nachdenken. Der Stadtpfarrer und sein Team begleiten die Gemeinde nicht nur in den Gottesdiensten, sondern stimmen mit der Leitung die Ausbildung von Diensten und Verantwortungsträgern ab, die Bestellung von Katecheten, Liturgen und Diakonischen Diensten.

Ob es so sein wird?

10. Generations of Faith

Ich hatte davon gehört. Bald nach dem Beginn des Crossing-over-Projektes hatten einige begeistert davon erzählt, dass es in einigen amerikanischen Pfarreien eine neue Form der Katechese gäbe. Ganz radikal würde das bedeuten, die bisherigen Katechesewege aufzugeben zugunsten einer Katecheseerfahrung aller Generationen. Eine spannende Idee, die doch ganz der Entwicklung des Katecheseverständnisses unserer Kirche entspricht. Denn es wird ja immer bewusster, dass Glaubenswachstum nicht eine Sache für Kinder ist, oder letztmalig für Jugendliche – sondern dass jeder Christ, jede Christin weiter auf dem Weg zur Heiligkeit ist – auf dem Weg, in seinem und ihrem Glauben zu wachsen. Was liegt also näher, als dass die ganze Gemeinde sich auf diesen Glaubenswachstumsweg begibt …

— Und konkret? —

Konkret kann man nicht einfach alles bisherige abschaffen, aber es geht darum, Geschmack zu wecken an einem Weg, der die Pfarrei, die Gemeinden verändern kann. Man stelle sich vor, dass im Laufe eines Jahres an acht Samstagen alle Gemeindeglieder eingeladen werden, miteinander einen Tag zu verbringen, an dem ein Thema des Glaubens vertieft wird. Die Planungsperspektive mancher amerikanischen Pfarrgemeinde denkt dann sieben Jahre im Voraus, um auch alle Themen des Katechismus einmal in den Blick zu nehmen – beeindruckend.

Zu diesem Treffen werden auch alle Eltern und Kommunionkinder, die Firmbewerber und ihre Eltern eingeladen – und auch die Katechumenen. Ich stelle mir vor, dass dann mehr als 250 Personen sich am Morgen des Tages treffen, mit Musik und von gastfreundlichen Teamern begrüßt werden. Bei Kaffee und Keksen wird die Möglichkeit eröffnet, sich kennenzulernen. Namensschilder werden ausgegeben. Nach einer kurzen katechetischen Einführung finden Workshops und Angebote zur Vertiefung des Themas statt. Nach den Workshops sammeln sich alle – und verschiedene Präsentationen finden statt. Anschließend: gemeinsames Essen. Schließlich mündet alles in einen gemeinsamen Gottesdienst.

In der Endausfaltung kann man dann auch sagen: es gibt keinen spezifischen Erstkommunionkurs mehr, und auch keinen Firmkurs. Wer zur Kommunion oder Firmung möchte, nimmt an dieser „whole community catechesis" im Laufe eines Jahres oder mehrerer Jahre regelmäßig teil.

— Ja, aber ... —

Soweit die Theorie. In einigen Pfarreien findet das auch so statt. Aber jeder, der sich eine solche Entwicklung vergegenwärtigt, der merkt, dass das eine echte prioritäre Entscheidung sein muss. Eine Gemeinde muss und will dafür gewonnen werden – es braucht – ähnlich wie beim Alphakurs – viele Engagierte, die im Hintergrund mitwirken, als Teamer für die Begrüßung, für die Workshops, für das Essen, für die Musik, für den Gottesdienst. Auch wenn das alles sehr aufwendig ist – man kann sich schon vorstellen, dass hier unglaublich viele Christen mit ihren Gaben einbezogen werden können. Nebenbei wird man so etwas nicht machen können.

Ich war aber von Anfang an begeistert von dieser Idee. Mich erinnerte das an die stärksten Momente, die ich in der Fokolarbewegung erlebt habe. Es waren große Treffen, wo Menschen aller Generationen zusammenkamen, die sich keineswegs alle kannten. Es waren Erfahrungen, die eigentlich ganz einfach waren. Es ging gar nicht so sehr um Inhalte – auch wenn es immer welche gab. Es ging mehr um die Begegnungen. Und ich erlebte hier erstmals die Kraft einer kirchlichen Erfahrung, in der die Lebendigkeit des Geistes mit Händen greifbar war. Und das ist belebend und überzeugt.

— Der Ausgangspunkt: an den Grenzen des Möglichen[11] —

In einem Arbeitskreis zum Thema Erwachsenenkatechumenat berichtete ein Pfarrer von den Herausforderungen, immer noch neue zusätzliche Katecheseformate zu entwickeln, etwa den Katechumenat ... Ich schlug ihm vor, doch einmal über einen neuen Weg – eben den Weg einer gemeinsamen Katechese der Gemeinde – nachzudenken. Und so entstand nach einigen Vorüberlegungen in Sarstedt der „Treffpunkt Gott".

Es ist beeindruckend, wie stark die Resonanz auf diesen ersten Versuch ist. Recht bald fanden auch an anderen Orten so ähnliche Formate statt, teils im Kontext der Sakramentenvorbereitung, teils als eigene Veranstaltungen. Diese überraschende Resonanz macht deutlich, dass es eine bestechende Logik gibt, die hinter dieser Idee steckt.

Ich erinnere mich sehr an die vielen Begegnungen mit den Akteuren aus Sarstedt, bei denen wir miteinander über die Erfahrungen reflektiert haben. Schnell wurde deutlich, dass es gar nicht so einfach ist, eine ganze Gemeinde auf diesen Weg mitzunehmen. Ganz im Gegenteil wissen auch nach mehreren Jahren viele Gemeindemitglieder nichts davon zu erzählen. Für andere ist es völlig anders: für sie ist „Treffpunkt Gott" der Ort geworden, an dem sie ihren Glauben leben

11 Vgl. hierzu A. Dörsam / C. Hennecke (Hg.), Generationen des Glaubens. Kontexte, Modelle und Erfahrungen intergenerationeller Katechese, München 2015.

und gestalten können. Weit über 100 Personen kommen regelmäßig zu den drei Treffen, die es inzwischen jährlich gibt.

Schon bei den ersten Treffen waren viele Neugierige, vor allem Hauptberufliche aus anderen Pfarreien, präsent. Und so breitete sich das „Muster“ aus. Zum Beispiel entwickelten sich „Gemeindekatechetische Sonntage“ in Buxtehude oder eine „Glaubenswerkstatt“ in Duderstadt.

Die Erfahrungen sind allerorten sehr positiv und ähnlich. In den Gottesdiensten, in den Erfahrungen der Workshops, beim gemeinsamen Essen wird wirklich Kirche erfahrbar – auf eine tiefe und doch ganz einfache Art und Weise. Aber überall wird auch deutlich, dass der Aufwand für diese Treffen nicht nebenbei zu leisten ist. Überall wird auch deutlich, dass diese Treffen (noch) nicht Sache der ganzen Pfarrei sind. Und überall lässt sich entdecken, dass hier eine prägende Gemeinschaft wächst, die einen ganz bestimmten Stil, ein ganz klare Beteiligungskultur hervorbringt – eine Erfahrung kirchlicher Großfamilie deutlich macht, in der die Getauften Subjekte ihres Glaubensweges werden.

— Deutungen —

In den USA ist der Weg der „intergenerationellen Katechese“ keineswegs überall verbreitet, aber dort, wo sich dieser Weg in der Pfarrei durchgesetzt hat, steht dahinter ein starker visionärer Wille. In den amerikanischen Pfarreien, die durchaus durchstrukturierter sind als viele deutsche Pfarreien, und die in der Regel auch noch geschlossenere Gefüge sind, lässt sich wahrscheinlich eine Idee breiter vermitteln und als Konzept durchsetzen.

Das gelingt hier in unseren Kontexten eher nicht so. Das kann mehrere Gründe haben. Möglicherweise gelingt es in unserem Setting noch nicht, einen gemeinsamen partizipativen Prozess durchzugestalten. Möglicherweise kann man auch in unserem Kontext nicht einfach auf ein Modell setzen. Es wird nicht sichtbar, dass es nicht nur um eine neue Initiative geht, sondern um einen Weg der Pfarrei als ganzer. Wahrscheinlich braucht es aber noch intensivere Bemühung um eine gemeinsame Vision, die von möglichst vielen getragen wird – erst dann könnte eine solche Initiative als Teil einer größeren Vision Kraft entfalten.

Andererseits: es geht um einen Kulturwechsel – und solche Kulturwechsel werden nur Schritt für Schritt gegangen werden. Möglich ist ja, dass man bei dieser Frage beginnt, und so von hier aus weitere Schritte zu gehen versucht. So erlebe ich auch die äußerst fruchtbaren Initiativen.

Es kann allerdings auch sein, dass hier eine neue und ungewohnte Erfahrung beginnt. Menschen finden in dieser neuen Form so etwas wie ihre neue kirchliche Heimat. Die ist nicht immer zu vermitteln im klassischen Gemeindesetting. Und so könnte es durchaus sein, dass durch eine solche katechetische Initiative auch neue Gemeinden wachsen. Vielleicht muss man sich ja gar nicht darum bemühen, dass eine ganze Gemeinde miteinander auf dem Weg ist – vielleicht heißt die Antwort ja auch, dass in unterschiedlicher Weise in einer Pfarrei Gemeinden entstehen und wachsen. Das wäre eine spannende Entwicklung, denn dann würde endlich eine Antwort gefunden auf die Frage, wie in einem deutschen Kontext innerhalb von Pfarreien neue Gemeindebildungen ermutigt und gestaltet werden könnten. Man müsste dann nämlich nur Abschied nehmen von der integrationsoptimistischen Perspektive der „Einen Gemeinde" und sich öffnen für ein neues Gemeindeverständnis. Es ginge dann darum, an möglichst vielen Orten, bedingt durch unterschiedlichste Anlässe und Herausforderungen, das Evangelium ins Leben zu bringen, auf dass Communio, Gemeinschaft aus Gnade, wächst und sich entwickeln kann. Es wird ja immer klarer, dass solche neuen Formen des Kircheseins dann kraftvoll sich entwickeln, wenn es möglich wird, beziehungsreich den Glauben zu leben.

In den großen Pfarreien und pastoralen Räumen ist dann also eher davon auszugehen, dass an verschiedenen Orten und zu verschiedenen Anlässen oder Engagements Gemeindebildungsprozesse ermutigt, gefördert und begleitet werden – und die Pfarrei sich so entdecken kann als große Vielfalt unterschiedlicher Erfahrungen des Kircheseins.

11. „XYZ-hausen": Das Dilemma des Gottesvolkes

Ich bekomme eine Einladung: „Könnten Sie nicht mal zu uns kommen? Wir wollen darüber nachdenken, wie wir in unserer Gemeinde weiterkommen …" Ich fahre gerne hin. Es ist eine kleine Gemeinde, etwas mehr als die Hälfte der Bevölkerung ist katholisch, sehr geprägt katholisch. Inzwischen gehören sie zu einem größeren ländlich geprägten pastoralen Raum. Kleine Kirche und schönes, recht modernes Gemeindezentrum. An diesem Abend sitzt das Koordinierungsteam dieses Kirchortes zusammen – fünf Leute, darunter auch zwei jüngere Erwachsene.

„Worum geht es Ihnen denn?“, frage ich, als wir uns wechselseitig vorgestellt haben. „Na ja“, sagt eine der Frauen, „wir würden uns schon wünschen, dass mehr Menschen in die Kirche kommen …“ „Wie viele kommen denn zur Messe?“, frage ich. „100 – und an den Festtagen mehr…“ „Na ja“, sage ich, „das sind ja fast 15 % der Katholiken. Das ist ja eigentlich nicht wenig. Sie wissen ja auch, dass sich die innere Bindung an die Eucharistiefeier in den letzten Jahren sehr abgeschwächt hat …“ „Ja, aber wir wollen uns als Gemeinde erneuern …“

Und so kommen wir intensiv ins Gespräch. Auf meine Nachfrage beginnen sie zu erzählen, welche starken Erfahrungen sie machen. Der junge Mann erzählt von der starken Gruppe der Ministranten – über 30. Eine Mutter erzählt von dem Chor, der sich gebildet hat. Und die anderen erzählen von Festen und Feiern, die im Dorf das kirchliche Leben eng mit dem Leben der Leute verknüpfen. Fast in jedem Monat gibt es dafür einen Anlass, und „es ist immer besonders gut, wenn wir dann miteinander essen. Sie kommen dann immer alle …“ Vor meinen Augen bebildert sich eine sehr lebendige und vor allem sehr alltagsrelevante Gemeinde, mit hohen Engagement. Katechese, liturgische Dienste, Diakonie vor Ort – all das wird ganz selbstverständlich getragen.

„Wenn ich das so höre, dann frage ich mich, was ihr noch zusätzlich machen wollt. Ich glaube, es geht eher darum, das alles erst mal wahrzunehmen und zu schauen, wie man das vorsichtig weiterentwickeln kann … Das klingt für mich so lebendig, so entwickelt. Kompliment.“

— Die Wunde —

An diesem Punkt nimmt das Gespräch eine Wende. Die Chorleiterin ist den Tränen nahe: „Ich bemühe mich so um die musikalische Gestaltung der Gottesdienste, aber wenn ich morgens in die Sakristei gehe, dann weiß ich nie, was passiert. Oft werde ich gar nicht vom Pfarrer gegrüßt, und manchmal einfach abgekanzelt. Das ist so demütigend …“

„Ich kümmere mich um die Ministranten, das ist eine tolle Gruppe ...", fährt der junge Mann fort, „aber ich muss immer in der Sakristei mich schützend vor die kleinen Ministranten stellen. Denn die werden oft ausgeschimpft, ohne Grund – und dann kommen die nie wieder. Wissen Sie, wenn ich mit diesen Kindern eine Theatergruppe mache, die würden alle mitkommen. Ich weiß gar nicht, warum ich mir das alles antue ..."

Die Frauen nicken. Sie sind auch im liturgischen Bereich tätig, als Sakristanin, als Kommunionhelferin, Lektorin. Sie machen ähnliche Erfahrungen. Der Pfarrer ist unberechenbar. „Da kann alles Mögliche in der Messe und davor passieren – das wissen wir nie. Manchmal ist es ganz gut, manchmal einfach schrecklich. Wir wissen ja, welcher Geistliche kommt – und manchmal gehe ich dann einfach woanders hin. Aber wir können doch nicht einfach so weggehen ..."

Je länger ich zuhöre, desto deutlicher ist es doch: „Ich glaube, jetzt beantwortet sich auch die Frage, warum nicht mehr Leute am Sonntag in die Kirche kommen ... Sie selbst überlegen ja, ob und wie sie es aushalten. Da können sie ja kaum jemanden mit frohem Herzen einladen ..."

Es gibt ja verschiedene Alternativen, so denke ich mir, und wahrscheinlich werden auch alle genutzt. Es wird Menschen geben, die anderswo Gottesdienste mitfeiern – die Auswahl ist nicht klein. Wieso sollte man zu Gottesdiensten gehen, bei denen man sich nie sicher ist, ob man genährt oder verärgert nach Hause geht? Und ist es bei der immensen Bedeutung der Liturgie für die Entwicklung des christlichen Lebens eigentlich erträglich, was hier passiert? Darf man das überhaupt dulden? Was tun sich hier viele Menschen an?

Ich bewundere die, die hier jeden Sonntag das liturgische Leben gestalten, und aushalten, was sie im normalen Leben ihres Berufes nie akzeptieren würden: Willkür und Aushalten der Launen eines Pfarrers, der doch zu ihrem Dienst bestellt ist ...

— Deutungen und Konsequenzen —

Die Erfahrung von XYZ-hausen ist exemplarisch. Ich erinnere mich, dass ich in einer Reihe von Vorträgen immer mal wieder gesagt habe, dass ich angesichts der Predigten und der Kultur mancher Liturgien die Leidenskraft des Gottesvolkes bewundere. Da gab es immer Applaus, und ich habe mich immer erschrocken. Das wollte ich nicht auslösen. Und doch ist es ein Fakt. Die Zeiten haben sich verändert.

„Denken Sie immer daran“, sagte Professor Josef Freitag in einer Priestertagung für Priester des Bistums Dresden-Meißen, „dass sich die Zeiten grundlegend verändert haben. Früher waren Sie die vielleicht am besten ausgebildetsten Akademiker in ihrer Pfarrei. Heute ist das nicht mehr so. Wahrscheinlich ist eine große Gruppe von Christinnen und Christen besser ausgebildet als Sie … Und diese Christgläubigen sind frei … Sie sind nicht gebunden an Ihre Gemeinde. Sie bewegen sich so, wie es für sie gut ist …“ Die Auflösung bindender Milieus und die Abhängigkeit gegenüber Priestern hat deutlich abgenommen, das ist evident. Und es öffnet die Augen.

Umso erstaunlicher ist die Erfahrung aus den nicht wenigen XYZ-hausen. Was geschieht hier und wie ist es zu deuten? Sind die Personen in diesen Orten zurückgeblieben? Ist es ihnen egal, wie die Eucharistie gefeiert wird und in welcher Atmosphäre?

In dem Gespräch wurde ganz deutlich, dass dies nicht so ist. Sie zahlen bewusst einen hohen Preis. Bewusst. Mit Schmerzen. Und warum? Nicht, weil sie müssen, sondern aus Wahl. Es ist die Wahl des Volkes Gottes für die Gemeinde vor Ort. Es ist das tiefe Wissen darum, dass die Gemeinde vor Ort aus der Eucharistie lebt. Es ist der tiefe Sinn des Gottesvolkes für die sakramentale und eucharistische Gründung des Miteinanders. Und die Sehnsucht, dass auch die kommende Generation daraus leben möge. Trotz allem. Natürlich könnte man woanders hingehen. Und natürlich tut man das auch ab und an. Aber hier in diesem Fall geht es auch darum, die Gemeinschaft vor Ort leben zu lassen. Ich verstehe, dass die Leidensfähigkeit spirituell gegründet ist und ein großes Zeugnis gibt für den inneren Glaubenssinn und die Glaubenskraft.

Aber es gibt hier nichts zu verherrlichen. Es bleibt ein Skandal. An nicht wenigen Orten bleiben Menschen ihrer Ortspfarrei und den Teilgemeinden treu, gestalten dort das Leben vor Ort – und müssen sich auf vieles einlassen. „Wissen Sie“, sagte mir ein Vertreter aus ABC-dorf, „wir haben ein wenig resigniert. Was sollen wir denn tun? Wir haben uns so oft beschwert, aber … es verändert sich nichts. Manchmal denke ich, es wäre besser, wir hätten keinen Pfarrer.“

Das sagen nicht Leute, die keinen inneren Zugang zum priesterlichen Dienst oder zur eucharistischen Grundgestalt haben – ganz im

Gegenteil. Diese Solidarität für die Gemeinde vor Ort ist keine Vereinsmeierei, und sie ereignet sich mitten in einer schwierigen Umbruchsituation. In vielen dieser Gemeinden und Pfarreien werden Engagierte nicht gefördert, nicht ausgebildet und begleitet. Fortbildung bleibt ihr Privatvergnügen und wird nicht gewürdigt. Sie bringen ihre Talente ein, sammeln Menschen, entwickeln die Gemeinschaft vor Ort – nur um sich dann fragen zu müssen, wie sie es aushalten können, so mangelhaft genährt zu werden.

— Hausaufgabe Paradigmenwechsel —

Manchmal kann man den Eindruck haben, dass manche Pfarreien und Gemeinden einfach dafür da sind, ihre Pfarrer und Hauptberuflichen auszuhalten, die an anderen Orten ebenfalls ausgehalten wurden. Natürlich kenne ich den Begründungszusammenhang, der eine solche Logik stimmig machen könnte. Das wichtigste ist ja die sakramentale Versorgung, und die geschieht „objektiv" ja weiterhin.

Das ist alles wahr, aber die Zeiten haben sich in der Tat sehr geändert. Auch hier steht ein Paradigmenwechsel an, den das Lehrschreiben der Deutschen Bischöfe deutlich formuliert: *„Dort, wo sich das Beziehungsverhältnis etwa von Priestern und Laien oder von Männern und Frauen machtförmig darstellt, widerspricht dies der theologischen Grundlegung der Beziehungen innerhalb der Kirche, die aus der Sakramentalität der Kirche hervorgeht. Darum geht es in der Kirche nicht um ein Mehr an Macht und Kompetenz, sondern um die Ermöglichung der Vollwirklichkeit der Taufwürde, die durch die Sakramente und die Verkündigung genährt wird. Auch das Verständnis des sakramentalen priesterlichen Dienstes muss daher ganz aus dem Dienst am Gottesvolk verstanden werden."*

Und weiter: *„Der priesterliche Dienst ist ein Dienst am Heil, ein Dienst, der Freiheit und Ordnung und das Zusammenwirken aller ermöglicht. Dies gelingt durch Entdeckung der Charismen, die Unterstützung des Engagements und die Ermöglichung, in der Kirche und für die Welt zu wirken. Begriffe wie „Dienstamt" und „im Dienst stehen" müssen sich in der Art und Weise seiner Leitungswahrnehmung widerspiegeln."*

Es wird deutlich, dass es hier natürlich auch um Fragen der Persönlichkeitsentwicklung geht. Auch das formulieren die Deutschen Bischöfe: *„Leitung in der Kirche ist eine Aufgabe, die die ganze Persönlichkeit in*

Anspruch nimmt. Wer leitet, muss an der eigenen Haltung und an den eigenen Fähigkeiten arbeiten, um Vorbild für andere zu sein. Leitung braucht darum die Fähigkeit zur stetigen Selbstrelativierung und Umkehr. Leitung kann nicht von oben und außen wahrgenommen werden. Sie braucht als Grundlage den Willen und die Fähigkeit, die Menschen wahrzunehmen und anzunehmen, um sie auf dem Weg der Einheit mitzunehmen."

Diese Klarheit der Deutschen Bischöfe beschreibt einen Paradigmenwechsel, der vor uns liegt. Denn das bedeutet auch, dass keineswegs alle Priester, auch nicht heutige Pfarrer von ABC-dorf und XYZ-hausen, für diesen Dienst geeignet sind. Konsequenzen, auch schmerzliche, müssen wohl gezogen werden – im Sinne einer Kirchenentwicklung, die – wie es „Gemeinsam Kirche sein" sieht – im Dienste der Auferbauung der Gemeinschaft der Getauften und ihrer Charismen steht.

Sind wir Verantwortlichen bereit zu diesem Paradigmenwechsel?

12. The same Procedure – Das Risiko der Kümmerer

„Spiel doch mit uns kein Bullshit-Bingo", werde ich im Priesterrat angesprochen … Es geht um lokale Kirchenentwicklung. Wir sprechen nüchtern und ernüchternd um den Stand der Prozesse Lokaler Kirchenentwicklung, und besonders über die Fragen im Kontext der „Lokalen Leitungsteams": unser Bistum ermöglicht die Leitung örtlicher Gemeinden innerhalb von Pfarreien.

Unter dem Stichwort der „Gemeinsamen Verantwortung" hatte eine gemeinsame Arbeitsgruppe des Diözesanrates und der Fachabteilungen mehrere Jahre einige Piloterfahrungen begleitet – mit natürlich sehr unterschiedlichem Ausgang, wie bei Experimenten auch nicht anders zu erwarten. Als „Zwischenbericht", den der Bischof einführte, waren Kriterien für diese Entwicklung und Orientierungen benannt worden, als Ergebnis der Lernerfahrungen. Und mit einer Aussicht, die mehr als realistisch ist: in Zukunft werden solche Teams gemeinsamer Verantwortung zum Standard der Kirchenentwicklung in unserem Bistum gehören …

Dann kamen die Gremienwahlen. Und irgendwie ging das Gerücht, dass man doch nun ganz einfach „Lokale Leitungsteams" gründen könne. Und ich denke an das Gespräch mit einem Pfarrer, der auf mich zukam: „Ich habe ein Problem. In meiner Pfarrei habe ich jetzt Lokale Leitungsteams eingerichtet. Es sind immer drei Personen. Aber die haben jetzt ein großes Problem … Die Gemeinden wissen gar nicht, warum es die geben sollte – und die Teams wissen nicht, was sie tun sollen. Die Räte fragen sich, was ihre Aufgabe ist, wenn es jetzt diese Teams gibt." „Du hast sie doch hoffentlich noch nicht beauftragt?" „Doch … natürlich."

Und nun existieren an vielen Orten sogenannte „Lokale Leitungsteams" – aber es ist nur ein Name: keine Klarheit über ihre Aufgaben, keine Ausbildung, keine echten Beauftragungen mit Kompetenz, kein Weg der Gemeinde, die solche Verantwortung gemeinsam trägt …

Eben Bullshit-Bingo: „Dann nennt sie doch Kümmerer. Die habe ich in meinen Gemeinden überall – da brauche ich gar nichts verändern. Die regeln das Leben vor Ort …", so entnervt und etwas gereizt mein Mitbruder. Und er hat Recht …

— Der lange Atem einer Kultur —

Und wieder ist etwas passiert, das uns schon bei anderen weltkirchlichen Überträgen passiert ist. Wir haben Blüten gepflückt, interessante Erfahrungen übertragen, ohne den „Boden", die neue Kultur des Kircheseins, die darunterliegt, zu entwickeln. Und auf dem alten Boden kommt nur ein neuer Name für die eigenen Wünsche heraus – nichts wirklich Neues.

Das ist mir im Kontext eines Studientages mit den Freunden und Weggefährten aus Poitiers aufgegangen. Wir diskutierten mit Verantwortlichen aus deutschsprachigen Diözesen die Möglichkeiten ehrenamtlicher Verantwortung, die sich ergibt aus den immer größeren Pfarreien – „Pfarreien neueren Typs", wie die Deutschen Bischöfe sie nennen – und der Vielfalt lokaler Gemeindebildungen, in denen Verantwortung durch Teams von Getauften getragen werden soll. Diese Ideen, die sich orientieren an den weltkirchlichen Erfahrungen kirchlicher Basisgemeinden, der „Small Christian Communities" und der „communautés locales" in Poitiers, sind aber eben alles andere als Bullshit-Bingo. Sie beschreiben eine neue Kultur des Kircheseins, eine neue Wertschätzung der Taufberufung und der Charismen, der Synodalität und des Sensus fidelium der Christgläubigen – und der

Leitungskompetenz, die nicht delegiert, sondern relegiert wird an das Volk, das dann seine Verantwortlichen ruft und auswählt.

Und noch mehr: „Wieso“, fragen wir, „heißen diese Teams bei euch ‚équipes d'animation', was ja wohl etwas anderes ist als ‚Lokale Leitungsteams'?“ André Talbot und Gisèle Bulteau sollen antworten. „Das sind wir noch nie gefragt worden … wir haben noch nie darüber nachgedacht, das ist uns fast zu selbstverständlich.“ Aber dann erzählen sie doch etwas. In diesem unübersetzbaren Begriff der „équipes d'animation“ steckt ein ganz spezielles Verständnis von Leitung und Verantwortung. Es geht um einen Dienst, der ja im Übrigen zeitlich begrenzt ist, den ein Team im Namen und für die örtliche Gemeinde tut. Es ist ein Dienst, der nicht im klassischen Sinne „bestimmen“ soll und dafür Kompetenz erhalten soll, sondern ein ermöglichender Dienst ist, der andere ins Spiel bringt und sie verknüpft. Ein Dienst ist es, der die „Seele“, das „Wesentliche“ im Blick behalten soll: die Gemeinschaft zwischen allen, den Dienst an der Welt, die Verkündigung, das gottesdienstliche Tun und die finanziellen Mittel. Dieser Dienst ersetzt nicht das Engagement der anderen, sondern sorgt dafür, dass alle sich ihren Charismen entsprechend einbringen können – dass eben die Verantwortung nicht hängen bleibt an den „armen“ Gewählten, sondern diese vielmehr dafür sorgen, dass alle ihre Verantwortung für je ihren Teil entdecken können …

Das unterscheidet sich von der in unserem Kontext bekannten Konfiguration der multiplen (und häufig überfordert klagenden) Ehrenamtlichen, der Kümmerer, männlich wie weiblich, die sich für zuständig erklären und sich dann – gewählt in Pfarrgemeinderäten und engagiert in vielfältigen Aktivitäten – bis zur Erschöpfung an einem Programm abarbeiten, das ihnen normativ gilt. Sie werden „Versorger“ ihrer Gemeinden, die sich dann zuweilen gerne darauf einlassen. Zuweilen auch nicht. Denn manchmal ist es ja schwierig, zwischen die Gruppen von Hochengagierten zu kommen. Es ist nicht einfach, dazwischenzukommen, denn viele Aufgaben werden nicht gerne abgegeben, und nicht nur deswegen, „weil sie ja eh kein anderer macht“ – was im Einzelfall immer zu belegen wäre.

— Ein kurzer scharfer Blick auf QR-Rode —

Vielleicht hilft die Illustration aus der lebendigen Pfarrei QR-Rode. Eine sehr lebendige Pfarrei mit sehr engagierten und innovativen Leuten. Ich durfte in den vergangenen Jahren immer mal wieder ins Gespräch mit den Kreisen und Gruppen kommen. Und hier verdichten sich die Eindrücke. Es gibt wirklich eine relativ kleine Gruppe, die mit leidenschaftlichem Engagement und periodisch wiederkehrender Krisenstimmung eigentlich „alles" macht. Von der Sternsingeraktion über die liturgischen Dienste, die Katechese und die Ministranten. Deswegen fehlt häufig die Luft für Neues. „Wie soll das gehen – wer von uns soll das machen?" Und überhaupt: „Manchmal fühlen wir uns sehr allein gelassen – ich wundere mich, wieso ich das alles machen darf, ohne dass ich dafür je eine Fortbildung gemacht habe." Und eine andere sagte: „Ich habe mal angefangen mit einer Kindergruppe – heute habe ich 8 Ehrenämter. Ich fühle mich wie ein Weihnachtsbaum, der voll behängt ist. Und wenn ich nur das machen würde, was mir Freude macht – dann würde ich wieder mit Kindern zusammenarbeiten. Nur das – das ist mein Ding. Doch wer würde dann die anderen wichtigen Dinge machen?" Und so erlebt man Pfarrgemeinderäte, die selbst die Feste organisieren, zu denen viele gar nicht mehr kommen … Ist das eigentlich richtig so?

Auch in QR-Rode gibt es eine solche Mentalität der Unersetzlichkeit. Es kann sein, dass es allerdings auch nicht so leicht wäre, Aufgaben abzugeben. Dann würde es ja „anders" laufen … Keine der Aufgaben ist wirklich beauftragt, keine ist zeitbegrenzt, keine wird wirklich evaluiert. Aufgaben werden tendenziell in einem inner circle verteilt … Und es wird angenommen, dass der größte Teil der Leute ja eh passiv bleiben möchte. Ohne dass das belegbar wäre – denn ich erfahre bei Gemeindeversammlungen und auch in der Liturgie das Gegenteil: aktive Präsenz und sehr wohl engagiertes Mitdenken …

Es entspricht einer bestimmten Kultur kirchlichen Selbstverständnisses, das alle gewissermaßen eingeimpft bekommen haben. Die Pfarrer und Hauptberuflichen dieser Pfarrei hatten sich häufig als Versorger verstanden – und dies ist jetzt auf die Ehrenamtlichen übergegangen. Und diese Situation wird noch dramatischer, wenn man an die bevorstehenden Entwicklungen denkt. Da es größere pastorale Räume und

Großpfarreien gibt, in denen weniger Priester und Hauptberufliche sind, könnte der fatale Gedanke aufkommen, dass jetzt Profi-Ehrenamtliche gesucht werden, die gewissermaßen als „Kleine Hauptamtliche" das tun sollen, was früher versorgende Hauptberufliche taten. Das wäre fatal – einfach eine Fortsetzung des Versorgungsmodells der Verantwortungsmonopole auf ehrenamtlicher Ebene, und dann ist nur stimmig, nach der Bezahlung Ehrenamtlicher zu fragen …

— Auf dem Weg zu einer neuen Kultur —

Wir waren beim Bullshit-Bingo. Das geschieht in der Tat, wenn man jetzt mit klugen neuen Begriffen einen Versorgungsmangel kaschiert. Aber es geht eben um mehr – und um längere Wege.

Wie könnte man zu einem Kulturwandel kommen? Wie könnte es möglich werden, dass eine Gemeinde sich auf den Weg machen kann, die Kultur der Versorgung und der Kümmerer hinter sich zu lassen zugunsten einer partizipativ-synodalen Kultur gemeinsamer Verantwortung? Denn genau das ist der fruchtbare Wurzelgrund, auf dem letztlich auch die Rede von den „équipes d'animation" ruht – und die dann ermöglicht, dass es sich bei „Lokalen Leitungsteams" nicht um einen Wiederaufguss von etwas altem handelt, das alles so weiterlaufen lässt, wie es vorher schon mehr schlecht als recht war.

Ich sehe hier eine große Verantwortung des Bistums und auch der Hauptberuflichen vor Ort. Aber das ist später noch intensiver zu beschreiben. Der orientierende Rahmen und die praktischen Vorgaben und Vollzüge müssen entwickelt werden – und hieran fehlt es zurzeit.

Aber es geht hier um gangbare erste Schritte vor Ort, aus der Situation heraus, in der wir gerade sind. Und da gibt es – auch in QR-Rode – Anknüpfungspunkte. In einem ersten Schritt müsste vielleicht dafür gesorgt werden, dass die Dienste und Aufgaben insgesamt zur Disposition gestellt werden. Es braucht einen Raum – die Pfarrversammlung?, der Gottesdienst? –, an dem mit möglichst vielen Mitchristen darüber nachgedacht wird, wie die gemeinsame Verantwortung für einzelne Aufgaben gemeinsam wahrgenommen wird.

Es gehört außerdem zu den Standards, dass Dienste liturgisch beauftragt werden und nur für eine bestimmte Zeit. Dann würde klar, dass die gesamte Gemeinschaft der Glaubenden Verantwortung für den jeweiligen Dienst übernimmt – und sich in den Gesandten gut vertreten sieht. Denn es müsste ja vorher auch ein Verfahren der Berufung und der Eignung entwickelt werden. Am besten wäre es hier, möglichst viele und auch Unbekannte mit einzubeziehen.

Das würde allerdings bedeuten, nicht nur im selben Kreis der Engagierten zu fischen, sondern sich um eine beziehungsreiche Vernetzung aller Katholiken (und nicht nur dieser) zu bemühen. Wie kommt es eigentlich, dass wir bislang noch nicht die Chancen genutzt haben, die sich bieten, um Menschen an den Orten kennenzulernen, wo sie wohnen? Erstkommunioneltern, die Besuche der Sternsinger, die Taufeltern, Haussegnungen, der lebendige Adventskalender könnten eine solche lebensraumorientierte Netzwerkarbeit ganz leicht ermöglichen. Wieso nicht fragen, was die Erwartungen der Leute sind und was sie einbringen können …?

Und natürlich, wie schon angesprochen: es sollte zum Standard gehören, dass nach der Berufung in einen Dienst auch eine entsprechende Aus- und Fortbildung stattfindet, die von der Gemeinde gezahlt wird: und zwar ganz, denn es ist das Interesse der Pfarrei, dass in ihrem Namen kompetente Katecheten und andere Dienste unterwegs sind.

— Und die Lokalen Leitungsteams? —

Eigentlich bin ich in QR-Rode in der kleinen Gruppe der Engagierten schon einem Lokalen Leitungsteam begegnet. Das wäre genau ihre Aufgabe – nicht das Machen, sondern das sensible Wachen über die Entwicklung der lokalen Gemeinde. An den Gaben und der Qualität der Personen besteht ja kein Zweifel. Aber auch hier gilt es, die Logik der klassischen Kümmerer zu überwinden: denn häufig passiert es, dass diese Experten und Expertinnen der Pfarrei oder Gemeinde „für immer" bleiben – und so entwickelt sich eine Machtstruktur, die man nicht ernsthaft wollen kann. Es gibt nicht nur den Klerikalismus der Kleriker …

Was wäre zu tun? Auf der einen Seite wäre auch hier zunächst intensiv mit der Gemeinde – und nicht nur der Gottesdienstgemeinde – ins Gespräch zu kommen und gemeinsam zu entdecken, dass es nicht um Kümmerer geht, sondern um eine gemeinsame Verantwortung aller für den Weg des Gottesvolkes vor Ort. Es bräuchte die Entwicklung einer gemeindesynodalen Struktur, in der immer wieder – jedes Jahr – der gegangene Weg evaluiert wird und Prioritäten für die Zukunft erstellt werden. Und natürlich könnte auch hier das Verantwortlichenteam gerufen und gewählt werden.

Es ist schon sehr wahrscheinlich, dass in einer ersten Runde die bisher bekannten Protagonisten gewählt würden. Für dieses erste Team bräuchte es eine gute Weiterbildung für ihre Aufgabe, in ihren jeweiligen Bereichen. Ihnen wird dann in der Sendung die gemeinsame Verantwortung übertragen – als Lokales Leitungsteam.

Aber es ist klar, dass ihre Sendungszeit begrenzt ist, und dass sie – wie etwa in Poitiers – nach maximal 6 Jahren nicht wiedergewählt werden können. Das wäre spannend und wichtig. Es ist darin das ganze Vertrauen in das denkende und verantwortliche Gottesvolk enthalten. Und es würde die Gemeinde schon deswegen verändern, weil sich ganz andere Perspektiven und Horizonte eröffnen …

Ein langer Weg liegt vor uns …

13. Wolfenbüttel (und andere Orte ...) in die Zukunft denken

Es gibt Pfarreien in unserem Bistum, die sind zu Reisezielen geworden, zu Orten des pastoralen Lernens. Man muss nicht unbedingt nach Südafrika fahren oder in die Philippinen – oder nach England fahren, um pastorale Entwicklungen oder einen kirchlichen Paradigmenwechsel zu studieren. Allerdings ist auch wahr, dass viele Entwicklungen dort schon weitergeführt sind und systematischer entwickelt wurden – und so zur Sache ganzer Ortskirchen wurden. Und auch wegen der Andersartigkeit von Kultur und Gesellschaft lassen sich hier Veränderungsprozesse schärfer sehen.

Dennoch reicht das nicht – es gilt ja, in der eigenen Kultur und in der eigenen Gesellschaft einen eigenen Weg lokaler Kirchenentwicklung zu entdecken. Und deswegen sind gerade diese Pfarreien so wichtig. Hier finden sich erste Erfahrungen, die die Ideen einer Kirche der Partizipation beleuchten und bezeugen – inkarniert, inkulturiert – und die so auf die Frage antworten, wie so ein Prozess Lokaler Kirchenentwicklung funktionieren kann. Pfarreien wie Wolfenbüttel, Stade, Buxtehude, Buchholz, Duderstadt, Sarstedt oder Alfeld und andere sind mithin Ziele pastoraler Lernbewegungen geworden, wie auch in anderen Diözesen etwa Wattenscheid-Höntrop, Ahlen, Freren, Köln-Vingst oder Dresden.

Diese Pfarreien sind zumeist nicht nur wegen einer Initiative bekannt, sondern man kann verschiedene Initiativen und Experimente beobachten, vor allem aber bekommt man eine Ahnung von den Mühen und der Dauer eines pastoralen Prozesses. Klar ist auch, dass hier nicht alles perfekt und vollendet ist. Gerade auch Dinge, die nicht funktionieren und schiefgehen, können ja hilfreich für die Lernbewegung sein, in der sich unsere Kirche als ganze befindet.

— Mitlernen dürfen —

Schon länger darf ich Mitlernender in Wolfenbüttel sein. In verschiedenen Kontexten. Keine Frage – es beginnt alles mit der Lernbereitschaft, der Neugier und Leidenschaft, ja, und der Vision des Pfarrers. Mit Pfarrer Eggers waren wir zusammen bei einer Studienreise in Südafrika, um die „small christian communities" und den dahinterliegenden Pastoralansatz des „new way of being church" kennenzulernen. Wir haben die Erfahrungen von Symposien geteilt, wo wir uns mit der lokalen Kirchenentwicklung auch theologisch beschäftigt haben – und schließlich haben Pfarrer Eggers und sein Team selbst schon 2012 bei einem Kongress in Lingen ihre Erfahrung präsentiert, als Lernweg.[12]

Im Hintergrund steht aber eben nicht nur eine pastorale Vision, sondern vor allem auch eine geistliche Leidenschaft. Es macht deutlich – und das gilt für alle Protagonisten dieser Aufbrüche – dass sie geistliche Wege sind und nicht einfach nur die Umsetzung eines Programms.

Klar wird auch, dass solche Wege nicht Wege von Einzelgängern sind. Immer steht ein Team dahinter, das Pastoralteam, zu dem immer auch begeisterte Christen gehören, die keinen Beruf in der Kirche ausüben. Mir wurde das deutlich, als wir miteinander nach Poitiers fuhren, um dort mehr zu erfahren über die „équipes d'animation" und den Ansatz der dortigen Kirchenentwicklung.

Inzwischen war die Pfarrei in Wolfenbüttel so groß geworden, dass sie ein ehemaliges Dekanat umfasste, und es wurde immer deutlicher,

12 Vgl. C. Hennecke / D. Tewes / G. Viecens (Hg.), Kirche geht, Würzburg 2013.

dass es weiterer Perspektiven bedurfte. Und in der Tat waren es Wochenenden wie diese, an denen der Weg der Pfarrgemeinde fortgeschrieben wurde. Dabei war auch klar, dass das Hauptamtlichenteam für die Kontinuität der vereinbarten Schritte steht.

— Den eigenen geistlichen Weg finden —

In seinem Hirtenwort 2011 hatte Bischof Norbert den Weg der Kirchenentwicklung als geistlichen Weg beschrieben, der aus dem Wort Gottes und dem Teilen dieses Wortes lebt. Und deswegen wollten wir an einem Wochenende mit dem Pfarrgemeinderat tiefer in verschiedene Wege des Bibelteilens einsteigen. Doch das gelang nicht so richtig. Zu tief verwurzelt waren Ängste. Ist nicht das Bibelteilen zu unwissenschaftlich – oder vielleicht nicht doch sehr freikirchlich? Muss man da nicht Angst vor dem Auslegen bekommen – oder ist es zu vertraulich?

Es wurde deutlich, dass es auf diese Weise nicht ging. Der Pfarrgemeinderat hatte zwar genau diese Sehnsucht nach geistlicher Vertiefung, aber dieser Weg stand nicht offen. In den folgenden Jahren kehrte die Sehnsucht danach aber wieder. Der Pfarrer begleitete seine Pfarrei darin. Und dann stand auf einmal die Frage an, welches Leitbild die Pfarrei haben könnte. Und hier kam dann ein Relief aus dem Gemeindezentrum in den Blick, das den Namenspatron der Pfarrei St. Petrus in drei verschiedenen Szenen mit Jesus abbildete: es lag vor aller Augen und öffnete sich nun und erschloss sich vielen.

Eine Pastoral, die auf der Taufberufung gründet, kann auch die geistlichen Hintergründe der Taufe erschließen. Begeistert durch die Erfahrung von Pfarrer Dietmar Schmidt und Gertrude Knepper, die wir einige Male in der Pfarrei Maria Magdalena in Wattenscheid besuchten und die bei unserem ersten Kongress für lokale Kirchenentwicklung in Wolfsburg 2014 (ICE – Inspiration – Charisma – Evangelium) von ihrer Taufpastoral erzählten, kam der Gedanke auf, ob es nicht auch in unserem Bistum eine erneuerte Taufpastoral mit einem „richtigen“ Taufbrunnen geben könnte. Pfarrer Eggers machte sich zum Vorreiter für diese Idee – und begann in einer seiner Gemeinden einen Bewusstseinsprozess. Ein langer Weg – und noch nicht zu Ende. Denn es gab viel Widerstand. Ich konnte das selbst erfahren: „Wozu sollte man so ein Loch graben …?“, wurde ich angegangen.

Aber immer mehr beginnt ein gemeinsames Nachdenken über die Bedeutung der Taufe und inzwischen werden die Ideen konkreter, aber auch die Tiefe des Nachdenkens. Eins ist sicher klar: Wenn Taufe anders erlebt wird, wenn wirklich mit allen Sinnen erfahrbar wird, wächst daraus auch eine neue persönliche und geistliche Tiefe und Erkenntnis der eigenen Berufung.

— Die Synodalität der kleinen Schritte —

Eine kleine nachdenkliche Pause. Wenn ich mir diesen Weg der Pfarrei anschaue, dann wird deutlich, dass der hier beschrittene Weg einen langen Atem braucht. In der Tat findet hier ein langer Bewusstseinsprozess statt. Und es ist keineswegs so, dass der Pfarrer seine Meinungen durchdrückt. Nein, es ist ein synodaler Weg der Mitnahme. Immer wieder gibt es Standortbestimmungen, immer wieder wird neu diskutiert und miteinander gerungen, aber gerade dadurch wächst Selbständigkeit, wächst Tiefe – wächst eine Kirche der Partizipation.

In der Tat: wer eine Kirche der Teilhabe möchte, der darf sich auf einen spannenden jahrelangen Prozess einlassen. Hier ist der Prozess zugleich auch die Lernerfahrung des Kircheseins, eine Erfahrung wachsenden Vertrauens, ein geistlicher Weg der Unterscheidung, der dann auch zu vielen Früchten führt. Und was in der Alltäglichkeit als kleinschrittig sichtbar wird – das ist auf lange Sicht ein beeindruckender Wachstumsprozess.

— Kirchortsräte —

Natürlich hat sich die Pfarrei auch beteiligt an der Entwicklung von Projekten „Gemeinsamer Verantwortung“ – der Leitungsverantwortung Ehrenamtlicher in den vielen Gemeinden innerhalb der Pfarrei. Wolfenbüttel war eine der Pilot-Orte dieses diözesanen Projektes. Auch hier hat es eine intensive Diskussion und Gespräche gegeben. Wolfenbüttel war ideal für diese Entwicklung. Denn die Pfarrei besteht aus fünf ehemaligen Pfarreien. Und in jeder dieser Gemeinden sollten „Kirchortsräte“ entstehen. In langen Diskussionen wurde eine Satzung erarbeitet … und dann entstanden diese synodalen Räte, in denen kein Hauptamtlicher Mitglied ist, die aus 10–15 Personen bestehen konnten.

Ja, sie wurden von den Christen vor Ort gewählt und teilweise berufen – und es zeigte sich, dass es insgesamt über 70 Kandidaten gab – eine wundervolle Zahl, bezeugt sie doch, wie sehr diese Perspektive angekommen ist und rezipiert wurde. Spannend wurde die Frage, wie die liturgische Sendung dieser Teams erfolgen sollte.

Schon vorher hatte die Pfarrei in Buxtehude ihre Lokalen Leitungsteams senden lassen. Dazu war der Generalvikar nach Buxtehude gekommen und hatte sie gesandt. „Das sehen wir überhaupt nicht ein", wandten die diskussionsfreudigen Wolfenbütteler ein, „wir sind doch von den Gemeindemitgliedern gewählt und beauftragt. Und ist nicht unsere Sendung in der Taufe gegründet? Wieso sollte der Bischof dann senden? Ein Vertreter des Bistums könnte dabei sein und segnen …"

In der Tat, sie hatten ja Recht. Die Sendung war ja Ergebnis der gemeinsamen Verantwortung der lokalen Gemeinden, und so geschah es auch. Vier Jahre später, bei der neuen Wahl der Kirchortsräte, sprach die gesamte Gottesdienstgemeinde bei der Beauftragungsfeier in der Pfarrkirche ein Segensgebet über die neu gewählten Verantwortungsträger der verschiedenen Kirchorte.

Im Herbst vergangenen Jahres konnte ich die Freunde in Poitiers fragen, wie denn – nach Erzbischof Rouet, der ja symbolisch bei diesen Sendungsgottesdiensten die Gesandten an seinen Hirtenstab fassen ließ – heutzutage diese Sendungsfeier aussieht. „Anders natürlich", erzählt mir André Talbot. In den neu errichteten Pfarreien werden an einem Sonntag die Sendungsfeier der „équipes" durchgeführt, indem alle Zu-sendenden ihre Hände auf ein Evangeliar legen und für sie gebetet wird: um zum Ausdruck zu bringen, dass die Kompetenz aus dem Evangelium und der Taufe wächst … „Und warum hat das Erzbischof Rouet so gemacht?" „Weil er eben Rouet war … ein Charismatiker …" Man sieht, wie nah diese Liturgien dem sind, was in Wolfenbüttel erarbeitet wurde …

— Sendungsorientierte Kirchenentwicklung —

Was bei allen Pfarreien auffällt, die im Aufbruch sind, ist ihre Sensibilität für die diakonischen Aufgaben. Das ist nicht nur so, seit die Welle an Flüchtlingen und Migranten die Kirchen herausfordern. In

Wolfenbüttel ist so an einem Kirchort ein Stadtteilnetzwerk entstanden, natürlich ökumenisch … und mehr. Zusammen mit allen Akteuren des Stadtteils, mit der Fachhochschule vor Ort, mit den Politikern der Kommune, entsteht eine Nachbarschaftsinitiative, die die „Freude und Hoffnung, die Angst und Trauer" des Stadtteils zum Ort der Kirchenentwicklung werden lässt. Auf diese Weise entsteht hier eine neue ökumenische Stadtteilarbeit – und sie macht deutlich, dass gerade da, wo man sich einlässt auf die Herausforderungen der Quartiere, ganz eigene Entwicklungen wachsen können – und sich die Kirche hier zeigen kann als „Sakrament" einer neuen Stadtkultur – und dabei mit vielen Akteuren in Kontakt und Communio kommt.

An einem anderen Kirchort entstand ein Willkommenscafé. Wiederum vernetzt mit verschiedenen Partnern der lokalen Gemeinwesenarbeit und wiederum ökumenisch. Hier kommen viermal die Woche bis zu hundert Besucher, davon ein Drittel einheimische Bürger.

An einem dritten Ort wird in enger Kooperation mit der Kommune ein Gemeindehaus für eine 13-köpfige Flüchtlingsfamilie zur Verfügung gestellt und diese auch im Rahmen der Möglichkeiten begleitet und unterstützt.

Ich erinnere mich daran, dass eine Weiterentwicklung und Weitung der „Basic ecclesial communities" in Indien die „Basic Human communities" sind – und so wird es sich auch hier in unserem Kontext einer christlichen Diaspora entwickeln. Beispiele gibt es nicht nur in Wolfenbüttel – man kann sich auch fragen, wie sich in diesem Kontext Altenzentren oder Kindergärten oder auch Familienzentren, wie sie auch in Wolfenbüttel entstanden sind, entwickeln können.

— Weiterwachsen in die Zukunft —

Im Gespräch mit Pfarrer Eggers verspüre ich große Dankbarkeit für diese Entwicklungen. Immer mehr wird deutlich, dass lokale Kirchenentwicklung „gehen lernt" und dazu führt, dass Christinnen und Christen sich mit ihren Gaben einbringen, immer mehr gemeinsam die Würde ihrer Taufberufung entdecken und ihre gemeinsame Verantwortung wahrnehmen. Das ist nicht nur in Wolfenbüttel erfahrbar.

Aber natürlich ist damit der Entwicklungsweg nicht zu Ende. Was ergibt sich an grundsätzlichen Perspektiven und Herausforderungen?

In unserem Gespräch kamen zwei wesentliche Zukunftsfragen ans Licht.

Vielleicht die wichtigste Frage wird sein, wie die vielen Engagierten begleitet und fortgebildet werden. Je stärker die Verantwortung der Getauften ins Licht gerückt und von vielen wahrgenommen wird, je mehr sich Menschen ins Engagement locken lassen, desto stärker stellt sich die Frage nach Orientierungen, die dem Engagement Sicherheit geben – einerseits, und andererseits stellt sich die Frage, wie Sendung und Begleitung und Weiterbildung wesentlich miteinander zu verknüpfen sind. Das ist vor allem aus einem Grund wichtig: es geht darum, eine nachhaltige Kultur der Partizipation und Kompetenz zu entwickeln, die auch über einen visionären Pfarrer hinaus existieren kann. Und wenn ich in den vergangenen Jahren in all den vielen Prozessen etwas wahrgenommen habe, dann ist das eine veränderte Kultur der Weiterbildung, die systematisch und strukturiert zur Mündigkeit der Getauften führt. Dort nämlich, wo diese Fortbildung nicht geschieht, ist es leicht möglich, dass ein Nachfolger sterben lässt, was vorher gewachsen war – und wir wieder in dem viel zu bekannten Muster der Versorgungskirche landen. So also hat die Frage nach einer Kultur der Aus- und Weiterbildung, der Kompetenzstärkung der Engagierten und der klaren Orientierung und Rahmung der Kompetenzen eine eminente Bedeutung. Sie wird eine hohe Priorität haben müssen.

Wenn man auf alle diese Entwicklungen schaut, braucht wahrscheinlich jede Pfarrei ihre eigene Konzeption regelmäßiger förderlicher Bildung, die verknüpft ist mit der Übernahme von Diensten und der Verlängerung von Beauftragungen.

Eine zweite interessante Perspektive steuerte Pfarrer Eggers bei. „Eine Teilgemeinde von 3500 Katholiken ist doch eigentlich viel zu groß für ein Team gemeinsamer Verantwortung, selbst wenn es über 10 Personen sind. Eigentlich müsste man auch innerhalb dieser Gemeinde mehrere kleinere Gemeinden haben – eigentlich müsste man daran arbeiten, dass innerhalb der größeren Gemeinden ‚Kleine Christliche Gemeinschaften' entstehen." In der Tat ist das ein weiterer Schritt, denke ich. Denn warum sollte man Kleine Christliche Gemeinschaften bilden? Es geht immer um die Nähe, um die Beziehungs- und Lebensräume der Menschen – um eine wie auch immer geartete Lokalität.

Wir haben ja schon lange die Konzeption „Kleiner Christlicher Gemeinschaften“ hinter uns gelassen, die sie als vertraute spirituelle Gruppen sah. Darum geht es in der Tat nicht. Es geht um eine Kirchenerfahrung, die in den Beziehungsräumen wächst und sich gesendet weiß in die Nöte und Freuden der Menschen, mit denen wir leben. Und in der Tat ist dafür eine Gemeinde mit 3500 Christen zu groß – es wäre zu ermutigen, dass Menschen vor Ort ihren gemeinsamen Weg gestalten können, und kirchliches Leben sich vor Ort ereignet, im Lebensraum der Menschen, alltagsrelevant. Das kann nur durch jene geschehen, die dort leben – und es braucht Priester und Hauptberufliche wie Pfarrer Eggers, die diese Entwicklungswege denken können.

Denn es ist ein langer Weg …

14. Gute Nachrichten aus Mecklenburg-Vorpommern

Mittendrin – so hieß 2013 das Symposion in Greifswald, zu dem ich auch eingeladen wurde. Es ging um Perspektiven der Landpastoral. Spannend war es in ökumenischer Perspektive, denn der emeritierte Erzbischof Rouet war eingeladen worden – und erzählte in seinem öffentlichen Vortrag von den Entwicklungen in Poitiers, einem sehr ländlichen Bistum. Die Erfahrung von Poitiers gründet sich in einem tiefgreifenden Paradigmenwechsel und fordert allen einen echten Mentalitätswechsel ab – und der ist, so ist in Greifswald zu spüren – ökumenisch relevant.

Denn hier kehrt sich die kirchliche Perspektive um: es geht nicht mehr um die Frage, wie eine Institution ihre Gläubigen versorgt und ein flächendeckendes Netz von Versorgungsstationen erhalten kann, auch wenn die Zahl der Gläubigen zurückgeht, aber auch die Zahl der Pastoren und Pfarrer. Es geht also nicht um die klassische Verteilungskonstellation der Institution Kirche – diesseits und jenseits der Konfessionen: wie viele Pastoren und Hauptberufliche auf wie viele Gläubige.

Es geht um eine umgekehrte Fragestellung, die sich – jenseits der „normativ“ gedachten Konstellationen der klassischen Pfarreiverteilung und jenseits des Dienstleistungsparadigmas – aus dem reformatorischen Uranliegen einerseits und aus dem II. Vatikanum andererseits zwingend ergibt: es geht um eine Perspektive, die vom gemeinsamen Priestertum aller Getauften ausgeht. Es geht um die Rückkehr der Getauften.

Und damit geht es um mehr: es geht nicht nur darum, neu über die Sendung der Getauften, ihre gemeinsame Verantwortung als Volk Gottes nachzudenken – es geht auch um eine ekklesiologische Frage: Ist denn Kirche da, wo Hauptamtliche sie verwalten? Lebt Kirche dort, wo ein Pastor, ein Pfarrer, ein Diakon, ein Theologe ist – oder kann man das auch anders denken?

Die Erfahrungen aus Poitiers, aus dem weltkirchlichen Süden, und aus den missionarischen Erfahrungen der Church of England sprechen eine andere Sprache: Kirche „gründet sich", sie „wird" dort, wo Getaufte eine Antwort finden auf ihre Sehnsucht, wo ihre Leidenschaft für die Menschen, besonders für die „Armen und Bedrängten jedweder Art", zu neuen Formen von Gemeinschaft findet – und wo Getaufte ermutigt werden, ihre Verantwortung als Gemeinschaft von Gläubigen vor Ort zu leben.

— Vertrauen wagen —

Das ist im Letzten eine Frage des Vertrauens – und der Relevanz unserer eigenen Sakramententheologie: zu vertrauen, dass in den getauften Brüdern und Schwestern jener Heilige Geist wirkt und handelt, der sie befähigt, die Sendung Christi zu leben und so ekklesial fruchtbar zu werden.

Für Erzbischof Rouet war das der Schlüssel, von dem die Erfahrung des Kircheseins in Poitiers neu gelesen wurde: es geht um eine Kirche der Nähe, eine Kirche der konkreten Lebensumstände, um örtliche Gemeinden, in denen der Beziehungsreichtum entwickelt werden kann – und auch deutlicher wird, welches die spezifische Konfiguration kirchlichen Lebens ist und sein kann.

„Gemeinden", „kirchliche Wirklichkeiten" wachsen also aus den Erfahrungen, in denen Menschen aus der Kraft ihres Glaubens sich in die Sendung stellen, die ihnen der Geist zeigt, und so wächst „Kirche vor Ort" – in unterschiedlichen und sich entwickelnden Gestalten, eingebunden in ein Netzwerk vieler solcher Gemeinschaften, die dann von einem Team von Hauptberuflichen begleitet, unterstützt und sakramental genährt werden. Diese Aufgabe der „Episkopé" ist wichtig, denn auf diese Weise wird die immer wieder neue Orientierung am Evangelium, am Ursprung und an der Erfahrung der „umfassenden Katholizität" (der „allgemeinen Kirche", wie unsere protestantischen Geschwister es sagen) gewährt.

Und natürlich ist dieser Weg der lokalen Ekklesiogenesis nicht einfach nur ein wildes Wachstum. Ganz andersrum: Kirche vor Ort wird und entwickelt sich – wie ja auch das Beispiel von Poitiers sichtbar macht – durch einen ermöglichenden pastoralen Prozess, der möglichst viele Menschen mit einbezieht. Gerade in Poitiers hat dieser Prozess ja seinen Ausgang in der Frage der vielen Christen vor Ort gehabt, wie denn Kirche vor Ort weiter leben könnte – und der Bischof hatte auf diese Frage hin die Pastoral neu ausgerichtet.

— Umgekehrte Diskussionslage —

Am Ende des Symposions hatte ich in einem Schlusspodium die spannende Gelegenheit, mit Thies Gundlach von der EKD über diese Perspektiven zu diskutieren. Es ist ja interessant, dass gerade die Erfahrung von Poitiers so viel Resonanz auch im evangelischen Bereich auslöst – staunende Attraktivität und verstörende Irritation. Denn auf der einen Seite wird ja genau die charismatische und sakramentale Grundwirklichkeit des gemeinsamen Priestertums aller Getauften in den Mittelpunkt gerückt – und nicht das Amt und die Institution. Und das von katholischer Seite.

Auf der anderen, so ist im Gespräch mit Thies Gundlach erlebbar, verknüpft sich hier die Sorge, dass diese Getauften dann ganz ihr eigenes Ding machen – und Freikirchen bilden. „Es ist doch paradox", so Gundlach, „dass ich hier auf die Episkopé drängen muss, während Sie sich so für selbstständige Gemeinden vor Ort aussprechen."

Es ist wohl nur scheinbar paradox, so denke ich hinterher: denn für protestantische Sensibilität klingen wohl auch immer die Erfahrungen von spontan sich bildenden Freikirchen mit – während in meinem Hinspüren diese Sorge nie vorhanden war. Aber um die Herausforderung zu fokussieren: Es geht zum einen um die Frage, wie Einheit der Kirche geht, angesichts wachsender und auch interkonfessioneller Pluralität. Zum anderen stellt sich die Frage, wie ein solcher Prozess, der Kirche vor Ort fördert und damit die Selbstverantwortung der Getauften für ihr Kirchesein, initiiert, gefördert und begleitet werden kann, ohne dass es zu einer Auflösung des katholischen und evangelischen Gesamtgefüges kommt.

— Im Osten was Neues —

Die Diskussionen waren und sind nicht theoretisch. Sie sind für den ländlichen Osten Deutschlands für beide Konfessionen relevant. Die kleiner werdende Zahl von Christen beider Konfessionen, aber auch die kleiner werdende Zahl von pastoralem Personal nötigt zu radikalem Umdenken. Und das ist nicht einfach, weder für hauptberufliche Pastoren und Pfarrer, noch für die Christen vor Ort.

Man möge sich nur vorstellen, dass die katholische Pfarrei Stralsund heute schon die gesamte Insel Rügen umfasst – und das ist evangelisch nicht ganz anders. Aber mehr als die Gefahr der Verselbstständigung von wild gewordenen Getauften ist es eher die Ahnung, dass kirchliches Leben im traditionellen Sinn einfach verlischt, wenn keine hauptberufliche Versorgung mehr stattfindet.

Was man in den Städten vielleicht noch verdrängen kann, das ist auf dem Land schon heute drängend: eben jener Paradigmenwechsel, der Kirche wegdenkt von gewohnten pfarrgemeindlichen Paradigmen – und hindenkt zu größeren „Ermöglichungsräumen", in denen die (wenigen) Christen (ökumenisch?) ermutigt werden, „Kirche vor Ort" zu sein. Es bedeutet, einen institutionell fixierten Ansatz neu zu justieren: es geht darum, dass Pfarrer und Pastorinnen, Hauptberufliche und Diakone als Team von Wanderaposteln vor Ort die Christen ermutigen, in Hauskirchen, Initiativen, gemeindlichen Neubildungen oder klassischen Konfigurationen ihr Kirchesein aus der guten Gnade des Evangeliums zu gestalten.

Es gilt ja vom Evangelium her: „Wo zwei oder drei in meinem Namen versammelt sind, da bin ich mitten unter ihnen" (Mt 18, 20) – und die Kirchenväter fügen hinzu: „… da ist Kirche". Kirche fragiler und liquider, Kirche in neuer oder doch zumindest anderer Gestalt als traditionell bebildert in unserem Unterbewusstsein.

Katholisch gilt ja, dass solche Gemeinden, auch wenn sie sehr klein sind, ganz Kirche sind, wenn sie eingebunden sind in das Netz der

Ortskirche, näherhin der Pfarrei, und also sich dort die „eine, heilige, katholische und apostolische Kirche“ zeigt, wenn dort Eucharistie gefeiert wird. Was in den Basisgemeinden des Südens selbstverständlich auch dann gilt, wenn dies nur einmal im Jahr geschieht, das wird jetzt bei uns langsam Wirklichkeit – und bringt viele Fragen ans Licht, die in diesen Zeilen schon thematisiert wurden.

Und evangelisch?

— Ortsgemeinden in Mecklenburg und Pommern —

In einem Bericht der Bischöfe der Nordkirche vom November 2015 wird die dramatische Situation im Nordosten Deutschlands beschrieben: „In Mecklenburg und Pommern sind mehr als 40% aller Pfarrstellen seit 1990 eingespart worden. Entsprechend haben sich die Gemeindebereiche vergrößert, was die Beziehungsarbeit und die Identifikation erschwert. Entkirchlichung und demographischer Wandel verstärken die Problematik…“[13]

Die sehr differenzierte Situation der evangelischen Kirche zwischen Hinterland und Tourismuszentren führt aber dennoch zu einer klaren Option: „In einer sich rasant wandelnden Welt haben Ortsgemeinden die Kraft, Menschen im Nahbereich zu beheimaten… Kirche wird im wesentlichen als ‚Vor-Ort-Kirche‘ (Thies Gundlach) erfahren. Aus Nähe und Überschaubarkeit entsteht auch die Bereitschaft zur Beteiligung und zum Mittun.“ Und dies gilt nicht nur für die bekennenden Christen, wie die überraschend vielen transkonfessionellen Kirchbaufördervereine bezeugen.

Der Bericht macht deutlich, dass es auf diesem Horizont unrealisierbar ist, wenn Pastoren und Mitarbeiter einfach ihren Wirkungsbereich strecken: Nähe, Beziehungsarbeit wird zunehmend unmöglich, und dies ist – wie der Bericht anhand einer anglikanischen Studie belegt – schon ab drei zu versorgenden Predigtstellen so.

An dieser Stelle führt der Bericht die Gedanken des Greifswalder Symposions weiter. Denn die bisherige Sicht, Kirche von den verfügbaren Pfarrern örtlich zu beschreiben, ist an überdeutliche Grenzen

13 Aus einer Tischvorlage für die Bischofskonferenz der Nordkirche am 4./5. November 2015.

geraten – und eine echte Versorgung in einer Kirche der Nähe ist nicht mehr möglich. So muss also – zunächst experimentell – die Perspektive umgedreht werden. Da christlicher Glaube ein Glaube in Gemeinschaft ist, kommt den Gemeinden eine Kernfunktion zu: „Wesentlich ist… das Bestreben, in jeder rechtlichen Struktur kleine und größere örtliche Gemeinschaften von Christen zu ermutigen und zu befähigen, dass sie christliches Leben am Ort aufrechterhalten, pflegen und ausbauen können. Die Gemeinde, die die Zukunft der Kirche ist, ist eine Gemeinden des allgemeinen Priestertums."

Der Bericht schlägt deshalb „Erprobungsregionen" vor. In ihnen soll „ein Freiraum geschaffen werden, der es besser ermöglicht, die vorhandenen Ressourcen so einzusetzen, dass Menschen in Kontakt mit dem Evangelium kommen und bleiben. ‚Erprobungsregionen' sollen in neuer Vielfalt Gemeindeformen fördern und möglich machen… Das Vorurteil, dass unsere Ordnungen nur das traditionell überlieferte Gemeindebild erlauben, ist zu überwinden."

Wenn man sich die inhaltlich-theologischen Überlegungen des Papiers anschaut, dann bestätigt sich – wieder einmal –, dass trotz gewiss unterschiedlicher Ekklesiologien die Herausforderungen einer neuen Kirchenkultur wirklich gemeinsam sind, angefangen von der Entwicklung einer ekklesialen Kultur des gemeinsamen Priestertums bis hin zu der Frage, wie engagierte Christinnen und Christen für die Leitung solcher Gemeinden gefunden, ausgebildet und beauftragt werden können. Deutlich sind hier die ökumenischen Einflüsse der Weltkirche (Poitiers, Tansania, England) zu spüren.

Wir sind auf einem selben Weg, an denselben Anfängen, mit denselben Hoffnungen und Herausforderungen. Es scheint mir ein Zeichen der Zeit für eine gemeinsame ökumenische Kirchenentwicklung.

15. Der Knalleffekt des Kirchenkurses

Das Kirchenentwicklungsteam von Bukal Ng Tipan hat bei den weltkirchlichen Exposurereisen deutscher Diözesen nach Manila und in die Philippinen wie auch in der Begleitung philippinischer und asiatischer Diözesen ein Kursparadigma entwickelt, bei dem Spiritualität, Liturgie und bewusstseinsbildende Prozesse und die intellektuell theologische Durchdringung ein Ganzes bilden. Dabei geht es an dieser Stelle nicht um den konkreten Prozess vor Ort, der ja je unterschiedlich verläuft, sondern um die Vergewisserung einer gemeinsamen Grundhaltung und Grundwahrnehmung der Kirchenentwicklung und der in ihr liegenden Konsequenzen für die Weiterentwicklung. Es geht auch um die Frage, wie und mit welcher Vision Kirche sich weiter entwickelt, und welche Merkmale dieses Kirchewerden und Kirchesein hat.

Dieser „Anweg“ ermöglicht es Pfarrteams/Presbyterien/Verantwortlichen einer Gemeinde, zu einer konkreten Klarheit zu kommen: ob nämlich so ein Weg sinnvoll für die eigene Zukunftsentwicklung sein könnte.

Im Herbst 2012 entstand auf dem Hintergrund der Erfahrungen bei den Exposurereisen in die Philippinen eine „Spurgruppe“, die versuchte, die zentralen Elemente dieses bewusstseinsbildenden Weges didaktisch und methodisch in einem Kurs zu erarbeiten, der auch im deutschsprachigen Raum „funktionieren“ könnte. Im Sommer 2013 versammelten sich in Hildesheim verantwortliche Akteure verschiedener Diözesen, um den bis dahin erarbeiteten Kursweg zu durchdringen, miteinander zu erleben und zu evaluieren.

— Eine umwälzende Evaluation —

Das Besondere an dieser Summerschool bestand darin, dass wir zum ersten Mal eigenständig diesen Kurs entwickelt hatten und durchführten – und dass das Team von Bukal Ng Tipan sich im Coaching und Monitoring des durchführenden Teams übte. Für uns, die wir diesen Kurs durchführten, war das eine einmalige Erfahrung: tagsüber arbeiteten wir entlang der Kirchenbilder und der ihnen eigenen Logik durch unseren „Kirchenkurs“ – es war eine beeindruckende Erfahrung, weil wir merkten, dass es uns (für den ersten Versuch) gut gelang, das Ineinander von Spiritualität, Theologie und Pastoral für unseren Kulturraum zu gestalten.

Abends hingegen wurden wir evaluiert, korrigiert und bestärkt: das war eine veritable zweite Summerschool, die wir am Abend erlebten. Am Ende der Tage, die uns alles abverlangten (schlafen sollten wir ja auch, aber es musste immer noch viel vorbereitet werden für den nächsten Tag), hatten wir genau einen halben Tag Zeit, den gesamten Prozess zu evaluieren, bevor dann der zweite Teil unserer Summerschool mit neuen Teilnehmern begann.

Und diese Evaluation werde ich – werden wir – wohl nicht vergessen, denn sie gab uns einen entscheidenden Schlüssel für unsere weitere Arbeit an diesem grundlegenden Modul einer lokalen Kirchenentwicklung.[14]

Das Team von Bukal Ng Tipan machte in dieser Evaluation nichts anderes, als das nervöse Rückgrat des Kurses, die „Kirchenbilder", mit uns zu besprechen – oder besser: unserem Team noch einmal zu vermitteln. Das kam für uns überraschend und war auch ein wenig irritierend – am Anfang.

Seit den 80er-Jahren, seitdem Missio die Materialien und Ideen von Oswald Hirmer und Fritz Lobinger verbreitet hatte, gibt es diese Kirchenbilder. Sie wirken auf den ersten Blick simpel und fast naiv, und man könnte zunächst denken, dass sie eher für einfache und ungebildete Personen gedacht seien – und in stolz gebildeten Kontexten wie unserem postmodernen europäischen Umfeld nicht „funktionieren".

Dagegen spricht ihre Entstehung: in den späten 80er-Jahren waren die Erfahrungen des Lumko-Institutes auch nach Asien übergeschwappt, und viele Protagonisten der Kirchenentwicklung in den asiatischen Ortskirchen hatten den langen dreimonatigen „Kurs" in Lumko gemacht. Daraus war dann der später auch von Missio nach Deutschland gebrachte AsIPA-Ansatz (Asian Integral Pastoral Approach) entstanden, mit seinen vielen regionalen Abwandlungen (z.B. von der Indischen Bischofskonferenz „Developing Indian Integral Pastoral Approach).

Was man im deutschsprachigen Raum unter dem Stichwort der „Kleinen Christlichen Gemeinschaften" abhandelte (und zunächst als Bildung kleiner Glaubensgruppen missverstanden und auf sie reduziert hatte), war in Wirklichkeit ein Pastoralansatz, der in Afrika unter dem Stichwort „A new way of being church" verhandelt wurde. Als Lobinger und Hirmer immer öfter nach Asien zu Workshops eingeladen wurden, wurde – so hat es mir Fritz Lobinger erzählt – ihnen immer

14 Und letztlich ist auch die Veröffentlichung des Kirchenkurses ein Resultat dieser Erfahrung. Vgl. C. Hennecke / G.Viecens, Der Kirchenkurs. Wege zu einer Kirche der Beteiligung, Würzburg 2016.

deutlicher, dass es eine Grundfrage gibt, die in den vielen praktischen Modulen unterzugehen drohte. So entstanden in Taipeh seinerzeit die „stages of church growth" – eine Entwicklungsreihe einfacher Bilder, die jeweils einen Entwicklungsstand des Selbstverständnisses des Kircheseins in einem Bild festhalten. Mit dieser Bilderfolge kann der Weg einer Kirchenentwicklung hin zu einer Kirche der Partizipation mit einer Gruppe partizipativ erarbeitet werden – „the method is the message" ist das Mantra, das wir immer wieder gehört haben.

Am Anfang hatten wir mit unseren Mentoren aus Südafrika, Indien und auch aus Bukal erlebt, wie sie mit uns diesen Weg erarbeiteten. Und immer wieder standen diese Bilder im Mittelpunkt der gemeinsamen Arbeit. Aber trotzdem – wir entdeckten nur langsam, Schritt für Schritt die innere Logik dieser Bilder, die Art der partizipativen Erarbeitung – und hatten sie doch schon vielfach ausprobiert. Es hatte immer funktioniert und war von großer Fruchtbarkeit gewesen. Aber wir hatten diese Bilder noch immer nicht ganz richtig verstanden. Zuerst hatten wir die „stages of church growth" manchmal historisch missverstanden: so als ginge es darum, den Weg von einer Kirche der Vergangenheit zu einer Kirche der Zukunft zu gehen. Manchmal hatten wir auch die Bilder in ihrer Sequenz dazu verwendet, die eigene Vision des Kircheseins zu entwickeln.

Einige Male war der Versuch unternommen worden, diese Bilder in „modernere" und „deutschere" Kontexte einzupassen – mit mäßigem Erfolg. Denn erst bei diesen Versuchen stellte sich heraus, dass sie doch sehr raffiniert in ihren Einzelheiten und ihrer Logik waren, und ihre innere Stimmigkeit leicht zu verfehlen war.

Aber das lag ja eigentlich hinter uns ... Wieso jetzt also noch einmal, in 90 Minuten, die wir Zeit hatten, eine gemeinsame Erarbeitung der Bilder?

— Erstaunliche Neuentdeckungen —

Je länger wir mit unseren Freunden die „Entwicklungsphasen des Kircheseins" „durchwanderten", desto mehr ging uns an diesem Nachmittag auf, worum es unseren Freunden ging. Die Entwicklungsphasen des Kircheseins ermöglichen es, sich einzulassen auf einen notwendigen Bewusstseinsprozess. Es geht nicht um vergangene und zukünftige

Bilder, sondern vielmehr darum, dass wir die eigenen Bilder in uns entdecken lernen, die sich – fast ohne Zutun – weiterentwickeln. Es ist ein wenig so wie das „Erwachsenwerden“ , der Weg vom Kindsein hin zum Erwachsenen. Das war wenigstens für mich ein wichtiger Schlüssel, der auch dafür sorgt, dass es hier nicht um Bewertungen geht: nicht vom Alten zum Neuen, nicht vom Schlechten zum Besseren – sondern um die diagnostisch-analytische Wahrnehmung der jeweils notwendigen Wachstumsschritte und das Verstehen der inneren Logik eines Kirchenentwicklungsprozesses.

Mir ging auf: jede kirchliche Situation kann hier Ausgangspunkt eines Prozesses sein, auch eine Kirche der Versorgung, die sehr hauptamtlichenfixiert – oder klerusfixiert – ist. „Das ist so, wenn ein Priester neu in eine Pfarrei kommt. Die Leute suchen die Beziehung zu ihm, um zu verstehen, wer er ist. Ganz natürlich“, sagte Mark. „So beginnt es immer. Das Problem ist dann nur, wenn der Priester meint, es müsse auch so bleiben, wenn er gar keine Idee für die Entwicklung hin zu einer partizipativen Kirche hat ...“

So hatte ich es noch nie gesehen. Aber erlebt, auch in mir. Ich hatte oft nicht die Klarheit, wohin die pastorale Reise – jenseits interessanter und toller Initiativen – geht. Ich hatte auch keine Möglichkeit gehabt, ohne echte Wertungen einfach zu diagnostizieren, an welchem Punkt die mir vom Bischof anvertraute Gemeinschaft von Gläubigen steht – um dies zum Kairos der weiteren Entwicklung werden zu lassen.

„Und eine ‚Kirche der Versorgung‘ ist ja auch in bestimmten Zeichen wichtig, auf jeden Fall am Anfang“, lächelte Estela Padilla. So kann man es also sehen – als Entwicklungsweg eines Menschen, der sich selbst Schritt für Schritt weiterentwickelt, wenn nicht jemand (die Eltern?, das Pastoralteam?) ihn daran hindert. Und das gilt auch dann, wenn es schwierig wird – im verstörenden dritten Kirchenbild. Es leuchtet ein, dass es zu Verwirrung und Auseinandersetzung im Verlaufe der Entwicklung kommen muss – es ist eine Kirche im Aufbruch, eine etwas pubertierende Situation ... Spannende Horizonte taten sich auf, denn es ist ja auch klar, dass jede Entwicklungsdimension des Kircheseins ihre eigenen Methoden braucht, die den nächsten Entwicklungsschritt hervorrufen wollen. Die genaue Betrachtung ermöglicht pastorale Entwicklungsschritte, verhindert Unter- wie Überforderung.

Und natürlich ist eine Kirche, in der Taufwürde und Charismen ins Licht gerückt sind und Menschen ihrer Berufung und Sendung folgen, schon ein toller Entwicklungsschritt. Und doch kann es weitergehen. Allein schon deswegen, weil wir ja auf einem langen unabgeschlossenen Weg sind, aber vor allem deswegen, weil es bei der Kirchenentwicklung eben nicht um die Bildung kleiner Gruppen elitärer Taufbewusster geht, sondern um … alle, und also um den Dienst der Kirche in der Gesellschaft jeder Zeit. Erst hier tauchen dann die Kleinen Christlichen Gemeinschaften auf, als „most local incarnation of the one, holy, catholic and apostolic church", als Sakramente des Lebensraums, in dem zum einen, im Sinne der Subsidiarität, Kirche im Kleinen sich mit allen Diensten und Sendungen aus dem Wort Gottes verwirklicht – und zum anderen eine Sendungsosmose mit der jeweiligen Lebenswelt Wirklichkeit wird.

— Gemeinsam eine Vision der Kirche leben —

„Wir hängen das 5. Bild immer etwas weiter weg vom 4. Bild. Warum, das ist klar: denn es ist eine lange Reise bis dahin", so Aleli Guitierrez. Es ist 16.20 Uhr, und wir haben gerade mal noch 10 Minuten Zeit für unsere Evaluation. Aber wie gebannt sind wir – und glücklicherweise haben wir diese magistrale Lektion auf einen Rekorder aufgenommen … Denn wir werden uns das noch einmal anhören – und nicht nur einmal!

In der Tat, denn in diesem letzten Wegstück ändert sich alles noch einmal radikal. Die entschiedene Dezentralisierung der Kirche, die sakramentale Einheit der Ortspfarrei, die deutliche Sendungsorientierung der Kirche und ihre Relativierung hin auf das Reich Gottes, die neue Rolle des Priesters und des Hauptamtlichenteams – alles kommt hier in den Blick. Und weil es eben Bilder sind, kann hier eine Erfahrung der gemeinsamen Erkenntnis ermöglicht werden, die tief eindringen kann.

Am Ende sind wir sehr dankbar – und unser Kirchenkurs, den wir eben noch erfolgreich abgeschlossen hatten, muss schon wieder verändert werden. Bis wir im Herbst mit unseren Teamkollegen die „Winterschool" beginnen, müssen wir ihn noch einmal neu durchdenken. Aber das tun wir mit Energie – denn wir haben ein Stück mehr verstanden, oder besser: sind noch einmal ganz neu beseelt worden …

16. Kommunion, Firmung und die Weisheit des Philippus

So kann es – eigentlich – nicht weitergehen, obwohl es doch – irgendwie – immer weitergeht: die Erneuerung der klassischen Initiationspastoral kann ja nicht darin bestehen, dass man immer neue Ideen und Methoden generiert, verwendet und in Büchern auf den Markt wirft – und am Ende immer unbefriedigt bleibt. Es gibt so viele Fragen, auf die es keine rechte Antwort gibt: Ist denn in der Postmoderne das Kohortenmodell der Jahrgangskatechese noch angemessen? Kann es angehen, dass wir Katechetinnen und Katecheten aus den Eltern der Kurse gewinnen und gerade mal als ungelernte Arbeitskräfte – als „EinwegkatechetInnen" – anheuern? Die ständige Klage dieser Gruppe über mangelnde Begleitung regt niemanden auf. An den klassischen Gemeinden geht die Erstkommunionvorbereitung und Firmvorbereitung oft vorbei – wer interessiert sich wirklich für das Kommen großer Gruppen von Familien und Jugendlichen? Im Gegenteil, ihnen wir häufig unterstellt, dass sie ja „ein Familienfest" wollen, für die Kirche interessieren sie sich ja eh nicht. Und hinterher kommen sie eh nicht mehr. Gastfreundlichkeit fühlt sich anders an. Und derselbe Frust der KatechetInnen „the week after" ist sprichwörtlich: am nächsten Sonntag ist keiner mehr da …

Mit einer Kollegin haben wir gemeinsam überlegt, einmalig mit einer buntgemischten Denkgruppe ein Wochenende zu verbringen, um darüber nachzudenken und nach vorne zu denken. Und im Dezember 2015 waren wir dann „reif für die Insel" und sind – zu sechst – nach Norderney gefahren. Buntgemischt, nicht nur Theologinnen und Theologen, buntkonfessionell, nicht nur Katholiken und Landeskirchler. Es war eine starke Erfahrung.

— Die Weisheit des Philippus —

Ausgangspunkt unseres Nachdenkens und unserer vielleicht kreativen Ideen war die gemeinsame Meditation der Schriftstelle der Taufe des Äthiopiers, wie sie Apg 8,26–40 festhält.

Wie eigentlich ereignet sich in der Urkirche „Einführung in das Christwerden"? Mit Philippus, dem Apostel, sind wir seinen Weg gegangen und haben uns notiert, was sich hier mit unserer bestehenden

Praxis trifft – oder eben gerade nicht trifft und uns herausfordert, kreativ irritiert.

Es wird zunächst sofort sichtbar, dass die Person des Philippus, des „Katecheten", sehr eindringlich beschrieben wird. Er handelt nicht systematisch – er wird vom Geist geführt und lässt sich vom Geist führen. Das war schon das erste Thema und es betrifft zentral die Frage nach den Personen, die solche Prozesse begleiten. Sind sie denn „geistgeführte Persönlichkeiten", „leidenschaftliche Hörer des Geistes" – und darin erfahren? Und wie kann man das lernen? Offensichtlich ist ja Philippus schon eine ganze Weile mit Jesus auf dem Weg gewesen? Und wie lässt sich erkennen, wer ein solcher Geistbegabter ist? Und vielleicht sind es ja ganz andere Leute, als wir so denken? Vielleicht sind es gar keine Insider? Merkpunkt 1: das wesentliche Kriterium eines Glaubensbegleiters ist sein „Hören und Leben aus dem Geist".

Der Weg des Philippus ist ein Weg des Gehorsams: Der Geist führt ihn in eine unbewohnte Gegend. Und dort trifft er auf einen Äthiopier und wird innerlich dazu eingeladen, dem „Wagen zu folgen". Es stellt sich – wie zufällig oder gefügt – heraus, dass dieser Äthiopier schon einen geistlichen Weg gegangen ist. Er ist Wallfahrer, hat Gott in Jerusalem angebetet, und ist jetzt – mit neuen Büchern – hier mit den alttestamentlichen Propheten? – auf dem Rückweg.

Wie nehmen wir die wahr, die zu uns kommen, um die Feste der Erstkommunion und Firmung zu feiern, haben wir uns im Nachdenken gefragt. Glauben wir ihnen ihre Wallfahrtswege, ihre Sehnsucht nach Gott, ihre tastenden Versuche? Und sind sie dann der Ausgangspunkt unseres Einführungsweges?

Denn das ist ein weiterer wichtiger Merkposten: Katechese beginnt mit dem Hören und vorsichtigen Nachfragen der Katecheten. Als Philippus zuhört, kennt er die Frage des Äthiopiers und bietet seine Hilfe an. Im erhellenden Gespräch, das nun folgt, ergibt sich ein Wunsch des Äthiopiers. Philippus hatte die alttestamentliche Stelle in den Raum seiner Glaubenserfahrung mit Christus gestellt, und er hatte von hier aus das Heil in Christus verkündet. Merke: es braucht eine ausdrückliche Verkündigung, aber sie wird in ihrer Form vom interessierten Sucher bestimmt.

Auch der nächste Schritt geht vom Äthiopier aus: „Was hindert mich, getauft zu werden?", fragt er, als sie an einer Pfütze vorbeikommen … Und zusammen steigen sie in den kleinen Teich – „Auch die Füße des Taufenden werden nass!“, sagt eine Mitdenkerin – und die Taufe findet statt.

Und danach? Welche Nachhaltigkeit hat diese Taufe? Offensichtlich ist das gar nicht so wichtig … Im Gegenteil. Der Äthiopier fährt weiter auf seinem Weg nach Hause (und das ist noch weit) – und Philippus wird vom Geist ziemlich plötzlich an einen anderen Ort geführt, wo er weiter verkündigt. Was hat das zu bedeuten? Offensichtlich ist die Frage nach der Integration in eine bestimmte Gemeinschaft von Glaubenden hier nicht die erste Frage – und für niemanden, weder für Philippus noch für den Äthiopier und auch nicht für den doch sehr gemeindeorientierten Lukas, ein Problem. Vielleicht denken sie alle Kirche ganz anders?

Wir sind alle sehr berührt von dieser aktualisierenden Auslegung und dem Gespräch. Und ich bin beschämt. Ich hatte ein Thesenpapier als Ausgangspunkt unseres Nachdenkens erstellt und verteilt – aber nun begann ich mich für diese Thesen zu schämen. Eine – meine – Umkehr im Denken stand an … Und das war für mich ein Zeichen, dass wir hier wirklich mit Hilfe des Geistes dachten: mein bisheriges Denken stand Kopf … (☺)

— Die Stärken entdecken —

Deswegen haben wir das Thesenpapier einfach gnädig nicht zur Kenntnis genommen, sondern einen anderen Ausgangspunkt gewählt. Wir begannen, die Stärken der gewachsenen Vorbereitungswege neu in den Blick zu nehmen – oder überhaupt das erste Mal wirklich zu sehen.

Wie ist es zu beurteilen, wenn jedes Jahr Eltern und Kinder sich wie selbstverständlich zur ersten Kommunion anmelden – und auch sehr viele Jugendliche sich, manchmal zur Überraschung ihrer Eltern, auf die Firmung vorbereiten wollen? Wie ist diese starke Traditionsverwurzelung zu verstehen? Und es lässt sich doch auch entdecken, dass viele Eltern, Kinder und Jugendliche sich intensiv engagieren und auch – mit ihren Gaben – einbringen wollen? Wofür tun sie das? Was ist ihr Interesse? Man kann nicht unterstellen, dass sie alle „keine Ahnung“ hätten von dem, was sie wollen. Dem ist nicht so. Eltern wollen für sich und für ihre Kinder ein schönes Fest der Gemeinschaft, das oft schon ein Jahr früher vorbereitet wird. Jugendliche sind wirklich daran interessiert, was Firmung eigentlich bedeutet. Sie wollen einen Katechesekurs, sie wollen eine klare Antwort auf die Frage, was Firmung eigentlich ist … und sind enttäuscht, wenn sich das nicht erfüllt (was nicht selten der Fall ist …). Alle haben eine ungefähre Vorstellung und den Wunsch nach Segen – und man muss sagen, dass in den meisten Fällen die Feier der Firmung selbst ein echter Höhepunkt für alle Beteiligten ist, der vor allem die Jugendlichen tief berührt. Und auch die Kommunionfeiern haben den Charakter eines echten und gefeierten Höhepunkts.

Ob die Schwächen des bisherigen Modells oft damit zusammenhängen, dass die Insider der Gemeinden, Hauptberufliche wie Gemeindemitglieder, mit dieser tollen Motivationslage eigene Motivationen verbinden, die gar nichts mit den Feiern zu tun haben? Sind wir nicht manchmal blind für diese Stärken? Wie kommt es zu der Idee, dass alle „hinterher" sich in der bestehenden Gemeinde integrieren müssten? Und ist nicht der Versuch einer Instruktionskatechese kontraproduktiv? Es scheint häufig so, als müsse ein bestimmtes Curriculum absolviert werden. Wen wundert's, wenn diese Verdopplung von Schul-Curricula niemanden anzieht – zumal sich die Frage mit Recht stellt, ob es im Zusammenhang mit diesen Feiern um eine Allround-Katechese gehen muss. Und nur kurz zur Erinnerung: das II. Vatikanum hatte einen instruktionstheoretischen Ansatz der Glaubensvermittlung hinter sich gelassen – aus offenbarungstheologischen Gründen!

— Erstkommunion weiterentwickeln … —

Was wäre, wenn man auf dem Hintergrund dieser ambivalenten Diagnose und der wohlwollenden Sichtung der Stärken einfach einige Schritte weitergeht. Wenn alles erst mal so bliebe, und doch ganz anders würde?

Erfahrungen mit der Erstkommunion sind vor allem dann stark, wenn man Eltern und Kindern ermöglicht, Gemeinschaftserfahrungen zu machen. Das wird als Wunsch an die Erstkommunion auch immer wieder zuerst benannt. Und darin zeigt sich ja ein sehr tiefer „Sensus fidelium": denn darum geht es ja in der Tat, um Gemeinschaft, um „Communio".

Es ginge also in der Vorbereitung um die Ermöglichung und Inszenierung von echten Gemeinschaftserfahrungen. Sie haben häufig mit Essen und Trinken zu tun (das kann man schon bei Jesus im Evangelium sehen – so sehr, dass er häufig als Fresser und Säufer denunziert wurde …). Solche Erfahrungen sind in sich „christophor" und „ekklesiogen": die Jünger erfuhren den auferstandenen Herrn in Emmaus und am See und anderswo als ihren Herrn, als sie miteinander aßen. Und hier ereignete sich dann tiefe Gemeinschaft, wurde ihre Gemeinschaft allererst. Solche Erfahrungen bringen also die Erfahrung des Auferstandenen zum Vorschein – und sammeln in Gemeinschaft.

Eine Mitdenkerin fügte hinzu: „Steht das nicht in der Bibel – immer wenn ihr esst und trinkt, dann bin ich da?" So ähnlich, dachte ich – aber vielleicht genau so: denn was anderes heißt „tut dies zu meinem Gedächtnis …"

Von hier aus ist es nur ein kleiner Schritt zur liturgischen Feier. Auf dem Hintergrund dieser normalen und doch schon transzendenzreichen Gemeinschaftserfahrungen kann eine kleine mystagogische Einführung in die Liturgie, wie sie etwa in Weggottesdienstmodellen praktiziert wird,[15] deutlich machen, dass die liturgische Feier des Mahles und der Kommunion die tiefe Verdichtung der Erfahrung ist, die wir vorher schon gemacht haben und leben …

Aber dann: wenn man die Erstkommunion gefeiert hat, dann hören wir auf. Dann ist der Kurs zu Ende. „Wenn es am schönsten ist, hören wir auf … – ist das eigentlich stimmig?", sagt eine Mitstreiterin. Jedermann und jedefrau weiß, dass eine Integration in bestehende Gemeindesettings nicht stimmig ist, in den meisten Fällen. „Aber könnte man nicht auch denken, dass hier eine neue Gemeinde entstanden ist?" Ein atemberaubender Gedanke, der weitergedacht werden muss.[16] Dann würden die ekklesiogenen Potentiale der Erstkommunion ernst ge-

15 Vgl. auch C. Hennecke / A. Röde / K. Knöchelmann / C. Petrowski (Hg.), Gemeinsam Erstkommunion feiern, München 2007.

16 Diese Gedanken verdanke ich wesentlich auch meiner Kollegin Maria Hermann. In Arbeit ist ihre entsprechende Dissertation über die ekklesiogenetischen Potentiale pastoraler Praxis bei Bernhard Spielberg, die 2017 fertig werden soll. Titel: Acts. Perspektiven einer mission-shaped church zur Entwicklung einer prophetischen Grammatik im Diskurs kontextueller Ekklesiogenesen.

nommen werden – und plötzlich würden neue Gemeinden wachsen … Müssen nicht in jeder Generation neue Gemeinden wachsen?

— Firmung umgekehrt —

Könnte Firmung nicht (wieder neu) eine sendungsorientierte Ausrichtung bekommen? Bislang stand ja die Firmvorbereitung entweder unter dem Horizont, „junge Leute noch einmal zu kriegen" oder ernsthafte Entscheidungen christlicher Mündigkeit zu ermöglichen – verbunden mit dem Gedanken, noch einmal einen Grundkurs Katechese zu veranstalten, oder doch zumindest gute Erfahrungen mit der Kirche zu ermöglichen, damit die jungen Leute später einmal daran denken. Denn die Erfahrung ist auch hier die, dass im Rahmen gefügter Gemeindekonstellationen keine wirklich überzeugenden Modelle vorliegen, es sei denn: … diejenigen, die diese Firmvorbereitung durchführen, sind „burning people" und ermöglichen jungen Menschen, so etwas wie eine Gemeindebildung in unterschiedlichster Weise zu erfahren: Zeugnis davon geben etwa Bemühungen, die Firmvorbereitung mit San Egidio zu verknüpfen und also einem echten diakonischen Engagement (und nicht nur Schnupperpraktika) oder etwa auch Erfahrungen, wie über einen Jugendgottesdienst eine Jugendgemeinschaft entstehen kann (Buchholz in der Nordheide).

Insgesamt kann allerdings gelten, dass junge Leute, die sich zur Firmung melden, durchaus motiviert sind, sich mit der Sache der Firmung selbst auseinanderzusetzen – und beeindruckend sind auch viele Firmgottesdienste, die ja von Bischöfen gefeiert eine sehr tiefe mystagogische Kraft haben.

Hier war ein erster Ausgangspunkt unseres weiteren Nachdenkens: Wenn nämlich so wichtig ist und zu sein scheint, dass der Bischof als Verantwortlicher der Ortskirche diese Sakramente mit den Jugendlichen feiert, dann sagt dies auch aus, dass der Referenzrahmen der Firmung nicht die örtliche Gemeinde, eigentlich auch nicht die Pfarrei, sondern das Bistum, die Ortskirche ist – und damit geradezu dazu eingeladen wird, sich in diesem weiteren Sinne als Kirche zu verstehen. So sehr es für einige gelten kann, dass sie sich in einer Gruppe der Gemeinde kirchlich beheimaten, so sehr wichtig wäre es aber auch, die große Freiheit der Zugehörigkeit zur Kirche zu eröffnen, die sich daraus ergibt. Der Rahmen der Sendung, der durch die Firmung abgesteckt wird, orientiert sich eben an der Ortskirche und ihren Sendungen. Insofern wäre hier zu fragen, welche angemessene Pastoral der „Sendungsfindung" (vgl. den folgenden Abschnitt zur Berufungspastoral) zu entwickeln wäre.

Im Nachdenken über die zukünftige „Gestalt" und Architektur der Firmung fiel mir mein alter Professor der Dogmatik an der Gregoriana ein – und seine nachtridentinisch-scholastische Sakramententheologie: hier dient das Sakrament der Firmung „ad robur", „ad pugnam" – es gibt Kraft für den Kampf, wie etwas pathetisch und doch nüchtern formuliert wird.

Es ist also das Sakrament, durch das Menschen gekräftigt werden, für den zu erkämpfenden Lebensweg. Firmung wäre so das Sakrament des „Empowerment" zur Mündigkeit, also nicht einer zu belegenden Mündigkeit, sondern des Wunsches danach – und des Angebots der Begleitung auf diesem Weg. Wie wäre es also, man würde mit der unmittelbaren und wesentlichen Einführung in die Liturgie der Firmung beginnen, die Firmung feiern und dann charismenorientiertes Weggeleit anbieten?

„Firmung reverse", wie wir formulierten: als Auftakt eines zurückhaltend und doch anbietend begleitenden Weges in die Mündigkeit der eigenen Lebensentscheidungen, wie sie ja gerade anstehen in diesem Alter. Es geht um die Entdeckung der eigenen Sendung in Kirche und Welt, um den eigenen Lebensweg, die eigene und besondere Rolle – um die Berufung im weitesten Sinne.

— Und es kommt auf die Zeugen an ... —

In allen diesen Zusammenhängen hängt – wie die Geschichte des Philippus zeigt, aber eben auch die bekannten Erfahrungen in Erstkommunion und Firmung – sehr viel an denen, die wir „KatechetInnen" nennen: Wahrscheinlich geht es in erster Linie nicht darum, wie sie „lehren" können, sondern wie durch sie „Communio" und „Missio" erlebbar und erfahrbar sind.

Die „burning people", von denen man spricht, sind dann also zuerst selbst Personen, die in das Geheimnis ihres Lebensweges vorgedrungen sind, die selbst „Hörende" sind, und dem Geist folgen, der sie sendet.

Hier wäre genau zu fragen, wie eine Auswahl, Berufung und zurüstende Begleitung solcher Personen geschehen könnte. Es wird jedenfalls deutlich, dass solche Persönlichkeiten nicht „einfach so" gefunden werden, dass etwa Qualifikationen der „Lehre" nicht hinreichen.

Die Frage nach der Findung solcher KatechetInnen hängt wesentlich davon ab, ob man sich im konkreten Fall zum einen darauf verständigt hat, was Kommunion und Firmung in einer Pfarrei eigentlich ermöglichen sollen – und zum anderen, wie eine geistliche Kultur des Hinhörens und Wegentdeckens in dieser Pfarrei gelebt und eingeübt wird.

IV. Alles steht Kopf? Die weiten Horizonte der Erneuerung

1. Pfarrei neu verstehen – Was ist eine Pfarrei als Gemeinschaft von Gemeinden?

Die verwischte Unterscheidung zwischen Pfarrei und den sozialen Gemeindeformen innerhalb einer Pfarrei gehört zu den großen Schwächen vergangener Jahrzehnte der Strukturreformen: immer wieder konnte man entdecken, dass eine Strukturreform mit Kirchenentwicklung verwechselt wurde. Auch wenn behauptet wurde, dass doch neuere soziologische Studien und demografische Vorgaben zu einer größeren Vielfalt drängen, wenn man auch versuchte, von vielfältigen Profilen in einem größeren Ganzen zu schwärmen – das Volk Gottes nahm es anders wahr und hatte da auch einen guten Instinkt. Es war nämlich nicht wirklich erkennbar, worin der Gewinn bestehen sollte, wenn „Gemeinden" fusioniert oder zusammengelegt würden, und eifrige Pfarrer versuchten, in Unkenntnis oder Blindheit gegenüber gewachsenen Traditionen Programme zu entwerfen, wie man denn endlich „zusammenwachsen" würde. Genau das aber wollten viele nicht. Und mit Recht: denn gewachsene Traditionen haben – als Frucht der Evangelisierung und auch als inkulturierte Frucht sakramentalen Handelns – Weggestalten hervorgebracht, die nun nicht einfach geschleift werden dürfen. Das ist nicht das Recht des Bischofs, das ist nicht das Recht des Pfarrers als Diener am Wachsen des Volkes Gottes.

Außerdem nahm das Volk Gottes sehr wohl bis heute wahr, dass vielfach das Handeln der neuen Großraumpfarrer und ihrer Mitarbeitenden in einem zentralisierenden Gestus den Anschein erweckte, es ginge darum, die bisherige Weise versorgender Pastoral unter schwierigeren Bedingungen irgendwie fortzuführen – und dabei immer wieder den Eindruck der Überforderung erfolgreich zu wecken. Hilflos und ein wenig arrogant wirkten darüber hinaus die Versuche, das Gottesvolk zu drängen, an zentralen Orten zur Eucharistie zu kommen: „Ihr fahrt doch auch zum Einkaufen weiter, und ins Kino." Damit aber desavouiert man – mit den eigenen Worten – die eigene Theologie der Eucharistie: als wäre die Feier der Eucharistie ein Akt des Konsums. Und umgekehrt offenbarte man auch, was man von den Gläubigen dachte: dass sie nämlich weithin lenkbar seien und dass man sie zu ihrem Glück zwingen könne. Was bleibt da eigentlich von der hohen Taufwürde übrig? Und vor allem hatte man offenbar gar nicht wahrgenommen, dass die Getauften sich ohnehin schon lange frei und selbstbestimmt bewegen.

Es gab auch weitere Unterstellungen: dass nämlich die Christinnen und Christen, die sich so stark mit der Kirchenwirklichkeit vor Ort identifizieren, gar nicht mehr den Wert der Eucharistie erkennen würden, wenn sie lieber einen Wortgottesdienst (mit Kommunionausteilung) vor Ort feiern würden, anstatt drei Kilometer weiter zu fahren. Ein starkes Stück. Denn jahrzehntelang wurden Gläubige daran gewöhnt, in ihrer Gemeinde zu bleiben – und jahrzehntelang wurde ihnen eine echte liturgische Bildung vorenthalten. Darf man sich beklagen, dass ein Mensch nicht italienisch spricht, wenn man ihm kein Lernen des Italienischen ermöglicht hat? Solche Klagen fallen auf die zurück, die für Pfarreien und Bistümer Verantwortung tragen.

— Gemeinsam Kirche sein —

Glücklicherweise gehören solche Konstellationen der Vergangenheit an. Denn der Paradigmenwechsel der Pastoral ist in einem Lehrschreiben aller deutschen Bischöfe beschrieben worden. Natürlich müssen jetzt die Konsequenzen daraus gezogen werden – und langsame Wege des Wandels von Bewusstsein und Praxis auf allen Seiten eingeübt werden.

Dabei übernehmen die Deutschen Bischöfe im sechsten Kapitel ihres Lehrschreibens eine weitreichende Definition der Pfarrei, wie sie Papst Franziskus in seinem Schreiben „Evangelii Gaudium" vorlegt:

„Mit Recht betont Papst Franziskus: ‚Die Pfarrei ist keine hinfällige Struktur; gerade weil sie eine große Formbarkeit besitzt, kann sie ganz verschiedene Formen annehmen' (EG 28). Darum ist die Pfarrei bei aller Wandelbarkeit ihrer Gestalten und Verortungen mehr als eine Struktur, sie hat auch eine theologische Bedeutung. ‚Die Pfarrei ist eine kirchliche Präsenz im Territorium, ein

Bereich des Hörens des Wortes Gottes, des Wachstums des christlichen Lebens, des Dialogs, der Verkündigung, der großherzigen Nächstenliebe, der Anbetung und der liturgischen Feier' (EG 28)".

Eine spannende Erstbeschreibung. Denn wenn in den vergangenen Jahren schon deutlich wurde, dass Pfarrei und Gemeinde nicht gleichzusetzen sind, dann wurde einerseits der Eigenstand gemeindlichen Lebens unterschieden von der Pfarrei, die als institutioneller Restbestand beschrieben werden konnte. Genau das aber kann nicht hinreichend sein.

Die Pfarrei ist mehr. Sie ist die „Kirche" im eigentlichen Sinne des Wortes: jenes Volk Gottes, das von Christus her, durch seine Gegenwart gesammelt wird. Das Entscheidende ist nicht ihre Institutionalität, denn sie steht im Dienst an der simplen sakramentalen Erkenntnis, dass Kirche mehr ist als ein Verein: es ist bleibend „Seine Kirche". Amt und Struktur der Pfarrei steht in diesem Dienst – und insofern ermöglicht die Pfarrei und ihre sakramentale Konfiguration in Amt, Verkündigung und Feier das Werden und Wachsen der Kirche. Und mit R. Bucher könnte man von einer gnadentheologischen Reformulierung der Pfarrei sprechen.

Doch der Papst – und mit ihm die deutschen Bischöfe – gehen einen Schritt weiter: Sie beschreiben die Pfarrei nicht als institutionellen Rahmen, sondern in den Vollzügen, für die dieser Rahmen steht: der Papst spricht von einem „Bereich", einem Raum also, in dem es möglich ist, das Wort zu hören, im Glauben zu wachsen, die Sendung zu leben und zu feiern. In der Theologie spricht man in diesem Kontext von den „Grundvollzügen" des Kircheseins (Liturgie, Verkündigung, Dienst) – und es ist nicht unwesentlich, dass der Papst nicht von Grundvollzügen spricht, sondern Vollzüge beschreibt, also Handlungen, die Prozesse in Gang bringen und zum Wachstum führen.

Offensichtlich ergibt sich von daher die „Formbarkeit" ihrer Gestalt. Das ist für unser Weiterdenken wichtig. Denn der Papst – und die Bischöfe – beschreiben in diesen Worten, dass die Sozialform den Vollzügen nachgeordnet ist – und dass es deswegen eine „Wandelbarkeit ihrer Gestalten und Verortungen" gibt. Ausgangspunkt ist eben nicht ein institutionelles Verständnis einer gegebenen Form, zu der man gehört, sondern ein Raum, in dem ein liquides Werden von Formen und Orten beschreibbar wird und theologisch begründbar: Ekklesiogenesis.

— Perspektiven der Ekklesiogenesis in der Pfarrei —

So formulieren die Bischöfe weiter: *„Die Gestalt der Pfarrei wandelt sich auch bei uns. Daraus erwachsen neue Herausforderungen und Chancen. Aus der traditionellen „Pfarrgemeinde", die ein in sich geschlossenes System mit einer festen Struktur war, wächst die „Pfarrei neueren Typs", die in den (Erz-) Bistümern unterschiedlich z.B. als pastoraler Raum, Seelsorgeeinheit, Pfarreiengemeinschaft bezeichnet wird. Gemeinsam ist allen, dass sie offen und plural sind. So ermöglichen sie verschiedene Formen der Beteiligung. Innerhalb eines bestimmten Territoriums richtet sich der Blick nun auf das vielfältige Leben der Gläubigen und ihrer Vergemeinschaftungsformen in diesem Territorium."*

Zunächst ist festzuhalten, dass die Bischöfe dem differenzierten Transformationsgeschehen in den Bistümern eine deutliche Zielrichtung geben, die auch theologisch auf dem Hintergrund des bisher Gesagten stimmig ist. Soll es eben nicht einfach darum gehen, den Mangel an Priestern zu verwalten und bisherige Pastoral unter neuer Nomenklatur fortzuführen, dann erweisen sich die „Pastoralen Räume", die „Seelsorgeeinheiten" und Pfarreiengemeinschaften sowie alle Formen „überpfarrlicher" Strukturierung als Weggestalten. Ziel sind hingegen auch kirchenrechtlich vorgegebene „Pfarreien neueren Typs". Auch die Deutschen Bischöfe beschreiben sie als Räume, in denen Vollzüge des Kircheseins zu neuen Gestalten des Kircheseins führen und führen müssen. Kennzeichen dieser Vollzüge ist zum einen die Partizipation der Getauften und ihre ekklesiogene Kreativität: das vielfältige Leben der Gläubigen führt zu vielfältigen Gemeinschaftsformen – in ihrer Offenheit und Pluralität.

— Die Pfarrei als Gemeinschaft von Gemeinden —

Schon Johannes Paul II. hatte im Anschluss an die Bischofssynode über die Laien davon gesprochen, dass die Pfarrei als Gemeinschaft von Gemeinden zu verstehen sei. Genau das nehmen die Deutschen Bischöfe nun auf: *„Das Bild von der Pfarrei als Gemeinschaft von Gemeinschaften (vgl. Christifideles Laici 26–28) ermöglicht es, die in den größeren pastoralen Einheiten entstandenen Pfarreien mit ihrer Vielfalt als Bereicherung zu sehen und sie weiter zu gestalten. Die Fusionierung von kleinen zu großen Pfarreien darf die Vielfalt des kirchlichen Lebens nicht beschneiden, sie ist vielmehr die*

Bedingung dafür, dass die Pluralität der Orte und Praxisformen wächst und die Grundvollzüge der Liturgie, Verkündigung und Nächstenliebe weiter entwickelt und je nach Situation weiter differenziert werden. In dieser großen Vielfalt der verschiedenen Gemeinschaften bedarf es dazu der nötigen Tiefe für alle Gemeinschaften, die eine Christusbeziehung wachsen lässt und sie so zu Zeugen des Evangeliums macht.“

Die Pluralität der Orte und Praxisformen weiterzuentwickeln und zu differenzieren – und diese Orte von ihren Vollzügen der Verwurzelung im Evangelium, in der Feier des Glaubens und der Sendung her zu entwickeln, auf dass Christus erfahrbar wird und bezeugt werden kann – so beschreiben die Bischöfe die zukünftige Entwicklung der Pfarrei und damit eine umfassende Agenda – und einen noch vor uns liegenden Weg.

Entscheidend ist hier doch auch, dass nicht die Größe der Pfarrei der Referenzrahmen für das kirchliche Leben ist. In der Tat wird in den kommenden Jahren deutlich werden, wie wenig Pfarreien etwa in Diasporabistümern wie Hildesheim oder Erfurt vorhanden sein werden. Das betrifft aber eben gerade nicht das kirchliche Leben. Denn dies vollzieht sich durch die Christgläubigen an unterschiedlichen bekannten und unbekannten und neuen Orten, aber immer „vor Ort“, wobei auch dieser Ort nicht verwechselt werden darf mit einer Ausschließlichkeit eines gewachsenen Territoriums: „Ort“ meint vielmehr eine Beziehungsqualität der Menschen, die sich aus dem Vollziehen des Hörens, des Feierns, der Gemeinschaft, der Sendung und des Zeugnisses ergibt.

Von daher gibt es nicht mehr eine „Normalgestalt“ kirchlicher Gemeinschaft – also etwa die klassische Gemeinde: sie ist einer der vielfältigen Lebensorte des Evangeliums. Erst im Zusammen mit allen anderen Lebensorten zeigt sich hier dann die „Pfarrei neueren Typs“. Man könnte sagen, diese Pfarrei ist gewissermaßen Spiegel der Ortskirche. Und gleichzeitig gilt, dass an jedem dieser Lebensorte in ihr sich das Ganze als Fragment spiegelt, eine Facette eines Diamanten gewissermaßen, in dem das Licht, das Christus ist, sich bricht.

Das Bild des Diamanten ist aber nicht wirklich dynamisch genug, wenn man nicht bedenkt, dass dieser Diamant im Werden und Wachsen ist – und immer neue Gestalten hervorbringt und durch sie das Licht bezeugt wird: die Gestalt der Pfarrei ist eben liquide und im Werden, ausgerichtet auf neue Weisen, wie das Evangelium im Leben der Christen Gestalt wird, sich konfiguriert.

In den vergangenen Jahren ist immer deutlicher geworden, dass von hier aus das versäulte Denken in der sogenannten kategorialen und territorialen Seelsorge sich als ungeeignet erweist, diese Prozesse verständlich zu machen. Ebenso gilt, dass die Versäulung der Bereiche von Caritas, Schule und Gemeinde dieses neue liquidere Verstehen von Kirche nicht befördert. Neu zu entdecken ist und war, dass die vielen Initiativen der Caritas, Kindergärten und kirchlichen Schulen, Verbände und kirchlichen Bewegungen, Orden und Initiativen auf je ihre Weise Kirche sind – aber eben nicht unabhängig voneinander und in Vereinzelung, sondern hineingenommen in das Sich-Vollziehen des Kircheseins vor Ort, wie es sich in der Pfarrei als dem „Lebensraum" dieser Vollzüge zeigt.

— „Fresh expressions" und „Small Christian Communities" reloaded —

Die anglophone Fähigkeit zur Sprachkreativität hatte in den vergangenen Jahren Prozesse der Ekklesiogenese in der nicht nur formalen Rede über „frische Formen des Kircheseins" zum Ausdruck gebracht. Weil das Evangelium „afresh" verkündet, gelebt und bezeugt wurde, entstanden neue Formen des Kircheseins – in Großbritannien wie auch in Deutschland. Auf dem Hintergrund der dichten Beschreibungen der Deutschen Bischöfe wird man nun sagen können, dass sie einen Horizont eröffnen als Ermutigung für alle, die sich nach neuen Gestaltwerdungen des Kircheseins sehnen. Es kommt dabei nicht darauf an, dass solche Gemeinschaften im Werden schon in der Fülle alle Vollzüge gewachsener und reifer Kirchlichkeit zeigen – sie können getrost katechumenal sein, im Werden. Sie können getrost einseitig sein, müssen nicht in allem schon alle Wesensvollzüge widerspiegeln. Wesentlich ist ihnen aber, und das kann man im anglikanischen Kontext gut sehen, dass sie nicht als Projekte von Spinnern beiseite gerückt werden, sondern hineingenommen werden in jenen institutionellen Vollzugsrahmen der Pfarrei: denn gerade werdende Christen in werdenden Gemeinschaften haben das Recht und den Bedarf, begleitet zu werden, im Wachsen geschützt zu sein, Zurüstung zu erfahren und orientiert zu werden, damit sie reifen können.

Genau dies ist ja die Quintessenz auch der weltkirchlichen Entwicklungen, die sich in dem oft missverstandenen Wort von den „Small

Christian Communities" verbirgt. Hier ging es ja – im Interesse der Förderung und Reifung des gemeinsamen Priestertums aller Getauften – darum, dass in den Lebens- und Beziehungsräumen der Menschen Kirche erfahrbar wird und sich vollzieht. Aber genau hier wurde auch ansichtig, dass in jeder dieser „örtlichen Gemeinden" – noch einmal zur ewigen Erinnerung: „Small Christian Communities" sind keine spirituellen Kleingruppen – das Leben der Kirche in allen seinen Vollzügen geschieht, und also mit Recht die ostafrikanischen Bischöfe formulieren konnten: „Small Christian Communities are the most local incarnation of the one, holy, catholic and apostolic church". Deswegen ist es einem der großen Theologen dieser Form des Kircheseins, Bischof em. Fritz Lobinger, so wichtig, dass neben dem „Bibelteilen" auch immer das „Diensteteilen" zu einer Gemeinschaft gehört. Und deswegen formulierte auch Thomas Vijay, der Promotor der „Small Christian Communities" in der indischen Bischofskonferenz, immer wieder, dass Kleine Christliche Gemeinschaften nicht nur der Ort der Christuserfahrung seien. Das würde nicht reichen: „We don't follow Jesus – we are following him in his mission", war sein wiederkehrendes Mantra.

Auf diesem Hintergrund wird noch einmal deutlich, dass es in der Tat in den kommenden Jahren keineswegs nur darum gehen darf, bestehende Gemeinden in belebende Entwicklungsprozesse zu bringen und damit ihre Würde als kirchliche Gemeinde vor Ort und Vollzug des Lebens der Getauften zu vertiefen. Es geht auch nicht nur darum, gewachsene Vollzugsräume der Caritas und der Schule als kirchliche Orte im Kontext einer Pfarrei weiterzuentwickeln und Grundvollzüge sichtbar zu machen oder zu entfalten. Es geht auch gerade darum, zu neuen Wegen des Kircheseins zu ermutigen, den neuen Generationen suchender und werdender Christen eigene Vollzugsweisen der Verkündigung des Evangeliums und seiner Gestaltwerdung zu ermöglichen.

Dabei muss auch klar sein, dass es bei diesem dynamisch-liquiden Entwicklungsszenario überhaupt nicht um die Frage zu gehen braucht, wie „groß" eine solche Gemeinde ist: das Basisszenario der Gemeindebildung heißt ja: „Wo zwei oder drei in meinem Namen versammelt sind, da bin ich mitten unter ihnen" (Mt 18, 20) – es ist ja spannend: auch hier geht es um die sakramentale Dimension des Kircheseins, und auch hier wird sie als Vollzug beschrieben …

Allerdings darf man ruhig fragen, ob wir nicht Abschied nehmen müssen, von „zu großen“ Gemeinden, die eher dem klassischen Bild der Erfassungspastoral als dem Bild einer durch Vollzüge und Beziehungen gestalteten Lebenswirklichkeit entsprechen: denn dann würde deutlich, dass in der Tat innerhalb klassischer Gemeinden, die zwischen 1500 und 4500 Christen groß sind, neu zu fragen ist, ob um der Lebensintensität der Vollzüge des Hörens und der Sendung nicht doch kleinere Gemeinden das Gebot der Stunde sind. Hier wären wir an dem Punkt angekommen, an dem weltkirchlich die Geburtsstunde der „Small Christian Communities“ liegt: im Wunsch nach Alltagsrelevanz des Christseins und der Communio sind diese Gemeinden so gewachsen, wie es Lebensraum und soziales Umfeld nahelegen.

Genau dazu ermutigen die Bischöfe in ihrem Schreiben. Man sieht, der Paradigmenwechsel ist umfassend, und er setzt neue Fragen frei, die nun weiter bedacht werden müssen.

2. Berufung und Sendung der Getauften ... und ihre Herausforderungen

Der Wandlungsprozess der Kirche, der in den Blick gekommen ist, und der die Beziehungsverhältnisse im Volk Gottes theologisch neu ausrichtet, ist undenkbar ohne eine fundamentale Neuausrichtung des begleitenden Bildungsparadigmas.

Denn wenn Katechese, Liturgie, Diakonie und viele andere Dienste in den sich zeigenden vielfältigen Gemeindeaufbrüchen verantwortlich in den Blick genommen werden sollen, und wenn diese Verantwortung in den Händen der Gemeinden liegt, dann hat die angemessene Wahrnehmung dieser Verantwortung auch herausfordernde Voraussetzungen, die es bislang so nicht gibt. Darüber ist hier in der gebotenen Kürze nachzudenken.

— Weltkirchliche Impulse —

Wir haben im Blick auf die Erfahrungen in Südafrika intensiv reflektiert, wie gerade dort, wo die Verantwortung der Getauften ernst genommen wird und wo es kaum möglich ist, dass der zuständige Pfarrer mehr als ein- bis zweimal im Monat kommen kann, niemals die Angst entstanden ist, dass lokale Gemeinden sich „verselbständigen" und Eigenkirchen wachsen könnten – mitten in einer von vielen protestantischen Freikirchen geprägten Landschaft.

Der Schlüssel für das Vertrauen seitens der Verantwortlichen ist der Zusammenhang zwischen Verantwortung der Gemeinden, der Theologie des Rufens, der begleitenden Ausbildung und der ausdrücklichen kirchlichen Sendung in diese Dienste.

So kann man es nicht nur in Südafrika erleben. So habe ich es auch auf den Philippinen erlebt, aber eben auch in Poitiers. Immer geht mit dem Prozess einer Pastoral der Nähe, die mit lokalen Entwicklungs- und Werdeprozessen der Kirche rechnet, und mithin ein intensives Zutrauen in die Kompetenz und Charismen der Getauften hat, auch eine Neuausrichtung der Fortbildungsarchitektur einher.

— Jenseits einer unverbindlichen Angebotsstruktur —

In den strukturstarken und professionsorientierten Kirchen Deutschlands gibt es auch immer schon eine intensive Fortbildung im Rahmen der Erwachsenenbildung, gibt es in jedem Bistum Fortbildungsinstitute für Hauptberufliche und engagierte Verantwortungsträger. Die Angebotspalette ist vielfältig und fast unüberschaubar. Wer sich fortbilden will, kann dies in jeder Hinsicht tun – und es gibt eine Kultur der Fortbildungen, die auch finanziell gut gestützt wird. Man kann also überhaupt nicht sagen, dass es kein Interesse gibt, dass MitarbeiterInnen, Priester, Diakone und auch „ehrenamtliche Engagierte" sich fortbilden. Es gibt sogar verbindliche Fortbildungen der Berufsgruppen – allerdings in den vergangenen Jahren alles andere als systematisch und zielführend. Es galt schon als Erfolg, wenn man daran teilnahm …

Dieses Gefüge setzte sich auch im Kontext der Fortbildung der „Ehrenamtlichen" fort. Zuständig dafür sind zumeist Referenten auf regionaler Ebene – und für die Bedarfe vor „Ort" das pfarrliche Pastoralteam. Aber auch dieses Gefüge funktioniert in der Regel „auf Abruf" oder als eine Angebotskultur, die Bedarfe prognostiziert, aber nicht unbedingt zielgerichtet ist. Es gibt auch hier Ausnahmen – und die sind interessant: dort, wo ein Bistum Beauftragungen ausspricht, gibt es auch Regelfortbildungen – auch wenn es häufig keine evaluierbaren Standards gibt.

Gerade diese letzte Beobachtung macht deutlich, dass die Fortbildungsarchitektur der deutschen Kirche in den vergangenen Jahren vom Bild einer professionellen Versorgungskirche geprägt ist, in die – und das ist wahrscheinlich – auch zeitgeistige Einflüsse einer konsumorientierten und privatisierten Angebotskultur eingegangen sind: „Die Leute werden sich schon suchen, was sie brauchen." Im Hintergrund steht dann aber auch, dass in der Regel Fortbildung nicht so wichtig ist, um irgendwelche Ziele als Kirche zu erreichen. Denn man hat sie ja schon erreicht: in der Suggestion einer Volkskirche gibt es ja immer auch Hauptberufliche, die ihren Dienst tun. („Dafür haben wir bezahlt – und dafür werden sie bezahlt.") Und natürlich können sie Ehrenamtliche hinzuziehen, die Lust haben – und es wäre schon gut, wenn die Hauptberuflichen, die ja professionell geschult sind, auch Hilfe haben …

— Paradigmenwechsel —

Gemeinsam Kirche sein aber funktioniert grundsätzlich anders. Es geht um einen Perspektivwechsel und Mentalitätswandel der Kirche als ganzer, um einen Übergang „von der Volkskirche zu einer Kirche des Volkes Gottes" (so Kardinal Marx). Wenn also das Volk Gottes, das „mit allem Segen des Geistes" ausgestattet ist, in dem also alle Charismen und Gaben vorhanden sind, und jeder und jede seine Gabe einbringen kann zum Aufbau des Leibes Christi, der die Kirche ist, dann hat das Konsequenzen für die Fortbildungsarchitektur.

„Gemeinsam Kirche sein" formuliert die leitende Perspektive so: *„Die Getauften und ihre Charismen sind der eigentliche Reichtum der Kirche. Die Charismen zu entdecken, sie zu fördern und ihren positiven Entfaltungs- und Sendungsraum in der Kirche und in der säkularen Welt zu erkennen und zu gestalten, ist die zentrale Aufgabe dieser Pastoral."*

Die Mitwirkung der Getauften ergibt sich aus ihrer Taufwürde. Aber diese Taufwürde entfaltet sich in einem Prozess: *„Diese Anteilhabe am Priestertum Christi ist kein Besitzstand, sondern sie verwirklicht sich – solange die Kirche im Werden ist – auf einem Wachstumsweg, auf dem eine Gemeinschaft von getauften und gefirmten Christen auch begleitet werden muss."*

Eine Kirche also, in der „participatio actuosa“ (SC 14) „Recht und Pflicht“ der Getauften ist, die also aus dieser Partizipation der Gaben lebt, aus der sich Dienste und Aufgaben unterschiedlichster Art ergeben, wird einen entscheidenden Schwerpunkt auf die Begleitung und Ausbildung der Getauften und ihrer Kompetenzen setzen. Damit aber erweist sich die bisherige Angebotskultur als ungeeignet. Denn nun gibt es ja Ziele, Kompetenzen und Verantwortlichkeiten, die – auch mit Aufträgen und Sendungen – für die Gestaltung der Kirche vor Ort in ihren unterschiedlichen Gestalten wesentlich sind.

So formuliert „Gemeinsam Kirche sein“ deutlich, dass die zentrale Aufgabe der Hauptberuflichen und Amtsträger das Empowerment ist: *„Priester, Diakone, Pastoralreferentinnen und Gemeindereferenten arbeiten dann professionell, wenn sie die Partizipation vieler fördern und die Delegation auf wenige abbauen. Hauptberuflichkeit ermöglicht also zum einen kompetentes Engagement der Kirche im Dienst an der Gesellschaft. Zum anderen dient sie der Entfaltung der Gaben und Charismen der getauften Frauen und Männer zum Aufbau des Leibes Christi.“*

Dabei wird von den Deutschen Bischöfen deutlich gemacht, dass es bei diesem engagierten Einbringen der Gaben und Charismen um örtliche Leitungsdienste geht: Engagierte helfen also nicht mit – sie sind Verantwortliche für das Leben der Kirche am Ort. Der in diesem Kontext enthaltene Paradigmenwechsel beschreibt wie im Rückspiegel einer lokalen Kirchenentwicklung die notwendigen Richtungsänderungen, die sich für eine zu entwickelnde Kultur der Fortbildung ergeben.

— Eine anspruchsvolle Agenda voller Konsequenzen —

„Um die Leitungsdienste und Leitungskompetenz von Frauen und Männern in der Kirche zu fördern, braucht es konkrete Orientierungen und Hilfestellungen. In einer Kirche, die sich zur Gemeinschaft berufen weiß, kann Leitung letztlich auch nur gemeinschaftlich wahrgenommen werden. Dem dienen Synoden, Räte und andere Beratungsprozesse in der Kirche. Konkret kann eine gemeinschaftliche Leitung durch ein Team geschehen. Solche Teams werden für die Pastoral der Kirche immer wichtiger. Leitung in Form eines Teams kann aber nur gelingen, wenn die Verantwortungsbereiche genau beschrieben sind. Klare orts- und sachbezogene Zuständigkeiten sowie die notwendigen Anforderungen und gewünschten Befähigungen sind dabei zu benennen. Sowohl die zeitliche

Befristung solcher gemeinschaftlichen Leitungsformen, wie auch die Konstitution solcher Formen und die Konfliktregelung sind deutlich und transparent zu machen."

Und die Bischöfe führen perspektivisch weiter: „*Konkret geht es dabei um Beauftragungen auf Zeit zur Koordination diakonischer, katechetischer oder liturgischer Dienste an einem bestimmten Ort. Eine solche Beauftragung kann für die betroffenen Gläubigen eine Versicherung dafür sein, dass ihr Wirken Anerkennung und Wertschätzung findet. Eine solche öffentliche Beauftragung wird nur nötig sein, wenn es sich um einen Dienst handelt, der für einen Teil der Pfarrei bzw. für einen befristeten Zeitraum von Bedeutung ist.*"

Was bedeutet das für die konkreten Fortbildungsprozesse?

Sinnvolle Fortbildungsprogramme gibt es nicht ohne hinreichende Orientierungen. Da liegt wohl die erste Aufgabe der diözesanen Pastoralverantwortlichen. Was im Bereich liturgischer Dienste ansatzhaft entwickelt wurde, um etwa Lektoren und Kommunionhelfer gut auszubilden, wird für alle Dienste und Aufgaben zu gestalten sein. Angesichts einer Entwicklung, in der die Kirche vor Ort von ehrenamtlichen lokalen Leitungsteams verantwortet wird, angesichts der angezielten Unterstützung und Förderung örtlicher Gemeinden, die als Gemeinschaft von Gläubigen die Grundvollzüge verantwortlich und kompetent in Teams gestaltet, ist das unausweichlich. Sonst droht ein „Weiter-so", das auf Kosten der Qualität geht.

Das bedeutet auch, dass für solche Rahmenorientierungen konkrete und überprüfbare Curricula erarbeitet werden – und eine Kultur der Evaluation entsteht, die ermöglicht, dass diese Orientierungen weiterentwickelt werden.

Findung von Verantwortlichen und Leitenden in örtlichen Gemeinden klärt die Fragen der Auswahl auf eine geistliche und partizipative Weise. Überall da, wo engagierte Christinnen und Christen kompetente Verantwortung für das Grundgeschehen kirchlichen Lebens vor Ort übernehmen sollen, braucht es eine neue Kultur des Rufens. Wenn es bisher möglich war, dass Priester, Diakone und Hauptberufliche begabte (und ihnen entsprechende) Engagierte in bestimmte Aufgaben „riefen" und anfragten, braucht es nun eine deutliche Korrektur: wie kann das Volk Gottes dazu ermutigt werden, zu rufen? Die Erfahrungen in Poitiers oder Tansania, von denen wir gehört haben, machen Mut. Es ist eine Frage des Vertrauens, einer Kultur, die ernst nimmt, dass das Volk

Gottes „weiß", wem es einen Dienst zutrauen kann. In welcher Weise das „besiegelt" wird, durch Wahlprozesse oder Wege geistlicher Unterscheidung – immer setzt es voraus, dass es einen Bewusstseinsweg braucht, bei dem deutlich wird, in welcher gemeinsamen Verantwortung alle Mitglieder der Gottesvolkes stehen.

Und, natürlich, es braucht das Vertrauen der Bischöfe, der Pfarrer und des pastoralen Personals: *„Dort, wo Bischöfe, Priester und Diakone eine Kultur des Vertrauens leben und mit aufbauen, wo sie dem Engagement der Gläubigen Raum geben und auch neue Impulse zutrauen, dort wächst eine glaubwürdige Kirche."*

Zurüstung, Fortbildung und Begleitung ist vordringliche Aufgabe der Hauptberuflichen vor Ort. Wenn Menschen sich rufen lassen, haben sie ein Anrecht auf Fortbildung und Zurüstung. Aber nicht nur sie – auch das Volk Gottes vor Ort und der Bischof eines Bistums. Es geht ja um nichts weniger als um das Zeugnis von Christus und seiner Sendung. Und deswegen gibt es auch eine Verbindlichkeit der Ausbildung – im Blick auf die Orientierungen, die für verschiedene Dienste notwendig sind. Es gibt aber auch ein Recht auf Begleitung: Hauptberuflichkeit erweist sich hier als wichtig, damit Evaluation und Begleitung die Kompetenz stärken.

Dabei geht es – im Kontext der Zurüstung – immer um mehr als nur um fachlichen Kompetenzerwerb. Die Erfahrungen aus anderen Ortskirchen zeugen davon, dass es nie nur um das „Machen" geht, sondern um einen geistlichen Weg, der einführt in die Tiefe der Begegnung mit Christus und in das Geheimnis des Kircheseins – und auch um eine geistige Durchdringung unseres Glaubens. Das gehört mindestens zu den Standards der Fortbildungsprozesse, die es für diese Dienste geben muss – aber sie sind natürlich nicht exklusiv für Christinnen und Christen, die Verantwortung tragen. Sie sind Weg für das Gottesvolk, für die Gemeinden vor Ort.

Fortbildung dient nicht dem individuellen Kompetenzerwerb, es geht immer um die Wahrnehmung gemeinsamer Verantwortung. Wenn in Zukunft die Verantwortung vor Ort einzelnen Christen anvertraut ist, dann geht es doch zugleich auch darum, dass diese Verantwortung in Teams geteilt wird. Den Erfahrungen in anderen Ortskirchen folgend, werden einzelne Verantwortungsbereiche eingebunden in eine doppelte Teamerfahrung. Insgesamt sollten Teams von Verantwortlichen entstehen –

das Vorbild hier ist zweifellos Poitiers –, die miteinander diesen Dienst der Leitung wahrnehmen. Und zugleich wäre zu verhindern, dass Zuschreibung von Verantwortung die Beteiligten zu „Machern“ macht. Vielmehr sollen sie dafür sorgen, dass die Lebensbereiche der Kirche von möglichst vielen Begabten mitgetragen werden: und in diesem Kontext ist dann darauf hinzuarbeiten, dass die verschiedenen VerantwortungsträgerInnen dafür sorgen, dass es Kreise und Gruppen gibt, die den einzelnen Vollzugsbereichen ein Höchstmaß an Beteiligung vieler ermöglichen.

Die Sendung der Getauften für den Dienst in und an der Gemeinschaft der Glaubenden braucht „neue Beauftragungen“. Wie bei Lektoren und Kommunionhelfern heute schon, so werden auch die Verantwortungsdienste in Zukunft als gemeinsame Sendung gefeiert werden. Es sind also Liturgien zu entwickeln, in denen die konkrete Sendung für einen konkreten Dienst im Rahmen der gemeinsam gefeierten Eucharistie ausgesprochen wird. Solche Beauftragungen sind Sache der Pfarrei vor Ort: im Namen der Kirche, des gesamten Volkes Gottes wird Personen eine Aufgabe anvertraut. Das erscheint mir wichtig. Damit gewinnt diese Sendung einen „öffentlichen Status“ – aber damit sind auch die Beauftragten, die sich haben rufen lassen, eingebunden in die Sendung des gesamten Gottesvolkes – und zugleich wird es hier möglich und auch notwendig, dass dieser Dienst evaluierbar und rechenschaftspflichtig wird: er wird daran zu messen sein, welche Optionen und Prioritäten es auf dem Weg dieser konkreten Gemeinschaft gibt.

Deswegen gehört auch die zeitliche Begrenzung dieser Sendung dazu. Wenn in Poitiers von Anfang an klar war, dass jede Leitungsaufgabe auf drei und – nach einer möglichen Wiederwahl – maximal sechs Jahre begrenzt ist, dann hilft das einerseits dazu, die Verantwortung nicht an Einzelne zu delegieren, und andererseits ermöglicht es, konkrete Meilensteine des Wachstums zu beschreiben, Erfahrungen auszuwerten und den Kurs – wenn nötig – gemeinsam zu korrigieren. Und schließlich: Verhindert wird auf diese Weise, dass Einzelne in die Gefahr kommen, „auf ewig“ einen Leitungsdienst zu übernehmen.

Eine solche Architektur und Kultur der Berufung, Begleitung und Sendung wird diese Bildungsprozesse vor Ort ansiedeln. Ehrenamtlichen Verantwortungsträgern muss dies ermöglicht werden – ebenso gilt natürlich, dass diese Ausbildung nicht auf Kosten der Christinnen und Christen gehen darf. Durch die Art und Weise der Berufung und Sendung wird schon deutlich, dass die wahrgenommenen Dienste im Namen der Kirche geschehen.

Und deswegen ist auch eine weitergehende Fortbildung nicht zuerst „persönliches Interesse" der Verantwortungsträger – sondern der Ortspfarrei. So wird klar, dass etwa die Ausbildung örtlicher Kirchenmusiker dann auch nicht Privatangelegenheit musikalisch Interessierter ist. Und klar wird auch, dass solche Ausbildungen im Blick auf zukünftige Sendung geschehen sollen. Und wenn dann Verantwortliche ein tieferes Interesse an Theologie haben, wäre zu fragen, wieweit hier die Ortskirche nicht ein intensives Interesse haben muss, begabte Christen theologisch weiterzubilden. Es wäre unerträglich, wenn Ausbildungsprozesse dazu führen, dass hinterher Lektoren, Kommunionhelfer, Beerdigungsleiter, Verantwortliche für Liturgie, Verkündigung und Diakonie gewissermaßen „auf Halde" ausgebildet werden …

Ein langer Weg liegt vor uns. Er verlangt allen etwas ab. Vor allem aber den Hauptberuflichen und Priestern – aber in gleicher Weise den diözesanen Fortbildungsorganen. Insgesamt wird deutlich, dass ohne diesen Wandel auch der angezielte Paradigmenwechsel im Kirchesein langfristig nicht gelingen kann – und ohne eine Klarheit über diese Vision einer lokalen Kirchenentwicklung auch eine neue Kultur der Fortbildung nicht Wirklichkeit werden wird.

3. Hildesheimer Theologie – Auf dem Weg zu einem Seminar des Volkes Gottes

Wie Puzzleteile fügen sich Fragen und Erfahrungsfetzen immer mehr zu einem Bild. Schon lange beschäftigt mich die Frage nach der Zukunft akademischer Theologie. Dass die deutsche Theologie einen sehr hohen Standard wissenschaftlicher Reflexion für sich beansprucht, täuscht nicht darüber hinweg, dass sie nur selten die Brücke zum Leben des real existierenden Volkes Gottes schafft. Theologie als einer der „loci theologici" lebt in einer seltsamen festgefahrenen Dialektik zum Lehramt, zu einer kritischen Distanz zu den Diözesen und ihren Pastoralämtern – und es gelingt irgendwie nicht, gemeinsam mit dem Volk Gottes einen Weg in die Zukunft mitzudenken. Und ehrlich gesagt:

manchmal verwundert mich, was akademische Theologen für hintergründige Kirchenbilder haben, von denen sie meinen, sie würden heute leitend sein.

Es ist nicht der stärkste Moment der Theologie.

— Eine neue Theologie des Volkes Gottes —

Es ist mehr als eine hermeneutische Methodenfrage, aber auch: vielleicht fühlt sich die akademische Theologie gar nicht zuständig für die Zukunftsentwicklungen im Volk Gottes, die hier zu bedenken sind. Es könnte ja sein, dass sie sich für den zweifellos wichtigen interdisziplinären Dialog mit Wissenschaft und Gesellschaft diese hohe Abstraktionsebene auferlegt – dann aber wäre eine andere, eine neue Theologie zu entwickeln und auszubilden, eine Theologie des Volkes Gottes, die sowohl spirituell wie auch liturgisch-ganzheitlich, wie auch intellektuell das Leben des Volkes prägen kann: eine Theologie, verwurzelt im und hervorwachsend aus dem Volk.

So wie es eine neue liturgische Bewegung braucht, braucht es vielleicht auch eine neue theologische Bewegung. Man denke daran, dass große Theologien immer auch aus spirituellen und kirchlichen Erneuerungsbewegungen hervorgegangen sind.

Ich erinnere mich an einen der (wenigen) spannenden Kurse meines Studiums in Rom. Es war Pater Deblaere im Institut für Spiritualität, der eine Vorlesung über die „Trennung von Spiritualität und Theologie" hielt, die seiner Meinung nach im frühen Hochmittelalter stattgefunden hatte, und dafür sorgte, dass einerseits Spiritualität zu intimistischer und freischwebender Mystik wurde – und immer häresiegefährdet war; und auf der anderen Seite entwickelte sich eine Theologie, die sich in ihrer Selbstreferenzialität wegentwickelte vom Leben des Volkes Gottes – und auch dafür sorgte, dass sich die Stände der Wissenden und das unwissende Volk weiter auseinanderentwickelten … Parallelen zu heute ließen sich ziehen.

Ich erinnere mich an die Abschlussarbeit dieser Vorlesung. Ich hatte mich mit Richard von St. Victor beschäftigt, einem Mystiker und Theologen. „Alles richtig, was sie geschrieben haben", lobte Deblaere, der in seinem Alter zynisch und etwas resigniert wirkte. „Ich habe Ihnen die maximale Punktzahl gegeben … Aber Sie haben nichts verstanden. Sie sind völlig von der Theologie hier verdorben. Sie haben die theologischen Kategorien aus Ihrem Grundstudium angelegt an diesen Text ... Er konnte selbst nicht sprechen." Ja, denn an der Gregoriana der 80er-Jahre wurde einem immer noch das neoscholastische Paradigma eingeimpft ...

— Erste Erfahrungen von etwas Neuem —

Aus einem Charisma heraus Theologie zu studieren, das ist mir in den folgenden Jahren gleich doppelt geschenkt worden. Zum einen merkte ich, dass die Spiritualität der Fokolarbewegung mehr war als eine persönliche oder auch gemeinschaftliche Spiritualität. Es war eine andere Theologie, ein anderer „Zugang". Er begann nicht erst mit dem Studium, sondern schon mit der Lebensform – eine sehr einfache und lebenspraktische Form des Miteinanders, gegründet in der Schrift und in einer Atmosphäre des Austauschs, die sich in allen Aspekten des Lebens, vom Kochen bis zur Gütergemeinschaft und dem Rasenmähen Ausdruck verlieh. In diesem „Raum" wurde Theologie lebendig. Und kreativ. Und die Zugehfrau, die zweimal in der Woche kam, um für uns sechsköpfige internationale Lebensgemeinschaft zu kochen, eine sehr einfache und tiefe Italienerin, sagte auf unsere Frage, was sie denn meine, was „Hermeneutik" sei: „Ist es nicht das Leben, das ihr lebt?"

Aber diese Art von Theologie lernte ich dann auch von Dietrich Bonhoeffer. In der Tat ist er so etwas wie mein „theologischer Vater": das Ineinander von geistlicher Theologie, anspruchsvoller und sehr origineller Theologie, gelebter gemeinschaftlicher Spiritualität und radikalem politischem Einsatz im Widerstand hat mich sehr beeindruckt und beeinflusst.

— Weltkirchliche Theologie —

Noch erstaunter war ich allerdings, als ich im Kontext weltkirchlicher Reisen nach Südafrika, Indien und den Philippinen mit der dortigen Theologie in Berührung kam. Sie lebte aus den konkreten Erfahrungen der dortigen Kirchenentwicklung. Sie hatte sich ein durchaus sehr anspruchsvolles Instrumentarium hermeneutischer Reflexion zugelegt, hatte zugleich aber eine Pädagogik der Partizipation und des

Empowerment – in der Grundannahme, dass in den Teilnehmenden der „sensus fidelium" schon hervorbringen würde, was dann in einer Weitung des theologischen Nachdenkens mit der großen Tradition der Kirche verknüpft wurde. Dabei war die „Methode" eben eher mystagogisch: sie gab in Liturgie, Teilen der Schrift und praktischen Übungen zu erfahren, was dann intellektuell erkennbar wurde: eine echte und ganzheitliche Erfahrung des „fides quaerens intellectum", die sehr wohl um notwendige Expertise wusste, aber sie nicht in den Vordergrund rückte: es ging um echtes Empowerment im Blick auf das Leben des Volkes Gottes.

Diese Faszination weitete sich auch, als ich die kreativen Aufbrüche der Theologie im Kontext von Gemeindegründungen der „emergent church" und der anglikanischen „fresh expressions of church" kennenlernen durfte. Eine beeindruckende Variante lernte ich auch bei unseren Partnern und Freunden in Poitiers kennen. Wer immer einmal Poitiers besucht hat, den wird nicht mehr verwundern, wie stark die Theologie hier aus dem Erbe der Theologie der Kirchenväter Hilarius und Martin von Tours lebt, und wie sehr das altchristliche Baptisterium und die Kathedrale eine Tauftheologie prägte, die für die Entwicklung der örtlichen Gemeinden und der Wiederentdeckung der Reichweite des gemeinsamen Priestertums aller Getauften eine zentrale Rolle spielte.

Deswegen war ja das ehemalige Priesterseminar auch zu einem „Seminar des Volkes Gottes" geworden, mit gestuften Zugängen für die Verantwortlichen und Interessierten. Es hatte sich eine Theologie herausgebildet, die für die engagierten Christen eine Möglichkeit bot, die geistlichen und ekklesialen Erfahrungen, die „vor Ort" das Leben der Gemeinde prägten, nun auch im Sinne eines „intellectus fidei" zu vertiefen – und zwar inkulturiert und kontextualisiert im Kontext des Reichtums des eigenen Erbes.

— Und in Hildesheim? —

Nach der Wiedereröffnung des Domes und vor allem nachdem ich das neue Dommuseum in Hildesheim besuchen konnte – und vom damaligen Direktor Michael Brandt eine mystagogisch-theologische Führung erleben durfte –, kamen mir alle diese Gedanken wieder in den Sinn – und die ersten Ideen für eine Hildesheimer Theologie.

Denn es ist ja klar: Wenn wir in den kommenden zehn Jahren den Weg einer Kirche gehen, die einen echten Paradigmenwechsel im Blick auf die Verantwortung der Getauften verfolgt, wenn es in den nächsten Jahren mehr als ein Wort werden soll, dass wir „Gemeinsam Kirche sein" wollen, dann ist damit zu rechnen, dass immer mehr Getaufte, die Verantwortung in ihren Gemeinden und Kirchenwirklichkeiten übernehmen, auch Neugier und Sehnsucht und Lernlust in sich entdecken, ihre Erfahrungen und auch ihre Kompetenzen theologisch zu vertiefen. Es wird die Sehnsucht nach Theologie wachsen.

Und könnte es dann nicht wichtig werden, eine Hildesheimer Theologie zu entwickeln – eine Theologie, die den ganzen Reichtum der eigenen Geschichte und des Erbes der Geschichte Gottes mit seinem Volk in Hildesheim ans Licht bringt und so reflektiert? Wäre es nicht denkbar, eine solche Theologie auch in neuen Methoden und Wegen zu entfalten? Ist nicht das Museum mit seiner (schon theologisch) durchdachten Installation und der Dom mit seiner Stein und Kunst gewordenen Theologie der ganzheitliche „Ort" einer solchen inkulturierten Theologie?

Darüber nachzudenken und so spätere Initiativen vorzubereiten, das macht Sinn. Und so hat sich ein kleiner „Thinktank" etabliert, der an dieser Anfangsidee weitergedacht hat. Die kleine Gruppe war sehr kreativ. Und natürlich sind viele Ideen ans Licht gekommen. Es wurde deutlich, dass zunächst zu klären ist, welche Zielgruppe in den Blick gerät. Denn uns allen war deutlich, dass es hier verschiedene Horizonte geben kann: Theologie ist heute mehr denn je in Frage gestellt – und wie könnte es erste Zugänge für Interessierte geben, eine Theologie, die sich den postmodernen Fragen stellt und erste Zugänge zur Tradition schafft? Eine Theologie, die mit anderen gesellschaftlichen Gruppen in Kontakt gerät.

Und dann erzählte einer von uns von der Hannoverschen Erfahrung des „Kulturführerscheins", ein origineller Zugang zum Erfahren und Vertiefen der Kulturschätze der Stadt. Der Erwerb dieses „Führerscheins" ist nicht anspruchslos: Jeden Monat einmal – für ein ganzes Jahr – lassen sich die Teilnehmenden verbindlich auf einen ganzen Samstag ein. Diese Samstage haben einen durchstrukturierten Ablauf: nach einem ersten Zugang, der eher experimentell ist und die Wissensressourcen der einzelnen Teilnehmenden hebt, folgt in einem zweiten

Teil ein Expertenreferat. In einer dritten Phase wird dann ein Museum oder eine Kulturstätte unter fachkundiger Begleitung besucht.

Auf diese Weise gewinnen die Teilnehmerinnen und Teilnehmer Schritt für Schritt Kompetenz für die abschließende „praktische Prüfung“: in kleinen Teams sind sie aufgefordert, ein – relevantes – praktisches Kulturprojekt zu entwickeln und durchzuführen. Die Teams erhalten dann – nach Durchführung des Projektes – ihren „Kulturführerschein“.

Das scheint anspruchsvoll. Es setzt voraus, dass es wirklich Herzensanliegen der Teilnehmenden ist, dass sie dafür Zeit und Energie einsetzen. Es wirkt ungewöhnlich für eine Zeit, in der man gerade im kirchlichen Bereich über Zeitmangel klagt – wie aber auch überall. Aber wir waren uns einig, dass es auch leicht sein kann, dass Christinnen und Christen mit ihrer großen Sehnsucht oft unterfordert werden – zu wenig herausgefordert.

Und so entwickelte sich die Idee weiter: Könnte es nicht einen Kurs „Hildesheimer Theologie“ geben, der zu einem „Theologieführerschein“ führt? Vorausgesetzt, engagierte Verantwortungsträger und Interessierte hatten schon in ihren Pfarreien die Möglichkeit intensiver Weiterbildung und Begleitung, würden sie nun nach Hildesheim eingeladen, um im Verlaufe eines Jahres eine echte Einführung in die Theologie zu erhalten – in der Begegnung mit den „Schätzen“ des Dommuseums und des Doms. Dabei wäre der Ausgangspunkt immer das „Wahrnehmen“ und „eigene Reflektieren“ anhand von einzelnen Ausstellungsstücken oder Kunst des Doms. Im Anschluss daran würde dann ein Thema fachtheologisch erschlossen und durch eine ausgewählte Führung weiter vertieft.

Der Theologieführerschein kennt am Ende auch eine „praktische Prüfung“: Eine Idee war es, ob nicht Teilnehmende am Ende ein praktisches Projekt „vor Ort“ durchführen: Wie wäre es, eine Pfarrkirche oder ein Kloster in ihrem Dekanat theologisch in der Weise zu erschließen, wie es im Kurs erlebbar war?

— Ein Seminar des Volkes Gottes … —

Die Zukunft unserer Kirche liegt darin, gemeinsam Kirche zu sein, Expertokratien abzubauen. Hauptberufliche, Diakone, Priester und alle engagierten und interessierten Christen zusammen auf einen Wachstumsweg zu nehmen, eine gemeinsame Vision zu entwickeln und zu entfalten. Denn auch in den Pfarreien und Gemeindeformen vor Ort geht es um ein Zusammenwirken in Teams, um die Pastoral zu gestalten.

Der in den Blick genommene Weg Hildesheimer Theologie könnte auch hier einen wichtigen Beitrag leisten. Im Bistum wurde die Ausbildung von Hauptberuflichen aus finanziellen Gründen vor Jahren schmerzlich eingestellt. Vielleicht offenbart sich in den kommenden Jahren, dass es dadurch neue Chancen gibt. Denn es ist ja klar, dass wir auch in Zukunft pastorales Personal brauchen, das an wieder neu zu besetzende Stellen kommen soll. Aber klar ist auch, dass es nicht nur um eine fachlich gute Ausbildung geht, sondern auch darum, sich zu „inkardinieren", sich also einzulassen auf den Weg, den das Volk Gottes in dieser konkreten Situation an diesem konkreten Ort geht. Es ist zudem nicht sicher, dass – Priester und Diakone ausgenommen – zukünftige pastorale Berufe unbedingt den kanonischen theologischen oder religionspädagogischen Ausbildungsweg wählen müssen – wer sagt denn, dass für bestimmte Aufgaben Sozialpädagogen nicht durchaus geeigneter sein könnten, oder LehrerInnen?

In jedem Fall aber bräuchte es eine theologische Grundausbildung und eine Einführung in den spezifischen Weg, den das Bistum geht. Wäre es nicht denkbar, dass dann auch diese theologischen Ausbildungsgänge mindestens zum Teil mit dieser Hildesheimer Theologie verknüpft werden könnten? Und wäre es nicht erstrebenswert, wenn gleich – von Anfang an – deutlich werden könnte, dass wir nur gemeinsam Kirche werden können – und wir deshalb auch gemeinsam erlernen, erproben und vertiefen, wofür und wozu wir uns in den Dienst des Volkes Gottes stellen könnten? Dann könnte in der Tat ein „Seminar des Volkes Gottes" Gestalt gewinnen …

4. Berufungspastoral – Jenseits ra(s)tloser Wiederholungen

Berufungskreise von Kaplänen, Gebetsabende in großen Kirchen, Materialversand in alle Pfarreien, Gebetszettel für Gemeindemitglieder, offene Seminarwochenenden und Treffen für Interessierte an kirchlichen Berufen – so haben wir es immer wieder gemacht. Und dennoch:

allein so funktioniert eine Pastoral kirchlicher Berufungen nicht mehr. Zumal das zentrale Versenden von entsprechendem Material häufig dezentrale Unkenntnis zum Thema nicht verhindert.

Das ist kein Wunder. Die Parameter des Themas haben sich grundsätzlich gewandelt. Berufung ist nicht mehr zuerst eine Frage nach kirchlichen Diensten (was ohnehin zu eng ist), sondern eine Grundfrage nach den Werdebedingungen von Christsein und Kirche überhaupt. Denn wenn man von Taufberufung und Taufweihe spricht, dann geht es zwar auch um sakramentale Feiern und Vorgänge, vor allem aber um sehr individuelle, nicht standardisierbare Wachstumswege der Einzelnen zum Christsein, die zugleich auch neue Wege der Zugehörigkeit und des Kirchewerdens in den Blick rücken.

Und hier liegt zweifellos die grundlegendste und größte Herausforderung: Wie können Menschen heute überhaupt ins Christwerden hineinfinden? Und wie werden sie begleitet und können im Glauben wachsen? Die Berufung, Christ zu werden, gilt heute aber eben nicht nur „Newcomern“, sondern allen – denn das Werden, das Auf-dem-Weg-Sein, der gemeinsame Weg – das ist Grundsignatur unserer Zeit. Insofern geht es um die Entdeckung neuer Wege, diesen Entdeckungsprozess der eigenen Berufung zu fördern.

Auf diesem Hintergrund kann dann sinnvoll neu danach gefragt werden, was – in einem spezifischeren Sinn – Berufungspastoral für kirchliche Berufe sein könnte, jenseits dysfunktionaler Routinen à la „Dinner for One“.

— Inspirationspotentiale eines anderen Ortes: Nachwuchsleistungszentren des DFB —

Die Krise des deutschen Fußballs führte zu einer radikalen Neubesinnung. Die Weltmeistermannschaft von 2014 verdankt sich auch dem schrecklichen Rumpelfußball zum Jahrtausendbeginn. In der Krise wurde deutlich, dass ohne eine intensive Förderung des Nachwuchses kein „neuer Fußball“ wachsen kann. Immerhin mehr als 10 Jahre hat es gedauert und massive Investitionen hat es gebraucht, aber es ist beeindruckend, was in diesen Jahren gewachsen ist. Beim ersten Diözesantreffen für lokale Kirchenentwicklung im Bistum Hildesheim – in der hippen VIP-Lounge des Vfl Wolfsburg im Frühsommer 2014 – hat der sportliche Leiter des Nachwuchsleistungszentrums in Wolfsburg von den Wegen erzählt, die dort in der Förderung des fußballerischen Nachwuchses beschritten werden. Einige Merkmale regen zum Nachdenken an:

- Wenn junge Männer (in diesem Fall) mit 15 Jahren in dieses Leistungszentrum kommen, dann sind sie schon „gesichtet" als überdurchschnittliche Fußballspieler. Aus dieser Sichtung heraus erfolgt eine Einladung für das Nachwuchsleistungszentrum.
- Das Nachwuchsleistungszentrum ist aber mehr als ein Fußballfeld. Es ist eine Schule, und eine Schule des Lebens. Es geht nicht nur um das spezifische Talent des Fußballspielens, sondern um eine ganzheitliche Ausbildung, um eine schulische Bildung und um das Lernen in Gemeinschaft, das ja dazugehört.
- Begleitung ist das Hauptwort, Teamgeist das Verb für eine solche Begabtenförderung.
- Die Förderung geschieht nicht nur im Blick auf mögliche Bundesligaprofis. Nur ein sehr kleiner Teil der jungen Männer wird ja später Bundesligaprofi sein … – und deswegen wird Wert auf gute Schulausbildung und eine Bildung zur menschlichen Reife gelegt.
- Gerade auch die Eingebundenheit in eine soziale Gemeinschaft spielt in den Nachwuchsleistungszentren eine große Rolle. Gemeinschaft werden, ein Team bilden – das gehört ja wesentlich zur Entfaltung des eigenen Talents, und ist wichtiger „Lerninhalt" …

— Eine Grundperspektive —

Eine solche – und dazu noch erfolgreiche – Initiative kann inspirieren und ein neues Licht auf eine neue Ausrichtung und mögliche Initiativen der Berufungspastoral werfen. Sie könnte auf solche Weise ein neues Gesicht bekommen, und vielleicht antworten auf die neuen Herausforderungen, die sich im nachtraditionellen und postmodernen Christentum stellen.

Eine wichtige Konsequenz dieser Entwicklungen lässt sich leicht beobachten: Die noch in irgendeiner Weise christlich sozialisierten Erwachsenen haben sehr unterschiedliche Wege eingeschlagen: wie auch immer sie sich aber in den vergangenen Jahrzehnten zu ihren christlich geprägten Ursprüngen stellten, sie mussten und müssen ihre eigene Christlichkeit selbst entdecken, annehmen oder ablehnen. Und auch für sie ist Christsein nur noch im Modus des Werdens „habbar“ – und gerade jene, die dann ihr Christsein als Berufungsweg entdeckt haben, suchen – häufig sehr intensiv – nach Gemeinschaft und Wachstumsmöglichkeiten, die sie nie kennenlernen konnten. Und so suchen sie überall – auch in anderen Kirchen. Zweifellos sind sie auch sensibel für die Entwicklungen einer Pastoral des Glaubenswachstums, und suchen nach einer „Berufungspastoral“ für ihren eigenen Glaubensweg. Insofern hat heute jede Pastoral des Glaubenswachstums das Wasserzeichen der Berufungspastoral. Man müsste hier weiterdenken im Blick auf eine Pastoral der Charismen.

Aber: Sie sind nicht das erste Ziel zukünftiger Berufungspastoral. Das sind vielmehr die jungen Menschen der nächsten Generation: Sie haben in den wenigsten Fällen prägende Erfahrungen und Wege des Hineinwachsens im Glauben gehen können und so auch eher selten Erfahrungen begeisternden Kircheseins erlebt. Selten – dann aber sehr intensiv. Man denke an Taizé, man denke an Weltjugendtage – und auch an die Möglichkeiten des FSJ oder der Weltwärts-Programme. Sie ermöglichen jungen Menschen, sich ganz zu engagieren, Subjekt zu sein und immer mehr zu werden, sich einzubringen und echt teilzuhaben. Solche Wege und Räume auch vor Ort zu öffnen und jungen Menschen so Wachstum persönlich wie gemeinschaftlich zu ermöglichen, die eigenen Gaben zu entdecken und ins Spiel zu bringen, darum ginge es zuerst in einer kirchlichen Berufungspastoral, wenn sie zur Priorität würde.

— Einen Weg eröffnen und gestalten —

Von daher bietet sich eine wichtige Zielgruppe an: es sind die Jugendlichen, die jungen Frauen und Männer, die ab dem 15. Lebensjahr nach der Perspektive und dem Horizont ihrer zukünftigen Lebensentscheidungen fragen – und die begleitet werden könnten im Rahmen der Berufungspastoral bis etwa zum 25. Lebensjahr. Das ist ein langer Weg – und ganz sicher wird dieser Weg oft nur ausschnitthaft begangen werden. Aber zur Ernsthaftigkeit einer Berufungspastoral gehört es eben auch, Prozesse zu eröffnen und zu ermöglichen – und nicht nur eventhaft zu agieren. Im Vollzug einer solchen Berufungspastoral geht es dann also nicht um die persönliche Berufung und Handlungsperspektive allein, es geht um ein Neuverstehen des beziehungsreichen Lebens, in dem eine persönliche und eigene Berufung ja erst wachsen und sich entfalten kann – und es geht um die Entdeckung, dass eine persönliche Sendung sich nicht im Binnenraum gewachsener Strukturen der Kirche abspielen muss: Dort, wo ich mich wiederfinde, ist der Ort, mein Leben und meine Gaben zu entdecken und einzubringen – und so auch Zeuge des Evangeliums zu sein.

— Die Firmung als erste Anknüpfung —

Es wäre ein gelungener Auftakt einer solchen Berufungspastoral, würde sie anknüpfen an die Firmpastoral, die ja ebenfalls auf der Suche nach Orientierung ist. Sie wäre theologisch auszurichten auf die Dimension der Sendung. Und damit wäre sie zu fokussieren auf die Frage nach der je eigenen Begabung, nach dem je eigenen Charisma und der eigenen Leidenschaft, die ja – wieder in theologischer Diktion – von Christus für sein Reich in den Dienst genommen werden will. Oder anders: Wie können Jugendliche und junge Erwachsene ihre Leidenschaft entdecken und den Mut finden, sich auf ihren Weg einzulassen?

Wie könnte das praktisch passieren? Firmpastoral müsste Abschied nehmen können von ihrer katechetischen Überlastung. Sie wäre einfach zu orientieren an dem, was Firmung zentral bedeutet: dass nämlich Getaufte eingeladen werden, selbst bewusst einzutreten in den eigenen Taufweg, sich einzulassen auf das Geschenk des Geistes, der jedem und jeder zuteil wird – und gerade so seinen originalen Beitrag zu leisten für diese Welt.

Es wäre deswegen zu fragen, ob nicht die Firmvorbereitung umgedreht werden könnte in eine Firmbegleitung. Nach einer intensiven Vorbereitung auf das sakramentale Geschehen selbst und die Feier des Sakraments könnte ja dann eine Begleitung angeboten werden, die auf die Frage nach der eigenen Leidenschaft und Gabe ein zentrales Augenmerk legt. Könnte nicht jemand, der ein solches Talent schon lebt und auslebt, so etwas wie ein „Berufungscoach" sein und denjenigen zur Seite gestellt werden, die diese Gabe entfalten wollen? Zugleich könnte auch in einer Begleitgruppe reflektiert und bedacht werden, welche Bedeutung die jeweiligen Gaben im Kontext einer inkulturierten Reich-Gottes-Perspektive haben könnten. Ein solcher Begleitprozess könnte fortlaufend sein und so zur Entfaltung des jeweiligen Profils beitragen. Dabei würden sie zugleich in ein Netz alltagsrelevanter Beziehungen eingebunden.

— Lokale Beziehungsräume nutzen —

Insgesamt stellt sich ja heraus, dass die Frage der eigenen Berufung und Eignung in den Schulen und Assessmentstrukturen der Gesellschaft, in Betrieben und Unternehmen zwar aufgenommen wird, aber nicht in den Kontext von Beziehung, Gemeinschaft, Gabe und Leidenschaft gestellt wird. Wie könnte die Kirche diese ihre Perspektive hier – neben dem zur Firmung Gesagten – einbringen? Denn die Firmung ist zwar eine sehr gute Gelegenheit, aber die Frage reicht weiter: So viele junge Menschen sind nach ihren Schulabschlüssen und auch während der ersten Studien unsicher, und gerade in den Phasen der Entscheidung allein und unbegleitet. Räume und Beziehungen freizugeben und zu eröffnen, in denen solche ganzheitlichen und sinnorientierten Findungsprozesse begleitet werden können – das wäre ein echter Dienst, den wir als Kirche einbringen können.

Dazu braucht es zugängliche Räume, in denen junge Menschen begleitet werden könnten. Diese Andockpunkte sind am besten lokal: bezogen auf eine Universität, eine Schullandschaft oder auch stadtteilbezogen. Zu beteiligen wären alle, die Interesse haben, jungen Menschen Horizonte zu eröffnen. Und alle könnten geben, was ihnen wichtig ist: ihre Gabe, ihre Passion für andere. Christen wären doch auf diese Weise wirklich Anstifter einer Kultur der Achtsamkeit und der Ermutigung, einer Zivilisation der Achtsamkeit und des Interesses. Dazu braucht es natürlich auch einen Einblick in die lokale Situation: Welche Initiativen und Anliegen gibt es – wie können Bürgerinitiativen, Interessengruppen, Schulen oder auch Verbände sich einbringen. Damit könnte dann auch deutlich werden, dass wir als Kirche hier nicht einfach eigennützige Interessen verfolgen, um die eigenen Reihen zu stärken, sondern dass es uns um ein „Leben in Fülle“ für jeden jungen Menschen geht. Damit ist auch klar, dass es unter den pastoralen Mitarbeiterinnen und Mitarbeitern (Pastoral, Schule, Caritas) und den vielen gesellschaftlich Engagierten einen Personenkreis braucht, der für diesen Gedanken bei engagierten Mitmenschen und Mitchristen Begeisterung wachsen lässt. Sie sind dann nämlich jene Kontaktpersonen, die mit ihrer Erfahrung und ihren gewachsenen Gaben andere – Jüngere – über eine Zeit begleiten können.

Aber grundsätzlich könnten Firmung, Schulentlassung und erste Studienjahre im Kontext der vielfältigen Kirche vor Ort eine Gelegenheit sein, Begleitprozesse zu gestalten, die auf die Persönlichkeitsentfaltung und vor allem auf die Erkenntnis des eigenen Weges hinzielen.

Aber dieser Anfang reicht im Kontext einer evangelisierenden Kirche nicht aus. Kirchliche Berufungspastoral könnte – auf dem Hintergrund eines gemeinsamen Engagements vor Ort – junge Menschen zu Wochenenden einladen, bei denen intensiver die christliche Dimension des eigenen Weges – der persönlichen Berufungswege – erschlossen werden kann. Auf dem Hintergrund eines solchen intensiven Engagements im Kontext der Firmvorbereitung und an den Brennpunkten der Entscheidungsfindung in Schule und Universität wäre eine solche Initiative sehr erfolgverheißend, weil sie interessierten jungen Menschen das Evangelium als lebensstiftende Botschaft glaubwürdig erschließen könnte.

Doch auch hier könnte noch ein weiterer Schritt folgen.

— Leidenschaft für die Leidenschaft entwickeln - Das kleine Seminar neu erfinden —

„Nichts Neues unter der Sonne …“ Mit der Entwicklung der tridentinischen Priesterseminare entstand auch ein weiterer Raum der Berufungspastoral und die Notwendigkeit vorbereitender Initiativen – eben einer spezifischen Berufungspastoral: angesichts der herausfordernden Voraussetzungen intellektueller und spiritueller Art, die für die Priesterausbildung gelten, entstanden für vielversprechende männliche Jugendliche „Kleine Seminare“. Das waren in der Tat so etwas wie kirchliche Nachwuchsleistungszentren: Internate, in denen es möglich war, eine angemessene Schulbildung zu erhalten und gleichzeitig in ein christliches Gemeinschaftsleben eingeübt zu werden.

Was zurzeit noch in vielen katholischen Milieukulturen (etwa in Indien oder Afrika) üblich ist, ist allerdings in postmodernen Kontexten Europas so gut wie ausgestorben.

Doch die strukturelle Weisheit einer engagierten, intellektuell anspruchsvollen und leidenschaftlichen Einführung in das Christsein – und in eine entsprechende christliche Kultur – ist kaum zu übersehen. Sie hat heute an einigen kirchlichen Schulen und Internaten unter veränderten Vorzeichen weiter Bestand – man denke etwa an die großen Ordensschulen und ihre Internate.

Und doch könnte die Neuerfindung des Kleinen Seminars auf diözesaner Ebene ein wichtiger weiterer Schritt sein. Wie wäre es, im Kontext der kirchlichen Gymnasien und weiterführenden Schulen eine solche Initiative zu fördern?

Die Formen dafür könnten sehr unterschiedlich sein. Angefangen von einem echten Internat für junge Christen über „Summerschools" oder die erwähnten Wochenenden zur Vertiefung bis hin zu einer virtuellen Akademie oder Coachingstation könnten hier junge Menschen in dreifacher Weise unterstützt werden:

- Grundsätzlich müsste im Rahmen der schulischen Bildungsprozesse eine Erfahrung gemeinsamen Lebens eröffnet werden. Gaben und Fähigkeiten leuchten auf und können entdeckt werden, wo die christliche Erfahrung der Gemeinschaft eingeübt wird. Das setzt aber voraus, dass der „Raum" dieser Einübung eine echte „Schule der Gemeinschaft" wird, in der eine „Spiritualität des Miteinander" (Papst Franziskus in Evangelii Gaudium), eine „Spiritualität der Gemeinschaft" (Johannes Paul II.) gelebt und entwickelt – und reflektiert werden kann im alltäglichen Zusammensein.
- Auf ihrem Weg, ihre Gaben weiterzuentwickeln und sie in den Horizont einer größeren Idealität zu stellen, braucht es dann aber auch die Möglichkeit, gemeinsame Projekte und Initiativen zu starten. Die Erfahrung, die die Initiative „Stark ohne Gewalt" zusammen mit der internationalen Band GenRosso in den letzten Jahren gemacht hat, mit ganzen Schulen ein Musical zur Aufführung zu bringen, bringt eindrücklich ins Licht, dass gerade dann, wenn konkrete Herausforderungen und gemeinsame

Projekte da sind, sich eben Persönlichkeit, Begabtheit und Gemeinschaft zusammen entwickeln können.

- Wesentlich müsste es auch darum gehen, jungen Christen eine echte, den postmodernen Zeiten angemessene christliche Prägung zu ermöglichen. Das Evangelium lebensnah und relevant kennenzulernen und die Tradition der Kirche für das eigene Leben entdecken zu können, Liturgie und Schrift zu erkunden und neue Wege des Kircheseins auszuprobieren – darum müsste es gehen. Denn in der Tat braucht es so etwas wie „Wachstumsräume" einer neuen christlichen Identität, in der die Leidenschaft für das Evangelium sich entfalten und bilden kann – und eben auch die Frage nach dem spezifisch eigenen Dienst in dieser Welt gestellt werden kann.

In den vergangenen Jahren des Wandels haben sich viele einzelne Initiativen entwickelt. Im Umfeld der Jugendkirchen, in der Übernahme US-amerikanischer Initiativen wie der „Amate-Häuser" – man denke an das „Soulside-House" in Hannover-Linden –, in der bundesweiten 72-Stunden-Aktion und vielen anderen Initiativen zeigt sich eigentlich sehr deutlich, dass gerade für die Entwicklungswege junger Christen ein hohes Interesse zu verspüren ist. Gerade im Blick auf die zukünftigen Herausforderungen und Wandlungen braucht es geprägte und innovative Christinnen und Christen, die getragen durch eine begleitende und spirituell ansprechende Gemeinschaftserfahrung der Zukunft der Kirche neue Gesichter geben.

Eine solche Erfahrung des Volkes Gottes in dieser Zeit macht es dann auch möglich, nach kirchlichen Berufungen Ausschau zu halten. Denn solche Berufungen wachsen hier in einem „Lebensraum" eines engagierten Entwicklungsraumes des Volkes Gottes. Und es sind die jungen Menschen selbst, die sich gemeinsam der Frage nach Berufung und Sendung stellen können, und sich auch gegenseitig „berufen" könnten.

— Nachwuchsleistungszentren auf Katholisch —

Eine solche Erfahrung „kleiner Seminare des Volkes Gottes" erscheint mir in der Umbruchsituation der Kirche ein wichtiger Baustein. Es geht ja keineswegs zuerst darum, irgendwie Berufungen für kirchliche Berufe zu finden – es geht um den Aufbau eines sich in Umrissen abzeichnenden neuen Paradigmas des Christwerdens und Kirchewerdens im 21. Jahrhundert. Viele einzelne Erfahrungen und Impulse sind schon gesetzt – und zweifellos wird sich in den kommenden Jahren eine neue Kultur des Kircheseins zeigen.

Doch diese Kultur braucht auch Protagonisten und den Willen der kirchlichen Verantwortungsträger. Insofern ist die Analogie in der Entstehungsgeschichte der Nachwuchsleistungszentren nicht zufällig. Auch damals ging es um einen starken Umbruch und um die Notwendigkeit, neue Aufbrüche zu fördern.

Das Dekret über die Ausbildung der Priester formuliert mit Recht, dass die gewünschte Erneuerung der ganzen Kirche wesentlich auch abhängt von den Priestern und ihrer Ausbildung (vgl. Optatam Totius 1). Das ist zweifellos wahr. Allerdings stimmt die gegenwärtige Lage der Seminare nicht optimistisch und die Bereitschaft zu einer echten Erneuerung der Ausbildung ist ohne Weiteres nicht zu erkennen.

Vielleicht – und das ist hier der Gesprächsvorschlag – muss noch grundlegender angesetzt werden: Es wäre mit Nachdruck eine Kultur der gabenorientierten Sendung zu entwickeln, wie sie hier in unterschiedlichen Horizonten skizziert wurde. Im Mittelpunkt der Überlegungen aber steht die Frage nach einer innovativen Neuauflage der „Kleinen Seminare“: Sie könnten en miniature ein experimenteller Ort des Christwerdens und der neuen Formen des Kircheseins werden. Mit prägenden Erfahrungen einer neuen sendungsorientierten Existenz und neuer Gestaltkonfigurationen des Volkes Gottes entstehen Bilder, entsteht Leidenschaft, werden Gaben und Aufgaben ansichtig, die dann auch im Blick auf zukünftige Dienste in der Kirche bedeutsam werden können.

Doch gibt es für eine solche Umgestaltung der Berufungspastoral genügend Leidenschaft und Energie? Wären Bischöfe bereit, intensiv in solche „Seminare“ zu investieren?

5. Priester und Hauptberufliche der Zukunft begleiten

Der Schlüssel, der entscheidende Schlüssel für die anstehenden und gewünschten Veränderungen ist die Frage, wie es – Schritt für Schritt – gelingt, die Priester, Diakone und Hauptberuflichen für diesen Wandel zu gewinnen. Die Erneuerung der Kirche – so wusste schon das Dekret über die Priesterausbildung „Optatam Totius" – hängt daran, ob dies gelingt.

Dies zu wissen, ist zentral. Denn pastorale Erneuerungsprozesse, selbst wenn sie auf das Wehen des Geistes, wie es sich im Volk Gottes manifestiert, antworten wollen, nützen nichts, wenn nicht die ersten Mitarbeiter der Bischöfe dafür gewonnen werden. Pastoralpläne und auch Hirtenbriefe – auch wichtige Schreiben der Deutschen Bischöfe und des Papstes – mögen selbst in intensiven Partizipationsprozessen entstanden sein, entscheidend für ihre Durchschlagskraft ist aber, dass der Bischof gemeinsam mit seinen Priestern, Diakonen und MitarbeiterInnen einen solchen Weg geht. Dazu braucht es … Vertrauen.

— Beschädigtes Vertrauen wiedergewinnen —

Deshalb war und ist die theologisch gegründete Besinnung auf das Presbyterium und die Sendungsgemeinschaft der pastoralen Dienste von eminenter Bedeutung für das Gelingen – oder Misslingen – pastoraler Zukunftsprozesse.

Das Presbyterium, aber eben auch alle Mitarbeiterinnen und Mitarbeiter, die im Namen des Bischofs gesandt sind, muss deswegen als Ort des gemeinsamen Hinhörens, des Teilens und der Auswertung der pastoralen Entwicklungswege eines Bistums neu in den Blick gerückt werden. Gemeinsam wäre auf diese Weise Schritt für Schritt die Zielvision zu verständigen. Das geht gewiss nicht über die Veröffentlichung von Pastoralplänen, sondern nur in einem gemeinsamen Ringen um die Zielrichtungen der Pastoral. Dann aber wäre auch jeder und jede so ernst zu nehmen, dass im Rahmen einer diözesanen Vision um die zu konkretisierenden Entwicklungen in den unterschiedlichen Arbeitsfeldern gerungen wird und so die Vision und ihre konkretisierenden Ziele Ergebnis eines gemeinsamen Weges sind.

Das löst nicht konkrete Ziele in einem ergebnislosen Prozess auf. Ganz im Gegenteil: mit Recht erwarten Priester und Mitarbeitende, dass diejenigen, die Leitungsverantwortung haben, Führung und auch visionäre Führung übernehmen und einen Weg in die Zukunft öffnen können. Sie erwarten in diesem Zusammenhang aber eben auch mit Recht, dass ihre Sendung relevant für diesen Weg ist: Zielbeschreibungen eines Entwicklungsweges und Evaluation des Erreichten lassen in diesem Kontext Vertrauen wachsen. Denn sie würden deutlich machen, dass die eigene Arbeit im Kontext der Zielperspektive wichtig ist. Es geht nicht um Kontrolle, es geht um Wertschätzung. Nur in einem gestalteten Feld einer zielorientierten Arbeitsorientierung kann auch die eigene Selbstwirksamkeit nicht nur subjektiv, sondern real erfahren werden.

Und nur wenn die eigenen Erfahrungen auch gewürdigt werden im Kontext des diözesanen Weges, wächst die Kraft und der Mut zur Kreativität, die Risikobereitschaft für neue Wege – und das Vertrauen, dass auch Fehler zu einem Lernweg werden können. Das kann nur gelingen, wenn intensiv an der Konkretisierung der Sendungsaufträge gearbeitet wird.

Denn so, wie es jetzt ist, ist die Situation von einer relativ starken Unsicherheit geprägt und nicht durch das für Paradigmenwechsel notwendige Vertrauen. Diese Unsicherheit wächst, wo nicht deutlich formuliert wird, wozu man gesandt ist – und so der Eindruck entsteht, man sei für den Erhalt einer bestehenden Kirchenkultur vor Ort verantwortlich – oder eben für das, wofür man sich verantwortlich erklärt. Diese Unsicherheit wird sehr konkret dann deutlich, wenn immer wieder nach „Posterioritäten" in der Pastoral gefragt wird, wenn der Eindruck entsteht, dass Neues mit Unbehagen verfolgt wird – selbst dann, wenn Bischöfe mindestens behaupten, sie würden sich mutige Neuaufbrüche wünschen.

Um hier weiterzukommen, braucht es gar nichts neues: die verschiedenen Räte und Strukturen auf diözesaner und regionaler Ebene, die „dies communes" der Hauptberuflichen, die Möglichkeiten der Visitationen sind einfach in diesem Kontext stärker einzubinden in einen Weg, der in die Zukunft führen soll. Und überall wo es gelänge, einfach in einer Kultur der Wertschätzung und des Vertrauens um neue Wege zu ringen, würde sich wahrscheinlich bald zeigen, wie viel Kreativität und Entwicklungspotentiale vorhanden sind, aber oft unsichtbar bleiben und nicht bereichernd eingebracht werden können.

— Neue Rollen —

Doch bei all dem kann nicht übersehen werden, dass dieser Weg auch deshalb schwierig werden wird, weil gerade die Priester, Diakone und pastoral Mitarbeitenden für eine Kirchenkonstellation ausgebildet und geprägt wurden, die sehr stark vom Bild der Versorgung und einem professionellen Fokus geprägt wurde.

Es fällt auf, wie schwierig es ganz praktisch für viele ist, sich auf die neuen Rollenbeschreibungen und die neuen Kirchenbilder einzulassen – zumal im laufenden Geschäft. Das hat mit bösem Willen nichts zu tun – vielmehr mit der Nachhaltigkeit der Ausbildung und auch den subjektiven Prägungen. Zumal die Berufsbilder der pastoralen Berufe und der Priester eigentlich schon als selbstverständlich formulieren, was so selbstverständlich immer noch nicht ist: *„Priester, Diakone, Pastoralreferentinnen und Gemeindereferenten arbeiten dann professionell, wenn sie die Partizipation vieler fördern und die Delegation auf wenige abbauen. Hauptberuflichkeit ermöglicht also zum einen kompetentes Engagement der Kirche im Dienst an der Gesellschaft. Zum anderen dient sie der Entfaltung der Gaben und Charismen der getauften Frauen und Männer zum Aufbau des Leibes Christi.“*

Wieso wirkt es trotz aller gegenteiligen Beteuerung immer noch so, dass Hauptberufliche sich doch als kompetenter und also professioneller fühlen als die ihnen anvertrauten Gemeinden? Möglicherweise ist noch tiefer und radikaler zu durchdenken, dass es nicht um eine höhere Professionalität geht, von der dann doch engagierte Christen letztlich abhängen … und nur angelernt werden. Es geht um eine andere Professionalität, die neben der theologischen Kompetenz vor allem die Fähigkeit ist, andere wachsen zu lassen. Vielleicht hängt das aber auch mit einer zutiefst menschlichen Grenze zusammen: Vielfach ist für Pfarrer und Professionelle der Arbeitsbereich auch das Feld ihrer Selbstverwirklichung – dann wird es auch nicht gelingen, den Wandel hervorzubringen und neue Rollen zu beschreiben: weil hier mit der Rollenveränderung auch ein mindestens befürchteter Verlust der Heimat und Selbstbestätigung gegeben wäre.

Trotzdem ist an den Rollen zu arbeiten. Pfarrer und Priester mit ihren leitenden Aufgaben müssten neu verstehen können, welche Art von „Episkopé" und Begleitung von ihnen erwartet würde – und vor allem, welche Bedeutung die sakramentale Gründung ihres Dienstes und ihr Dienst an den Sakramenten hat. Die Befürchtung, man würde als Priester zum bloßen „Sakramentenspender" verweist auf die blasse und schwache Theologie, die sich mit der sakramentalen Dimension häufig verknüpft. Die Perspektive visionärer und orientierender Leitung, die Priester in ihrer Sendung als Mitarbeiter des Bischofs haben, ist noch deutlicher herauszuarbeiten.

Das gilt mutatis mutandis für die anderen pastoralen Aufgaben und Berufe: Wie kann deutlich werden, dass neben pastoraler Professionalität in vielen Spezialfeldern die Hauptaufgabe darin liegt, das Volk Gottes auf seinem Wachstumsweg zu begleiten? Wären nicht Theologen wie PastoralreferentInnen darauf vorzubereiten, die notwendige Zurüstung und Begleitung der Getauften in den vielen Gemeinden zu gestalten? Und wäre es nicht eine Weiterentwicklung der religionspädagogisch ausgebildeten GemeindereferentInnen, sich als wandernde Begleiter der Gemeinden vor Ort zu verstehen?

Solche Perspektiven im gemeinsamen Nachdenken weiterzuentwickeln und zu präzisieren – und die Erfahrungen auf diesem Weg zu teilen – würde wahrscheinlich auch hier der oft beschriebenen Sendungsgemeinschaft eine unverwechselbare Gestalt geben.

— Stellenwechsel —

Eine der „besten Gelegenheiten", einen solchen Prozess auf den Weg zu bringen, erscheint mir der Stellenwechsel. Er betrifft nicht nur die Pfarrei, die einen neuen Pfarrer bekommt, er betrifft auch das Pastoralteam in seinem Zusammenwirken – und zwar nicht nur dann, wenn der Pfarrer wechselt, sondern auch und gerade dann, wenn ein anderes Mitglied des Teams ausgewechselt wird.

Für die Pfarrei (und auch für das Pastoralteam) ist der Wechsel eines Pfarrers ein wichtiger Meilenstein. Wenn es in der Zukunft darum gehen soll, dass Christen vor Ort in ihrer Verantwortung gestärkt werden sollen, wenn also im Entwicklungsprozess der Pfarrei und ihrer Gemeindegestalten Wege gegangen worden sind, sich Standards eingespielt haben, die dem gemeinsam angedachten Zukunftsweg der Diözese entsprechen, dann ist hier nun die Gelegenheit, diesen Weg zu evaluieren, die erreichten Ziele zu sichern und weitere Perspektiven zu beschreiben. Es kann ja in Zukunft nicht so sein, dass eine neue gewachsene Kultur Gemeinsamen Kircheseins durch einen Nachfolger einfach ignoriert werden kann – wie umgekehrt die Verhinderung solcher Entwicklungen ohne Konsequenzen bleiben darf. Das wäre für den gesamten Prozess tödlich.

Das gilt aber auch für die verschiedenen Arbeitsbereiche. Stellenwechsel – wie übrigens auch Visitationen – können hier geeignete Momente einer breiten Evaluation der in der konkreten Sendung vereinbarten Ziele sein, und gleichzeitig auch helfen, den Neuanfang für die Pfarrei wie den pastoralen Mitarbeitenden zielorientiert und entwicklungsorientiert zu gestalten.

Wie wäre es denn, wenn ein Stellenwechsel für die Pastoralteams die Gelegenheit für eine gemeinsame Evaluation und eine gemeinsame zielorientierte Neuausrichtung wäre? Ich stelle mir vor, dass solche Stellenwechsel in der Regel in der Sommerpause geschehen. So könnten die neu zu bildenden Teams eine einwöchige Auszeit machen, in der sie – in geistlicher wie pastoraler Begleitung – gemeinsam den bisherigen Weg evaluieren und gemeinsam nach vorne schauen und die Aufgaben entdecken, die die kommenden Jahre aufgeben. Das sollte nicht nur Arbeitszeit sein, sondern auch ein geistlicher Weg – und ein Weg gelebten und regenerierenden Miteinanders? Wieso nicht an einen schönen Ort fahren und diese Woche gestalten?

— Neu sehen lernen - Auszeiten ermöglichen —

Es ist in diesem Zusammenhang in den kommenden Jahren nicht nur „nice to have“, wenn Stellenwechsel mit Auszeiten verknüpft werden, in denen es möglich wird, den eigenen Weg neu zu justieren. Nimmt man ernst, was bisher gesagt wurde, dann wird ja durch eine neue Kultur der Evaluation nicht nur subjektiv, sondern auch objektiv sichtbar, welche Aspekte und Perspektiven weiter gestärkt werden könnten. Die Auseinandersetzung mit persönlichen und geistlichen Fragen gehört genauso dazu wie die Ermöglichung der persönlichen Weiterentwicklung von wichtigen Gaben und Charismen. Wichtig ist es aber auch, dass die neuen Paradigmen des Kircheseins nicht nur intellektuell aufgenommen werden, sondern „gefühlt“ werden können. Das wird ohne Lernerfahrungen und Exposureerfahrungen an Orten, wo diese neuen Paradigmen schon ansatzhaft gelebt werden, schwer möglich sein. Die Exposureerfahrungen, die Projekte wie „Crossing over“ oder „Spiritualität und Gemeindebildung“ wie auch die vielen pastoralen Erfahrungsreisen nach Bukal Ng Tipan ermöglicht haben, haben schon jetzt nachhaltig die Kirchenentwicklung geprägt – sie haben geholfen, neu zu sehen und neu agieren zu lernen.

— Ausbildungswege ändern —

Längerfristig ist darüber nachzudenken, wie in Zukunft pastorale Berufe gefunden und ausgebildet werden. Die Zeit hochversäulter und sich voneinander abschottender Berufsgruppen ist vorbei, ebenso wie die Zeit einer hermetischen Priesterausbildung. Das sind „dicke Bretter“: aber ohne Zweifel stellt sich schon bald (schon jetzt?) die Frage, wie junge Menschen für die verschiedenen Dienste gewonnen werden können. Dabei wird es – so meine ich – in Zukunft immer weniger wahrscheinlich, dass solche Berufe aus der klassischen Theologenzunft wachsen. Immer wahrscheinlicher wird es, dass mit einer Kultur des Rufens und einer erneuerten Berufungspastoral Menschen verschiedener Altersgruppen und verschiedener Kompetenzen gefunden werden, die ohne Zweifel die Gaben und Charismen mitbringen werden. In anderen Ortskirchen (wie z.B. den USA, aber auch den Philippinen und auch in England) ist es schon üblich, dass gewissermaßen das Engagement in Diensten einer Pfarrei dazu führt, dass man zukünftige kirchliche Berufe entdeckt. Auch viele soziale und pädagogische Berufe sind „heiße Kandidaten“ für diesen Entdeckungszusammenhang. Wieso sollte nicht denkbar sein, was an einigen Orten schon ausprobiert wird. Ohne die bisherigen Ausbildungswege abzuwerten, ginge es darum, solchen „bewährten Männern und Frauen“ zu ermöglichen, eine theologische Grundbildung im Vorfeld oder „on the job“ zu erwerben? Könnte hier nicht auch eine große Chance für eine Neuprofilierung pastoraler Berufe liegen – übrigens auch für Priestertum und Diakonat?

6. Räte und Lokale Leitungsteams - ein Zukunftsszenario

Welche Zukunft haben die Räte? Wie könnte diese Zukunft aussehen – angesichts einer stark geprägten Vergangenheit, die aber zu stark aus einer bestimmten Kirchenkonstellation der Volkskirche und ihrer letzten Frucht, der Gemeindekirche, geformt ist. Denn daran kann kein Zweifel bestehen: die Pfarrgemeinderäte haben angesichts der ekklesiologischen Weiterentwicklung des lokalen Kirchenverständnisses einen fundamentalen Entwicklungsprozess vor sich.

Das ist schon in den letzten Jahren, ja, Jahrzehnten mehr als deutlich geworden. Es gehört zu den wirklich „schrägen" Erhaltungsmaßnahmen der vergangenen Jahrzehnte, dass man – trotz chronischen Mangels an Kandidaten und Visionen – die Idee der Pfarrgemeinderäte mit allen Mitteln förderte. Und wenn man dann endlich Kandidaten gefunden hatte, dann verschwanden viele von ihnen – vor allem jüngere – nach einer Legislatur wieder – aus verschiedenen Gründen, aber auch weil ein Verdacht des Sinnverlustes die Lust zum Mitmachen final bremste.

In der Tat aber sind Räte in Zukunft so wichtig wie nie. Die „partizipativ"- demokratischen Elemente einer zukünftigen Kirchengestalt sind unaufgebbar – und dass hier eine Gremiengestalt gebraucht wird, ist mehr als deutlich. Aber nicht mehr so, wie nicht ganz unberechtigt die Karikaturen der Räte als Festausschüsse zum Thema Würstchenpreise suggerieren. Aber wie dann? Ehrlich gesagt sind viele Räte auch so geworden, weil sie – bewusst?, unbewusst? – zu solchen „Machergruppen" geworden sind. Sind Räte wirklich so ernst genommen worden, dass sie vor Ort als ein synodales Organ der Wegfindung des Volkes Gottes entwickelt wurden? Oder war das den Pfarrern vielleicht gar nicht bewusst oder recht?

— Räte weiten —

Wenn die Pfarrei sich in der Vielfalt ihrer Sozialgestalten weitet und wirklich als wachsende Gemeinschaft von Gemeinden und Gemeindeformen entwickelt wird, könnte sich auch für die Räte eine interessante Entwicklungsdynamik ergeben: es wäre dann nämlich mehr als stimmig, dass die weltkirchliche Praxis pastoraler Räte sich auch in Deutschland entfalten könnte. In den Ortskirchen, die Pfarreien als

Gemeinschaft lokaler Basisgemeinden entwickeln, werden die Pastoralräte aus Vertretern der lokalen Gemeinschaften gebildet. Jede Gemeinschaft entsendet einen Vertreter (auch durch den Modus der Wahl) – und so entsteht ein Pastoralrat, der wirklich „das Ganze" im Blick hat. Es entsteht so etwas wie ein synodales Gremium auf Pfarreiebene.

Das könnte auch für unseren Kontext so entfaltet werden: allerdings ist hier die „Fixierung" auf die klassische Gemeindekultur zu überwinden. Die „Gemeinden" könnten und müssen natürlich weiterhin ihre Vertreter entsenden. Aber ebenso müssten Kindergärten, Caritas-Sozialstationen, kirchliche Quartiergemeinden („Kleine Christliche Gemeinschaften"), Verbände und Kirchliche Bewegungen, wie auch „frische Ausdrucksformen" ihre Vertreter wählen und entsenden.

Man darf nicht darüber erschrecken, dass dann wahrscheinlich große synodale Räte entstehen. Die Frage ist ja, wozu dieser Rat da ist. Es geht ja in Zukunft darum, dass diese Räte wirklich ihre Rolle noch tiefer entdecken, im Sinne einer Unterscheidung der Geister den Weg des Gottesvolkes und seiner Sendung an diesem Ort zu entdecken und entsprechende Konsequenzen zu ziehen. Ein solcher Pfarreirat würde sich dann wahrscheinlich zwei- bis dreimal im Jahr treffen, um gemeinsam mit dem Pastoralen Team in einen Prozess des Hörens und Unterscheidens einzutreten: Im Hören auf die Zeichen der Zeit, im Hören auf die Erfahrungen in den verschiedenen Bereichen und Gemeinden geht es darum, diese Zeichen und Ereignisse im Licht des Wortes Gottes zu deuten – und so zu entdecken, „was der Geist den Gemeinden sagt".

Dieser Pfarreirat wäre auch dafür zuständig, dass das „Gesamte" der Pfarrei ansichtig wird. Welche Art von lokalem Kirchentag wäre zu gestalten, wie wären die großen Feste zu gestalten, dass Einheit und Vielfalt erkennbar würde – und im Pfarreirat wäre auch der Ort, die Verbundenheit mit der ganzen Ortskirche zu einer lebendigen Erfahrung zu machen. Müsste nicht bei diesen Sitzungen auch im Mittelpunkt stehen, welche Schritte die Ortskirche geht – und wie dies zur Geltung kommen könnte?

— Lokale Leitungsteams als „équipe d'animation" entfalten —

Aus dem eben Beschriebenen wird auch deutlich, welche Bedeutung in einem solchen Kontext Lokale Leitungsteams – ehrenamtliche Verantwortungsträger in den örtlichen Gemeinden und den vielen anderen Gemeinschaften – haben: sie tragen für eine bestimmte Zeit Verantwortung für die Gestaltung des Lebens einer Gemeinschaft vor Ort. So wie diese Teams entstehen und ausgebildet werden, obliegt es ihnen, dass das Leben vor Ort wachsen kann – in Liturgie, Verkündigung, diakonischer Sendung und Gemeinschaft.

Das ist sehr konkret. Aber auch hier geht es nicht einfachhin darum, dass sich hier eine Gruppe von „Machern" bildet, die dann für die Anderen sorgt. Nein, wie wir im Blick auf die „équipes d'animation" entfaltet haben, geht es vielmehr um eine wachende Verantwortung für den gemeinsamen Weg der Gemeinde/Gemeinschaft im jeweiligen Kontext. Die Dienste der Liturgie, der Verkündigung und der Diakonie, der Dienst der Gemeinschaft (und der Ökonomie) nimmt den Paradigmenwechsel ernst, der sich ja ereignen soll: Gerade diese verantwortlichen Dienste sollen ja dazu verhelfen, dass die Charismen und Gaben möglichst vieler in den verschiedenen Bereichen hervorkommen können: Die verschiedenen liturgischen Dienste etwa, oder die katechetischen und evangelisierenden Dienste und Aktivitäten, und die verschiedenen diakonischen Dimensionen des Handelns werden unter Beteiligung vieler gestaltet, entwickelt und vorangebracht. Natürlich auch der Festausschuss für das Gemeindefest, der im Kontext und der Verantwortung dessen liegt, der für die Gemeinschaft des Ganzen steht.

Zu diesen Lokalen Leitungsteams werden immer auch wieder Pfarrer und Mitglieder des Pfarrteams dazukommen, um Fragen und Herausforderungen, aber auch Konflikte zu besprechen – und auch die Fragen nach nötiger Unterstützung, Begleitung und Fortbildung zu klären.

Man könnte auf allen Ebenen entfalten, was auch für die Hauptberuflichen und Priester gilt. Immer wieder neu ist – auf der jeweiligen Ebene – zu klären und zu evaluieren, in welche Richtung sich die lokale Gemeinde entwickelt. Immer wieder ist auch zu klären, welche Prioritäten die Ortskirche und die Ortspfarrei hat – und wie sich Zielorientierungen hier vor Ort entwickelt haben. Evaluation und Relecture, Sichtung des Gewachsenen – und Einbringen der Erfahrungen an anderen Orten können so inspirierend wirken.

Für die Lokalen Leitungsteams wird es wichtig sein, für den eigenen Weg und somit für die jeweilige Gemeinschaft vor Ort die Verwurzelung in der Schrift, den sakramentalen Ursprung der Taufe, immer wieder ins Leben zu bringen. Ein Lokales Leitungsteam ist genau aus diesem Grund „équipe d'animation": denn die „Beseelung" besteht ja darin, immer wieder aus der Quelle und dem Ursprung zu schöpfen. Das Einüben in das Hören auf die Schrift – in welcher Weise auch immer – ist zentral.

Das wird deutlich in der Feier der Sendung, die ja auf pfarrlicher Ebene stattfinden wird. Praktisch könnte dabei – wie in Poitiers in den letzten Jahren Praxis – die Sendung der lokalen Leitungsteams in einer liturgischen Handlung am Ende der Messe, in ihrem Sendungsteil, gefeiert werden: Die Leitungsteams treten vor und legen ihre Hand auf das Evangeliar, während der Vorsteher der Liturgie ein Sendungsgebet spricht – und die Mitfeiernden ihre Hände zum Segen mit ausbreiten.

Kein Zweifel kann daran bestehen, dass eine Spiritualität der Schrift auch ökumenisch relevant ist. Sie ist die Brücke für einen zweiten wichtigen Akzent. Denn aus der Sendung des Teams wächst ja die Aufgabe, aus diesem Ursprung heraus immer wieder die konkrete Sendung zu entdecken: Was vor Ort Nächstenliebe ist, ist ja der zentrale „Sinn" des Kircheseins vor Ort, einer Kirche der Nähe.

Dann aber wird die ökumenische Dimension sehr relevant (und damit die Frage, ob nicht in jedem Leitungsteam in unseren Zeiten ein „Verantwortlicher im Team" dabei sein müsste, der die Ökumene im Blick hat. Denn es würde gerade im überschaubaren Kontext der diakonischen Sendung einer Gemeinde vor Ort nicht überzeugen, würde man hier nicht genau im Blick auf die Charta oecumenica handeln: eine Ökumene der Sendung lässt sich genau im Kontext örtlicher Gemeinschaften sehr konkret leben.

— Kleiner ökumenischer Ausblick —

Je lokaler Kirche sich entwickelt, je vielfältiger und „frischer" sie wird, desto wahrscheinlicher ist sie auch „von Natur aus" ökumenisch. Und das bringt natürlich viele Fragen mit sich. Das ist herausfordernd – für beide Konfessionen. Denn in den vielen ökumenischen „Gemeindeformen" stellt sich die Frage, wie sich solche Formen einbringen lassen in das Gesamt der konfessionellen Landschaft – und wie die Verschiedenheit der Traditionen sich als Reichtum der einen Kirche fassen lassen.

7. Ausgangspunkte lokaler Kirchenentwicklung

Lokale Kirchenentwicklung beginnt, so sagten wir, mit dem genauen und glaubensvollen Hinschauen. Es geht nicht darum, etwas Neues zu machen, um „auf eine neue Art Kirche zu sein". Es geht um eine neue Blickrichtung, die schon im Wachsen sieht, was dann zu begleiten und zu gestalten ist. Von daher geht es auch nicht um neue Ideen, die alte ablösen – sondern um einen genauen Blick auf den Ausgangspunkt der Kirchenentwicklung. Damit wird auch deutlich, dass eine solche Kirchenentwicklung nicht etwas ist, das neben dem alltäglichen Geschäft auch noch getan werden müsste. Und es geht auch nicht darum, noch zusätzliche Zeitressourcen einzubringen. Geradezu das Gegenteil ist der Fall. Was sich neu ergibt, was da ist, was wachsen will, was sich entfaltet, was zu Ende geht – all das ist Ausgangspunkt einer lokalen Kirchenentwicklung. Denn sie will eine Kultur entfalten, die ihren Ausgang in der Würdigung bisheriger Entwicklung nimmt – und mit möglichst vielen Menschen einen Weg gehen will.

— Entwicklungsphasen der Kirchenentwicklung —

Dazu aber gilt es, genauer hinzuschauen: vielleicht liegt hier der entscheidende Unterschied zu einer sich abwickelnden und abarbeitenden Pastoral. Es ist ein „Hinschauen", das den Ist-Stand der Entwicklung zum Kraftort der Entwicklung macht. Sehr hilfreich sind hier die schon beschriebenen „Kirchenbilder", oder besser: die Bilder der Entwicklungsphasen des Kircheseins. Denn hier kann entdeckt werden, welches der nächste Lernschritt ist, den die Christen und Christinnen brauchen.

Wie oft geschieht es, dass Pastoralteams gute und geniale Ideen haben, dass Pfarrer oder Hauptberufliche mit hoher Energie Initiativen und Visionen voranbringen wollen – aber immer doch nur ein Teil (und meistens derselbe) der Gemeinde mitgeht. Oft liegt das daran, dass nicht genau hingeschaut worden ist, an welcher Stelle das Volk Gottes steht. Und in einer Zukunftsgestaltung der Kirche ist wenig gewonnen, wenn nicht ein gemeinsamer Weg gegangen werden kann.

Die Skizzen der Kirchenentwicklung beschreiben immer wieder Übergangspunkte der Entwicklung: etwa von einer Grundhaltung der Versorgung hin zum wachsenden Engagement, das als Hilfe verstanden wird, vom Erwachen – oft krisenhaft – der eigenen Taufwürde hin zum Handeln aufgrund der eigenen Sendung – und schließlich zu einer dezentralen Entwicklung von Gemeinden gemeinsamer Verantwortung. Je nachdem, an welcher Stelle der Kirchenentwicklung man – in aller Ungleichzeitigkeit auch unter den vielen Gemeinde- und Beteiligungsformen innerhalb einer Pfarrei – steht, braucht es unterschiedliche Impulse, damit es ein gemeinsamer Weg wird und werden kann.

Ein pastorales Team, das sich auf diesen Weg der Kirchenentwicklung machen will, ist gut beraten, hier keine Schritte zu überspringen, sondern nach genauer Analyse genau hinzuschauen, wie der nächste Schritt der Entwicklung in der Taufvorbereitung, bei den Sternsingern oder in der Gestaltung liturgischer Feiern aussehen könnte. Denn ein solcher Weg braucht die langsamen Jahre des Mentalitätswandels – und der geschieht nicht theoretisch, sondern im Vollzug – im Vollzug all jener kleinen und großen Ereignisse, die das Leben einer Pfarrei im Kirchenjahr ausmachen. Entscheidend ist – und dazu ermutigen die „Entwicklungsphasen des Kircheseins" –, dass pastorale Gestalter überhaupt in einer Entwicklungslogik denken lernen, die von der Vision einer Kirche der Beteiligung aus Pastoral als Wegbegleitung zu diesem Ziel gestalten kann. Dabei ist ja durchaus wahrscheinlich, dass manchmal nur erste Schritte gegangen werden können – mit allen. Aber das ist allemal besser, als Schritte zu überspringen. Wenn das Ziel klar ist, dann ist die Geschwindigkeit sekundär.

Zu empfehlen ist daher, dass Teams sich einüben, Initiativen und Aktivitäten auf dem Hintergrund dieser Entwicklungsarchitektur planen zu lernen.

— Beziehungsdimensionen des Kircheseins —

Ein weiteres wichtiges Entwicklungsinstrument der Kirchenentwicklung können die vier Beziehungsdimensionen des Kircheseins sein. Sie können diagnostisch dazu verhelfen, gemeinsam mit den beteiligten Christen einer örtlichen Gemeinde auf die Wachstumspotentiale der Kirchlichkeit zu schauen.

Es ist ja Aufgabe des Pfarrteams, zusammen mit den Christen einer örtlichen Gemeinde jene Potentiale zu entdecken und weiter zu gestalten, die diese Gemeinde zum Wachstum führen können.

Kirche sein ist ja keine statische Struktur. Kirche beschreibt sich immer im Vollzug von Beziehungsdimensionen. Klassisch werden diese Dimensionen in den vier Wesensmerkmalen des Kircheseins zum Ausdruck gebracht: Die Kirche ist die una, sancta, cattolica et apostolica – die eine, heilige, katholische und apostolische Kirche. Aber was heißt das praktisch? Die Rede von den vier Beziehungsdimensionen entfaltet dies. Zugleich wird aber auch immer deutlich, dass es hier um einen Weg und eine Entwicklung geht. Es ist also eine Wachstumsdynamik. Und gerade dann, wenn man in größerer Freiheit die Kirche nicht von ihrer pfarrlichen Struktur her erschließt, sondern von den wirklichen Beziehungsvorgängen.

Dann nämlich erschließen sich diese vier Perspektiven der Beziehungsdynamik: Kirche ist da, wo alle Menschen eines Ortes in den Blick geraten: Die Katholizität meint nicht Entwicklung der Konfessionalität, sondern erinnert an die umfassende Liebe des Herrn, die sich im Handeln der Kirche fortsetzt – und dies geschieht im Blick auf den Ort, auf die Menschen am Ort.

Apostolizität verwirklicht sich in der Sendung. Zu fragen ist immer wieder neu, wohin sich die Kirche gesendet weiß. Wesensmerkmal der Kirche ist es, dass sie „mission shaped", also sendungsorientiert ist.

Zugleich aber ist die Kirche vor Ort in ihrer Katholizität und Apostolizität nur dann sie selbst, wenn sie eingebunden ist in das größere Netzwerk der Communio der Ortskirche, der Weltkirche, und das meint ja dann auch: Hier wächst das Bewusstsein von der Einheit, die sakramental geschenkt ist.

Und diese Einheit wirkt und schenkt die Dynamik der Heiligkeit: der innere Antrieb ist jener Geist, der immer wieder neu zur Christusgegenwart führen will – Kirche ist immer „Christus als Gemeinde existierend".

Gemeinsam gilt es, vor Ort zu entdecken, was in diesen Beziehungskoordinaten schon verwirklicht ist, was vielleicht zu verstärken wäre – und wo eine Einseitigkeit aufzuheben wäre. So eignet sich dieses Instrument dazu, mit Gemeinden und Verantwortlichen zu einer Evaluation und zu einer Priorisierung für den weiteren Weg zu kommen.

– Fantasie für eine größtmögliche Partizipation entwickeln –

Im deutschsprachigen Kontext riskieren wir „unter uns zu bleiben". Zu früh geben wir es auf, möglichst viele Menschen an dem Weg des Kircheseins zu beteiligen. Wir gehen davon aus, dass sich ohnehin viel zu wenig Menschen für die Kirche und ihren Weg der Verkündigung des Evangeliums interessieren. Und wir befürchten, dass wir aufdringlich erscheinen könnten, wenn wir Menschen um ihre Meinung fragen.

Die Frage nach einer größtmöglichen Beteiligung ist im Kontakt mit den Freunden vom philippinischen Institut Bukal Ng Tipan entstanden. In großer Systematik wird dort nämlich danach gesucht, mit möglichst vielen Christen – ob sie nun zur Kirche gehen oder nicht – in Kontakt zu treten und mit ihnen über ihre Wünsche und Perspektiven ins Gespräch zu kommen – und auch darüber, was sie diesbezüglich von ihrer Kirche erwarten.

Das hat theologische Gründe. Es geht zum einen darum, sich auf eine Kirche der Nähe einzulassen. Eine Kirche der Nähe, eine Kirche, die den Sorgen und Nöten der Menschen nahe ist, muss sich auf sie einlassen, sich herausfordern lassen und in Bewegung kommen. Dazu braucht es Formen, die niedrigschwellig Beteiligung ermöglichen, ohne vereinnahmend zu sein. Es braucht die Erfahrung, gehört zu werden, mitwirken zu können. Wenn wir gemeinsam Kirche sein wollen, kommt man nicht darum herum. Nur fällt es uns irgendwie schwer – aber möglicherweise haben wir auch noch nicht hinreichend geklärt, ob wir wirklich eine Kirche mitten in der Gesellschaft wollen, die sensibel und empfindsam die Zeichen der Zeit deutet und sich auf die Menschen einlässt.

Gelegenheiten könnten sich – selbst ohne besondere Aktionen – ergeben, wenn zum Beispiel im Kontext der Sternsänger oder im Verlauf einer Aktion zum Lebendigen Adventskalender Menschen eingeladen werden, zu Fragen Stellung zu nehmen und Meinungen zu äußern. Und warum soll es nicht denkbar sein, die Gemeindeblätter, die zwei- oder dreimal im Jahr allen zukommen, zu einer echten Gelegenheit der Partizipation werden zu lassen? Neben dem Erkenntnisgewinn und vielleicht auch überraschenden Ergebnissen würde hier vor allem auch eine Beziehungskultur entstehen, aus der ein neues

Bild der Kirche wächst: aus anonymer Distanz zu einer wirksamen Beteiligung.

Natürlich kann man eine solche Entwicklung auch inszenieren als eigenen Gemeindeentwicklungsprozess. In Umfragen, in Interviews und Kontaktaufnahmen zu den Verbänden und Kommunen, mit denen wir zusammen die Gesellschaft gestalten. Beispiele und Erfahrungen gibt es schon – und meistens erwächst daraus ein profilierter Prozess, der die Kirche vor Ort neu ausrichtet.

— Eine neue liturgische Bewegung hervorrufen —

Mehrfach wurde in diesem Buch die Bedeutung der liturgischen Feier angesprochen. In der Liturgie zeigt sich verdichtet das Kirchenverständnis und wird auch so rezipiert: lex orandi – lex credendi: In der Feier des Glaubens wird deutlich, was man glaubt und lebt. Gerade im Blick auf das Kirchesein. Entsprechend wichtig sind die Feiern der Liturgie, entsprechend enttäuschend ist es für viele, wenn die Feier das ersehnte Kirchesein gar nicht widerspiegelt, ja sogar konterkariert.

Gerade auch angesichts dieser Bedeutung wird Kirchenentwicklung – und gerade auch die Kirchenentwicklung vor Ort – achtsam auf eine liturgische Entwicklung und Bildung setzen.

Das könnte in zweierlei Weise entstehen: Zunächst ist auch hier genau hinzuschauen, dass es schon eine enorme Vielfalt liturgischer Feiern gibt, die jeweils den unterschiedlichen Lebenswirklichkeiten der Menschen entsprechen. Es gilt, diese unterschiedlichen liturgischen Feiern mit großer Tiefe zu feiern. Das setzt auch voraus, dass es in den vielfältigen Gemeinden zu einer intensiven liturgischen Bildung kommt. Sie ist die Voraussetzung dafür, dass genügend MitträgerInnen der Liturgie da sind, die zu den unterschiedlichen Kasualien und Gottesdiensten aus innerer Kraft heraus feiern können.

Noch viel wichtiger aber erscheint mir eine Evaluationskultur der liturgischen Feiern. „Participatio actuosa" ist ein Wesenselement der Liturgie – und die Qualität einer Liturgie und ihre Angemessenheit können Menschen sehr spontan beschreiben. Deswegen wäre es ein wichtiges Merkmal einer neuen liturgischen Bewegung, die in unterschiedlicher Weise Mitfeiernden an der Weiterentwicklung der Liturgien zu beteiligen.

Wäre es nicht ein wichtiger Gedanke, wenn es sich Gemeinden und Pfarreien zur Regel machen würden, die Liturgien, die sie feiern, in jedem Jahr zu evaluieren – und so eine breite Qualitätsentwicklung zu ermöglichen?